唐 李 延 壽 撰

南

史

第 四 册

卷三八至卷五二（傳）

中 華 書 局

南史卷三十八

列傳第二十八

柳元景

元景弟子世隆　世隆子惔　惔弟憕　憕子偃　偃子盼　憕弟憕
憕弟忱　世隆從弟慶遠　慶遠子津　津子仲禮　敬禮

柳元景字孝仁，河東解人也。高祖純，位平陽太守，不拜。曾祖卓，自本郡遷於襄陽，官至汝南太守。祖恬，西河太守。父憑，馮翊太守。

元景少便弓馬，數隨父伐蠻，以勇稱。寡言語，有器質，荆州刺史謝晦聞其名，要之，未及往而晦敗。雍州刺史劉道產深愛其能，會荆州刺史江夏王義恭復召之，道產謂曰：「久規相屈。今貴王有召，難輒相留，乖意以爲悶悶。」服闋，累遷義恭司徒太尉城局參軍。文帝見又知之。

先是，劉道產在雍州有惠化，遠蠻歸懷皆出，緣沔爲村落，戶口殷盛。及道產死，羣蠻

大為寇暴。孝武西鎮襄陽，義恭薦元景，乃以為武威將軍、隨郡太守。〔一〕及至，廣設方略，

斬獲數百，郡境肅然。

　隨王誕鎮襄陽，元景徙為後軍中兵參軍。及朝廷大舉北侵，使諸鎮各出軍。二十七年

八月，誕遣尹顯祖出貲谷，魯方平、薛安都、龐法起入盧氏，田義仁出魯陽，加元景建威將

軍，總統軍帥。

　後軍外兵參軍龐季明，三秦冠族，求入長安，招懷關、陝，乃自貲谷入盧氏。盧氏人趙

難納之。元景率軍係進，以前鋒深入，懸軍無繼，馳遣尹顯祖入盧氏，以為諸軍聲援。元景

以軍食不足，難可曠日相持，乃束馬懸車，引軍上百丈崖，出溫谷以入盧氏。法起諸軍進次

方伯堆，去弘農城五里。元景引軍度熊耳山，安都頓軍弘農。法起進據潼關，季明率方平、

趙難諸軍向陝。十一月，元景率衆至弘農，營於開方口。〔三〕仍以元景為弘農太守。

　初，安都留住弘農而諸軍已進陝。元景既到，謂安都曰：「卿無坐守空城，而令龐公孤

軍深入，宜急進軍。」衆軍並造陝下，列營以逼之，並大造攻具。

　魏城臨河為固，恃險自守。季明、安都、方平、顯祖、趙難諸軍頻三攻未拔，安都、方平

各列陣於城東南以待之。魏兵大合，輕騎挑戰，安都瞋目橫矛，單騎突陣，四向奮擊，左右

皆辟易，殺傷不可勝數，於是衆軍並鼓譟俱前。魏多縱突騎，衆軍患之。安都怒甚，乃脫兜

鍪，解所帶帶鎧，唯著絳衲兩當衫，馬亦去具裝，馳入賊陣。猛氣咆勃，所向無前，當其鋒者無

不應刃而倒。如是者數四。每入，眾無不披靡。

魏軍之將至也，方平遣驛騎告元景。時諸軍糧盡，各餘數日食。元景方督義租并上駄

馬以為糧運之計，遣軍副柳元怙簡步騎二千以赴陝急，卷甲兼行，一宿而至，魏軍又

出，列陣於城外。方平諸軍並成列，安都并領馬軍，方平悉勒步卒左右掎角之，餘諸義軍方

於城西南列陣。方平謂安都曰：「今勍敵在前，堅城在後，是吾取死之日。卿若不進，我當

斬卿，我若不進，卿當斬我也。」安都曰：「卿言是也。」遂合戰。安都不堪其憤，橫矛直前，殺

傷者甚多。流血凝肘。矛折，易之復入，軍副譚金率騎從而奔之。[二]自詰旦戰至日晏，魏

軍大潰，面縛軍門者二千餘人。諸將欲盡殺之，元景以為不可，乃悉釋而遣之。皆稱萬歲

而去。

時北略諸軍王玄謨等敗退，魏軍深入。文帝以元景不宜獨進，且令班師。諸軍乃自湖

關度白楊嶺出于長洲，安都斷後，宗越副之。[三]法起自潼關向商城，與元景會，季明亦從胡

谷南歸，並有功而入。誕登城望之，以鞍下馬迎元景。

時魯爽向虎牢，復使元景率安都等北出，爽退乃還。再出北侵，威信著於境外。

孝武入討元凶，以為諮議參軍，配萬人為前鋒，宗慤、薛安都等十三軍皆隸焉。時義軍

船乘小陝，慮水戰不敵。至蕪湖，元景大喜，倍道兼行至新亭，依山建壘柵，東西據險。令軍中曰：「鼓繁氣易衰，叫數力易竭，但各銜枚疾戰，一聽吾營鼓音。」元景察賊衰竭，乃命開壘鼓譟以奔之，賊衆大潰。勔更率餘衆自來攻壘，復大破之，勔僅以身免。上至新亭即位，以元景為侍中，領左衛將軍，尋轉寧蠻校尉、雍州刺史，監雍梁南北秦四州荊州之竟陵隨二郡諸軍事。始上在巴口，問元景事平何所欲。對曰：「願還鄉里。」故有此授。

初，臧質起義，以南譙王義宣闇弱易制，欲相推奉，潛報元景，使率所領西還。元景以質書呈孝武。語其信曰：「臧冠軍當是未知殿下義舉耳，方應伐逆，不容西還。」質以此恨之。及元景為雍州，質慮其為荊、江後患，[五]稱爪牙不宜遠出。上重違其言，更以元景為領軍將軍，加散騎常侍，封曲江縣公。

孝建元年正月，魯爽反，遣左衛將軍王玄謨討之。加元景撫軍將軍，假節置佐，係玄謨。

後以為領南蠻校尉、雍州刺史，加都督。

臧質、義宣並反，王玄謨南據梁山，垣護之、薛安都度據歷陽，元景出屯采石。玄謨求益兵，上使元景進屯姑孰。元景悉遣精兵助王玄謨，以羸弱居守。所遣軍多張旗幟，梁山望之如數萬人，皆謂都下兵悉至，由是剋捷。與沈慶之俱以本號加開府儀同三司，改封晉安郡公。固讓開府。復為領軍、太子詹事，加侍中。

大明三年，爲尚書令，太子詹事、侍中、中正如故。[6]以封在嶺南，改封巴東郡公。又命左光祿大夫、開府儀同三司，侍中、令、中正如故。[7]又讓開府。乃與沈慶之俱依晉密陵侯鄭袤不受司空故事。

六年，進司空，侍中、令、中正如故。[8]又固讓。乃授侍中、驃騎大將軍、南兗州刺史，留衛都下。

孝武晏駕，與太宰江夏王義恭、尚書僕射顏師伯並受遺詔輔幼主，遷尚書令，領丹陽尹，侍中、將軍如故。加開府儀同三司，給班劍二十人。固辭班劍。

元景少時貧苦，嘗下都至大雷，日暮寒甚，頗有羈旅之歎。岸側有一老父自稱善相，謂元景曰：「君方大富貴，位至三公。」元景以爲戲之，曰：「人生免飢寒幸甚，豈望富貴。」老父曰：「後當相憶。」及貴求之，不知所在。

元景起自將率，及當朝，理務雖非所長，而有弘雅之美。時在朝勳要多事產業，惟元景獨無所營。南岸有數十畝榮園，守園人賣榮得錢三萬，送還宅。元景怒曰：「我立此園種榮，以供家中啖耳，乃復賣以取錢，奪百姓之利邪！」以錢乞守園人。

孝武嚴暴無常，元景雖荷寵遇，恒慮及禍。太宰江夏王義恭及諸大臣莫不重足屏氣，未嘗敢私相往來。孝武崩，義恭、元景等並相謂曰：「今日始免橫死。」義恭與義陽等諸王，

元景與顏師伯等常相馳逐聲樂酣飲，以夜繼晝。前廢帝少有凶德，內不能平，殺戴法興後，悖情轉露，義恭、元景憂懼，乃與師伯等謀廢帝立義恭，持疑未決。發覺，帝親率宿衞兵自出討之，稱詔召元景。左右奔告，兵刃非常。元景知禍至，整朝服乘車，應召出門。逢弟車騎司馬叔仁戎服，左右壯士數十人，欲拒命。元景苦禁之。及出巷，軍士大至，下車受戮，容色恬然。

長子慶宗有幹力，而情性不倫，孝武使元景送還襄陽，於道賜死。次子嗣宗、紹宗、茂宗、孝宗、文宗、仲宗、成宗、秀宗至是並遇禍。元景六弟：僧景、僧珍、叔宗、叔政、叔珍、叔仁。僧珍、叔仁及子姪在都下襄陽死者數十人。元景少子承宗，嗣宗子蕚並在孕獲全。明帝卽位，贈太尉，給班劍三十人，羽葆、鼓吹一部，謚曰忠烈公。

元景從父兄元怙，大明末同晉安王子勛逆，事敗歸降。元景從祖弟光世留鄉里，仕魏爲河北太守，封西陵男，與司徒崔浩親。浩被誅，光世南奔。明帝時，位右衞將軍，順陽太守。子欣慰謀反，光世賜死。

世隆字彥緒，元景弟子也。父叔宗字雙麟，位建威參軍事，早卒。世隆幼孤，挺然自立，不與衆同。雖門勢子弟，獨修布衣之業。及長，好讀書，折節彈

琴，涉獵文史，音吐溫潤。元景愛賞，異於諸子，言於宋孝武，得召見。帝謂元景曰：「此兒

將來復是三公一人。」爲西陽王撫軍法曹行參軍，出爲武威將軍、上庸太守。　帝謂元景曰：

「卿昔以武威之號爲隨郡，今復以授世隆，使卿門世不乏公也。」

　元景爲前廢帝所殺，世隆以在遠得免。泰始初，四方反叛，世隆於上庸起兵以應宋明

帝，爲孔道存所敗，衆散逃隱，道存購之甚急。軍人有貌相似者，斬送之。　時世隆母郭妻閻

並見縶陽獄，道存以所送首示之。母見首悲情小歇，而妻閻號叫方甚，竊謂郭曰：「今見

不悲，爲人所覺，唯當大慟以滅之。」世隆竟以免。

　後爲太子洗馬，與張緒、王延之、沈琰爲君子之交。累遷晉熙王安西司馬，加寧朔將

軍。　時齊武帝爲長史，與世隆相遇甚歡。　齊高帝之謀度廣陵也，令武帝率衆同會都下。世

隆與長流參軍蕭景先等戒嚴待期，事不行。

　時朝廷疑憚沈攸之，密爲之防，府州器械，皆有素蓄。　武帝將下都，劉懷珍白高帝：

「夏口是兵衝要地，宜得其人。」高帝納之，與武帝書曰：「汝既入朝，當須文武兼資人，委以

後事，世隆其人也。」武帝乃舉世隆自代。　轉爲武陵王前軍長史、江夏內史，行郢州事。

　昇明元年冬，攸之反，遣輔國將軍、中兵參軍孫同等以三萬人爲前驅，又遣司馬冠軍劉

攘兵等二萬人次之，又遣輔國將軍、中兵參軍王靈秀等分兵出夏口，據魯山。　攸之乘輕舸

從數百人先大軍下住白螺洲，坐胡牀以望其軍，有自驕色。既至郢，以郢城弱小不足攻，攸之將去。世隆遣軍於西渚挑戰，攸之果怒，晝夜攻戰。世隆隨宜拒應，衆皆披却。

武帝初下，與世隆別，曰：「攸之一旦爲變，雖留攻城，不可卒拔。卿爲其內，我爲其外，乃無憂耳。」至是，武帝遣軍主桓敬、陳胤叔、荀元賓等八軍據西塞，令堅壁以待賊疲。慮世隆危急，遣腹心胡元直潛使入郢城通援軍消息。內外並喜。

郢城既不可攻，而平西將軍黃回軍至西陽，乘三層艦，作羌胡伎，泝流而進。攸之素失人情，本逼以威力，初發江陵，已有叛者，至此稍多。攸之大怒，於是一人叛，遣十人追，並去不返。

劉攘兵射書與世隆請降，開門納之。攸之怒，銜鬚咀之，收攘兵兄子天賜、女壻張平虜斬之。軍旅大散。世隆乃遣軍副劉僧驎緣道追之。

攸之已死，徵爲侍中，仍遷尚書右僕射，封貞陽縣侯。

齊高帝踐阼，起爲南豫州刺史，加都督，進爵爲公。上手詔司徒褚彥回甚傷美之。彥回曰：「世隆事陛下，在危盡忠，居憂杖而後起，立人之本，二理同極，加榮增寵，足以敦厲風俗。」

建元二年，授右僕射，不拜。性愛涉獵，啓高帝借祕閣書，上給二千卷。三年，出爲南兗州刺史，加都督。武帝即位，加散騎常侍。

世隆善卜，別龜甲，價至一萬。永明初，世隆曰：「永明九年我亡，亡後三年丘山崩，齊

亦於此季矣。」屏人，命典籤李黨取筆及高齒屐，題簾箔旌曰：「永明十一年。」因流涕謂黨

曰：「汝當見，吾不見也。」

遷護軍，而衛軍王儉修下官敬甚謹。世隆止之，儉曰：「將軍雖存弘眘，如王典何。」其

見重如此。

性清廉，唯盛事填典。張緒問曰：「觀君舉措，當以清名遺子孫邪？」答曰：「一身之外，

亦復何須。子孫不才，將爲爭府，如其才也，不如一經。」

光祿大夫韋祖征州里宿德，世隆雖已貴重，每爲之拜。人或勸祖征止之，答曰：「司馬

公所爲，後生楷法，吾豈能止之哉。」

後授尚書左僕射。

湘州蠻動，遣世隆以本官總督伐蠻衆軍，仍爲湘州刺史，加都督。

至鎮，以方略討平之。在州立邸興生，[九]爲御史中丞庾杲之所奏。詔不問。

復入爲尚書左僕射，不拜，乃轉尚書令。世隆少立功名，晚專以談義自業。善彈琴，世

稱柳公雙璅，爲士品第一。常自云：「馬矟第一，清談第二，彈琴第三。」在朝不干世務，垂簾

鼓琴，風韻清遠，甚獲世譽。以疾遜位，拜左光祿大夫、侍中。永明九年卒，詔給東園祕器，

贈司空，班劍二十人，諡曰忠武。

世隆曉數術，於倪塘創墓，與賓客踐履，十往五往，常坐一處。及卒，墓工圖墓，正取其

坐處焉。

所著龜經祕要二卷，行於世。

長子悅字文殊，少有清致，位中書郎，早卒，諡曰恭。世隆次子悇。

悇字文通，好學工製文，尤曉音律，少與長兄悅齊名。王儉謂人曰：「柳氏二龍，可謂一

日千里。」悇為尚書左僕射，嘗造世隆宅，世隆謂為詣己，徘徊久之。及至門，唯求悅及悇。

遣謂世隆曰：「賢子俱有盛才，一日見顧，今故報禮。若仍相造，似非本意，恐年少窺人。」

嘗預齊武烽火樓宴，帝善其詩，謂豫章王嶷曰：「悇非徒風韻清爽，亦屬文遒麗。」後為

巴東王子響友，子響為荊州，悇隨之鎮。子響昵近小人，悇知將為禍，稱疾還都。及難作竟

以得免。

累遷新安太守，居郡以無政績免。建武末，為梁、南秦二州刺史。及梁武帝起兵，悇舉

漢中以應。

梁武受命，為太子詹事，加散騎常侍。武帝之鎮襄陽，悇祖道，帝解茅土玉環贈之。[10]

天監二年元會，帝謂曰：「卿所佩玉環，是新亭所贈邪？」對曰：「既而瑞感神夷，臣謹服之無

歡。」帝因勸之酒，悛時未卒爵，帝曰：「吾常比卿劉越石，近辭厄酒邪。」罷會，封曲江縣侯。

帝因宴為詩貽悛曰：「爾實冠羣后，惟余實念功。」帝又嘗謂曰：「徐元瑜違命嶺南，周書父子

兄弟罪不相及，朕已放其諸子，何如？」悛曰：「罰不及嗣，賞延于後，今復見之聖朝。」時以為

知言。

尋遷尚書左僕射，年四十六，卒於湘州刺史，[二]謚曰穆。

悛度量寬博，家人未嘗見其喜慍。甚重其婦，頗成畏憚。性愛音樂，女伎精麗，略不敢

視。僕射張稷與悛狎密，而為悛妻賞敬。稷每詣悛，必先相問夫人。悛每欲見妓，恒因稷

請奏。其妻隔幔坐，妓然後出。悛因得留目。

悛著仁政傳及諸詩賦，粗有辭義。子昭，位中書郎，襲爵曲江侯。

悛弟惲字文暢，少有志行。好學，善尺牘。與陳郡謝瀹鄰居，深見友愛。瀹曰：「宅南

柳郎，可為儀表。」

初，宋時有稽元榮、羊蓋者，並善琴，云傳戴安道法。[三]每歎曰：「瞭雖名家，猶恐累我也。」齊竟陵

王子良聞而引為法曹行參軍，唯與王瞭、陸杲善。瞭從之學。惲特窮其妙。

被子良賞狎。子良嘗置酒後園，有晉太傅謝安鳴琴在側，援以授惲，惲彈為雅弄。子良曰：

「卿巧越稽心，妙臻羊體，良質美手，信在今夜。豈止當今稱奇，亦可追蹤古烈。」

為太子洗馬，父憂去官，著述先頌，申其罔極之心，文甚哀麗。後試守鄱陽相，聽吏屬

得盡三年喪禮，署之文教，百姓稱焉。還除驃騎從事中郎。梁武帝至建鄴，憚候謁石頭，以

為征東府司馬。上踐城平之日，先收圖籍，及遵漢高寬大之義。帝從之。徙為相國右司

馬。天監元年，除長兼侍中，與僕射沈約等共定新律。

憚立性貞素，以貴公子早有令名，少工篇什，為詩云：「亭皋木葉下，隴首秋雲飛。」琅邪

王融見而嗟賞，因書齋壁及所執白團扇。武帝與宴，必詔憚賦詩。嘗和武帝登景陽樓篇

云：「太液滄波起，長楊高樹秋，翠華承漢遠，彫輦逐風游。」深見賞美。當時咸共傳。

歷平越中郎將、廣州刺史，祕書監，右衛將軍。再為吳興太守，為政清靜，人吏懷之。

於郡感疾，自陳解任。父老千餘人拜表陳請，事未施行，卒。

初，憚父世隆彈琴，為士流第一，憚每奏其父曲，常感思。復變體備寫古曲。嘗賦詩未

就，以筆捶琴，坐客過，以筋扣之，憚驚其哀韻，乃製為雅音。後傳擊琴自於此。憚常以今

聲轉棄古法，乃著清調論，具有條流。齊竟陵王嘗宿晏，明旦將朝見，憚投壺枭不絕，停輿

久之，進見遂晚。齊武帝遲之，王以實對。武帝復使為之，賜絹二十四。嘗與琅邪王瞻博

射，嫌其皮闊，乃摘梅帖烏珠之上。〔二〕發必命中，觀者驚駭。

梁武帝好弈棊，使惲品定棊譜，登格者二百七十八人，第其優劣，爲棊品三卷。惲爲第

二焉。帝謂周捨曰：「吾聞君子不可求備，至如柳惲可謂具美。分其才藝，足了十人。」惲著

卜杖龜經。〔一四〕性好醫術，盡其精妙。

少子偲字彥游，年十二，梁武帝引見，詔問讀何書，對曰：「尚書。」又問有何美句，對曰：

「德惟善政，政在養人。」〔一五〕衆咸異之。詔尚武帝女長城公主，拜駙馬都尉、都亭侯，位鄱陽

內史，卒。

子盼尚陳文帝女富陽公主，拜駙馬都尉。後主卽位，以帝舅加散騎常侍。盼性愚戇，

使酒，因醉乘馬入殿門，爲有司劾免，卒於家。贈侍中、中護軍。

后從祖弟莊清警有鑒識，自盼卒後，太后宗屬唯莊爲近，兼素有名望，深被恩禮。位度

支尚書。陳亡入隋，爲岐州司馬。惲弟憕。

憕字文深，少有大意，好玄言，通老、易。

梁武帝舉兵至姑孰，憕與兄惲及諸友朋於小郊候接。時道路猶梗，憕與諸人同憩逆旅

食，俱去行里餘，憕曰：「寧我負人，不人負我。若復有追，堪憩此客。」命左右燒逆旅舍，以絕後追。當時服其善斷。

歷位給事黃門侍郎。與琅邪王峻齊名，俱為中庶子，時人號為方王。[一六]

後為鎮北始興王長史。王移鎮益州，復請憕。帝曰：「柳憕風標才氣，恐不能久為少王臣。」王祈請數四，不得已，以為鎮西長史、蜀郡太守。在蜀廉恪為政，益部懷之。憕弟忱。

忱字文若，年數歲，父世隆及母閻氏並疾，忱不解帶經年，及居喪以毀聞。

仕齊為西中郎主簿。東昏遣巴西太守劉山陽由荊州襲梁武帝于雍州，西中郎長史蕭穎冑計未定，召忱及其所親席闡文等夜入議之。忱及闡文並勸同武帝，穎冑從之。以忱為寧朔將軍，累遷侍中。

郢州平，穎冑議遷都夏口，忱以巴峽未賓，不宜輕捨根本，搖動人心，不從。俄而巴東兵至峽口，遷都之議乃息。論者以為見機。

及梁受命，封州陵伯。歷五兵尚書、祕書監、散騎常侍。改授給事中、光祿大夫。疾篤不拜。卒，諡曰穆。

忱兄弟十五人，多少亡，唯第二兄惔、第三兄惲、第四兄憕及忱三兩年間四人迭為侍中，復居方伯，當世罕比。子範嗣。

慶遠字文和，元景弟子也。父叔珍，義陽內史。

慶遠仕齊為魏興太守，郡遭暴水，人欲移於杞城。[一七]慶遠曰：「吾聞江河長不過三日，命築土而已。」俄而水退，百姓服之。

後為襄陽令，梁武帝之臨雍州，問京兆人杜惲求州綱紀，惲言慶遠。武帝曰：「文和吾已知之，所問未知者耳。」因辟為別駕。慶遠謂所親曰：「天下方亂，定霸者其吾君乎。」因盡誠協贊。及起兵，慶遠常居帷幄為謀主，從軍東下，身先士卒。武帝行營，見慶遠頓舍嚴整，每歎曰：「人人若是，吾又何憂。」建康城平，為侍中，帶淮陵齊昌二郡太守。城內嘗夜火，眾並驚懼。武帝時居宮中，悉斂諸門籥，問柳侍中何在。慶遠至，悉付之，其見任如此。

霸府建，為從事中郎。武帝受禪，封重安侯，位散騎常侍，改封雲杜侯。出為雍州刺史，加都督。帝餞於新亭，謂曰：「卿衣錦還鄉，朕無西顧憂矣。」始武帝為雍州，慶遠為別駕，謂曰：「昔羊公語劉弘，卿後當居吾處。今相觀亦復如是。」曾未十年，而慶遠督府，談者以為逾於魏詠之。

累遷侍中，領軍將軍，給扶。出為雍州刺史。慶遠重為本州，頗厲清節，士庶懷之。卒官，贈開府儀同三司，謚曰忠惠侯。喪還都，武帝親出臨之。

初，慶遠從父兄世隆嘗謂慶遠曰：「吾昔夢太尉以褥席見賜，吾遂亞台司。適又夢以吾

褥席與汝，汝必光我門族。」至是慶遠亦繼世隆焉。

子津字元孳，雖乏風華，性甚強直。人或勸之聚書，津曰：「吾常請道士上章驅鬼，安用

此鬼名邪。」歷散騎常侍，太子詹事，襲封雲杜侯。

侯景圍城既急，帝召津問策。對曰：「陛下有邵陵，臣有仲禮，不忠不孝，賊何由可平。

太清三年，城陷，卒。

子仲禮，勇力兼人，少有膽氣，身長八尺，眉目疏朗。初，簡文帝為雍州刺史，津為長

史。及簡文入居儲宮，津亦得侍從。仲禮留在襄陽，馬仗軍人悉付之。撫循故舊，甚得眾

和。起家著作佐郎，稍遷電威將軍，陽泉縣侯。中大通中，西魏將賀拔勝來逼樊、鄧，仲禮

出擊破之。除黃門郎，稍遷司州刺史。武帝思見其面，使畫工圖之。

初，侯景潛圖反噬，仲禮先知之，屢啓求以精兵三萬討景，朝廷不許。及景濟江，朝野

便望其至。兼蓄雍、司精卒，與諸蕃赴援，見推總督。景素聞其名，甚憚之。仲禮亦自謂當

世英雄，諸將莫己若也。

韋粲見攻，仲禮方食，投箸被練馳之，騎能屬者七十。比至，粲已敗，仲禮因與景戰於青塘，大敗之。景與仲禮交戰，各不相知。仲禮稍將及景，而賊將支伯仁自後斫仲禮，再斫仲禮中肩。馬陷于淖，賊聚稍刺之，騎將郭山石救之以免。自此壯氣外衰，不復言戰。神情懊恨，凌蔑將帥。邵陵王綸亦鞭策軍門，每日必至，累刻移時，仲禮亦弗見也。綸既忿歎，怨隙遂成。而仲禮常置酒高會，日作優倡，毒掠百姓，汙辱妃主。晚又與臨城公大連不協。景嘗登朱雀樓與之語，遺以金環。是後閉營不戰，衆軍日固請，皆悉拒焉。南安侯駿謂曰：「城急如此，都督不復處分，如脫不守，何面以見天下義士。」仲禮無以應之。

父在難，不能盡心竭力，百代之後，謂汝爲何。」仲禮聞之，言笑自若。父津登城謂曰：「汝君

及臺城陷，侯景矯詔使石城公大款以白虎幡解諸軍。仲禮召諸將軍會議，邵陵王以下畢集。王曰：「今日之命，委之將軍。」仲禮熟視不對。裴之高、王僧辯曰：「將軍擁衆百萬，致宮闕淪沒，正當悉力決戰，何所多言。」仲禮竟無一言，諸軍乃隨方各散。

時湘東王繹遣王琳送米二十萬石以饋軍，至姑孰聞臺城陷，乃沉米於江而退。仲禮及弟敬禮、羊鴉仁、王僧辯、趙伯超並開營降賊。時城雖淪陷，援軍甚衆，軍士咸欲盡力，及聞降，莫不歎憤。論者以爲梁禍始於朱异，成於仲禮。

仲禮等入城，並先拜景而後見帝，帝不與言。既而景留柳敬禮、羊鴉仁，而遣仲禮、僧

辯西上，各復本位。餞於後渚，景執仲禮手曰：「天下之事在將軍耳。郢州、巴西並以相付。」

及至江陵，會岳陽王詧南寇，湘東王以仲禮爲雍州刺史，襲襄陽。仲禮方觀成敗，未發。

及南陽圍急，杜岸請救，仲禮乃以別將夏侯強爲司州刺史，守義陽，自帥衆如安陸，使司馬康昭如竟陵討孫暠。暠執魏戍人以降。

置摹於安陸，而以輕兵師于滠頭，將侵襄陽。岳陽王詧告急于魏，魏遣大將楊忠援之。仲禮與戰于滠頭，大敗，幷弟子禮沒于魏。魏相安定公待仲禮以客禮。西魏於是盡得漢東。

仲禮弟敬禮，少以勇烈聞。粗暴無行檢，恒略賣人，爲百姓所苦，故襄陽有柳四郎歌。侯景度江，敬禮率馬步三千赴援。至都，與景頻戰，甚著威名。

臺城陷，與兄仲禮俱見景，景遣仲禮經略上流，〔一八〕留敬禮質，以爲護軍將軍。景餞仲禮於後渚。敬禮謂仲禮曰：「景今來會，敬禮抱之，兄便可殺，雖死無恨。」仲禮壯其言，許之。及酒數行，敬禮目仲禮，仲禮見備衞嚴，不敢動，遂不果。

會景征晉熙，敬禮與南康王會理謀襲其城，剋期將發，建安侯蕭賁告之，遂遇害。臨死

曰：「我兄老婢也，國敗家亡，實余之責，今日就死，豈非天乎。」

論曰：柳元景行己所資，豈徒武毅，當朝任職，實兼雅道。卒至覆族，遭逢亦有命乎。世隆文武器業，殆人望也，諸子門素所傳，俱云克構。仲禮始終之際，其不副也何哉？豈應天方喪梁，不然，何斯人而有斯迹也。

校勘記

〔一〕乃以為武威將軍隨郡太守　「武威」宋書作「廣威」。按宋書百官志有廣威，無武威。此「武威」乃「虎威」之譌改。通志作「虎威」。南史柳世隆傳亦作「武威」，南齊書柳世隆傳即作「虎威」，云「卿昔以虎威之號為隨郡，今復以授世隆，使卿門世不絕公也」。

〔二〕營於開方口　「開方口」各本作「關方口」。按宋書，太平御覽三五七引孫嚴宋書、通鑑並作「開方口」，今據改。

〔三〕軍副譚金率騎從而奔之　「軍」字各本並脫，據宋書補。

〔四〕 諸軍乃自湖關度白楊嶺出於長洲安都斷後宗越副之 「湖關」、「宗越」各本作「狐關」、「宋越」，並據宋書改正。

〔五〕 質慮其爲荊江後患 「荊江」各本作「荊州」，據三朝本宋書改。

〔六〕 太子詹事侍中中正如故 按宋書有爲「本州大中正」數語，被刪去，致此「中正如故」無所本。

〔七〕 侍中令中正如故 「令」字各本並脫，據宋書補。按上有云「爲尚書令」。

〔八〕 侍中令中正如故 「令」上各本衍「中書」二字，據宋書刪。按元景無爲中書令事，已爲「尚書令」，又不當複述全銜。

〔九〕 在州立邸興生 「興生」宋書作「治生」，此避唐諱改。

〔10〕 帝解茅土玉環贈之 太平御覽六九二服章部引梁書無「茅土」二字。按姚思廉梁書不載此事。

〔一一〕 尋遷尚書左僕射年四十六卒於湘州刺史 「左」梁書武帝天監四年紀及本傳作「右」，是。「年四十六」各本作「年六十」。按梁書傳云：「憕年十七，齊武帝爲中軍，命爲參軍。」又云：「天監六年十月，卒於州。」據南齊書武帝紀，齊武帝爲中軍大將軍在昇明三年（四九九），至天監六年（五〇七）憕卒，適四十六歲，今改正。

〔一二〕 唯與王暕陸杲善 「陸杲」各本作「陸果」，據通志改。按梁書有陸杲傳。

〔一三〕 乃摘梅帖烏珠之上 「烏珠」册府元龜八四六作「烏咮」。

〔一八〕與兄仲禮俱見景景遣仲禮經略上流　三朝本、汲古閣本脫「俱見景」「景遣仲禮」七字，此從北監本、殿本。

〔一七〕人欲移於杞城　舊本梁書作「吏請移民杞城」，册府元龜六九一「杞城」作「祀城」，標點本梁書已據册府元龜改。此亦疑當作「人欲移民祀城」。

〔一六〕時人號爲方王　王懋竑讀書記疑：「方」字疑當作「柳」。

〔一五〕政在養人　「養人」本作「養民」，見尚書大禹謨，此避唐諱改。

〔一四〕惲著卜杖龜經　「卜」各本作「十」。册府元龜七八六、通志並作「卜」，今據改。

南史卷三十九

列傳第二十九

殷孝祖 族子琰 劉勔 子悛 孫孺 覽 遵 悛弟子苞 悛弟繪

繪子孝綽 繪弟瓃

殷孝祖，陳郡長平人也。曾祖羨，晉光祿勳。父祖宦並不達。宋孝武時，以軍功仕至積射將軍。前廢帝景和元年，為兗州刺史。

孝祖少誕節，好酒色，有氣幹。明帝初即位，四方反叛，孝祖外甥司徒參軍潁川荀僧韶建議銜命徵孝祖入朝，上遣之。

時徐州刺史薛安都遣薛索兒等屯據津徑，僧韶間行得至，說孝祖曰：「景和凶狂，開闢未有，朝野憂危，假命漏刻。主上曾不浹辰，夷凶翦暴。國亂朝危，宜立長主，公卿百辟，人無異議。而羣迷相扇，構造無端，貪利幼弱，競懷希幸。舅少有立功之志，長以氣節成名，若能控

濟，河義勇，還奉朝廷，非唯匡主靜亂，乃可以垂名竹帛。」孝祖即日棄妻子，率文武二千人

隨僧韶還都。時普天同逆，朝廷唯保丹陽一郡。孝祖忽至，衆力不少，人情於是大安。進

孝祖號冠軍將軍、假節、督前鋒諸軍事。御仗先有諸葛亮筒袖鎧、鐵帽，二十五石弩射之不

能入，上悉以賜孝祖。孝祖負其誠節，陵轢諸將。時賊據赭圻，孝祖將進攻之，與大將王玄

謨別，悲不自勝，衆並駭怪。

泰始二年三月三日，與賊合戰，每戰，常以鼓蓋自隨。軍中人相謂曰：「殷統軍可謂死

將矣，今與賊交鋒，而以羽儀自標顯，若射者十手攢射，欲不斃得乎。」是日中流矢死。追贈

建安縣侯，諡曰忠。

琰字敬珉，孝祖族子也。父道鸞，宋衡陽王義季右軍長史。

琰少爲文帝所知，見遇與琅邪王景文相埒。前廢帝永光元年，累遷黃門侍郎，出爲山

陽王休祐右軍長史、南梁郡太守。休祐入朝，琰乃行府州事。明帝泰始元年，以休祐爲荊

州，會晉安王子勛反，即以琰爲豫州刺史。土人前右軍參軍杜叔寶等並勸琰同逆，〔一〕琰素

無部曲，無以自立，受制於叔寶。二年正月，帝遣輔國將軍劉勔西討之，築長圍，創攻道於

東南角，拼作大蝦蟇車載土，牛皮蒙之，三百人推以塞塹。十二月，琰乃始降。時琰有疾，

以板自興，諸將帥面縛請罪，勵並撫宥之，無所誅戮。後除少府，加給事中，卒官。

琰性和雅靜素，寡嗜慾，譜前世舊事。事兄甚謹，少以名行見稱。在壽陽被攻圍積時，

為城內所懷附。揚州刺史王景文、征西將軍蔡興宗、司空褚彥回並相與友善。

劉勱字伯猷，彭城安上里人也。祖懷義，父穎之，位並郡守。

勱少有志節，兼好文義。家貧，仕宋，初為廣州增城令，稍遷鬱林太守。大明初還都，徐

州刺史劉道隆請為寧朔司馬。

竟陵王誕據廣陵為逆，勱隨道隆受沈慶之節度。事平，封金

城縣五等侯，除西陽王子尚撫軍參軍，入直閣。先是，費沈伐陳檀不剋，乃除勱龍驤將軍、

西江督護、鬱林太守。勱既至，隨宜剪定，大致名馬，并獻珊瑚連理樹。上甚悅。前廢帝卽

位，為屯騎校尉，又入直閣。

明帝卽位，江州刺史晉安王子勛為逆，四方響應，勱以本官領建平王景素輔國司馬，進

據梁山。會豫州刺史殷琰反叛，召勱還都，復兼山陽王休祐驃騎司馬致討。時琰嬰城固

守，自始春至于末冬，勱內攻外禦，戰無不捷。善撫將帥，以寬厚為眾所依。將軍王廣之求

勱所自乘馬，諸將並忿廣之貪冒，勸勱以法裁之。勱歡笑，卽解馬與廣之。及琰請降，勱約

令三軍不得妄動，城內士庶感悅，咸曰來蘇。

還都，拜太子右衞率，封鄱陽縣侯，遷右衞將軍，行豫州刺史，加都督。後徵拜散騎常侍、中領軍。劻以世路糾紛，有懷止足，經始鍾嶺之南，以爲棲息。聚石蓄水，髣髴丘中，朝士雅素者多往游之。

明帝臨崩，顧命以爲守尚書右僕射、中領軍。廢帝卽位，加兵五百人。元徽初，月犯右執法，太白犯上將，或勸劻解職。劻曰：「吾執心行已，無愧幽明；若才輕任重，災眚必及，天道密微，避豈能免？」桂陽王休範爲亂，奄至建鄴，加劻使持節、鎭軍將軍，置佐、鎭扞石頭。既而賊衆屯朱雀航南，右軍將軍王道隆率宿衞向朱雀。聞賊已至，急信召劻，劻戰敗，死之。事平，贈司空，諡曰忠昭公。〔三〕子懍。

懍字士操，隨父征竟陵王誕於廣陵，以功拜駙馬都尉。後爲桂陽王征北中兵參軍，與齊武帝同直殿內，並爲宋明帝所親待，由是與武帝款好。

懍本名忱，宋明帝多忌，反語「劉忱」爲「臨讎」，改名懍焉。

齊武帝嘗至懍宅，晝臥覺，懍自捧金澡罐受四升水以沃盥，因以與帝，前後所納稱此。

後遷安遠護軍、武陵內史。郡南古江堤久廢，懍修未畢，而江水忽至，百姓棄役奔走。

懷親率屬之，於是乃立。漢壽人邵榮興六世同爨，懷表其門閭。懷強濟有世調，善於流俗。

蠻王田僮在山中，年垂百餘歲，南譙王義宣爲荊州，僮出謁，至是又謁懷。明帝崩，表求奔

赴。敕帶郡還都，吏人送者數千萬人。懷人人執手，係以涕泣，百姓感之，贈送甚厚。

桂陽之難，加寧朔將軍，助守石頭。父勔於大航戰死，懷時遇疾，扶伏路次，號哭求勔

屍。勔屍頂後傷缺，〔三〕懷割髮補之。持喪墓側，冬日不衣絮。齊高帝代勔爲領軍，素與勔

善，書譬懷殷勤抑勉。

建平王景素反，高帝總衆。懷初免喪，高帝召懷及弟憺入省，欲使領支軍。及見皆羸

削改貌，乃止。霸業初建，懷先致誠節，沈攸之事起，加輔國將軍。後爲廣州刺史，襲爵鄱

陽縣侯。武帝自尋陽還，遇懷，歡宴敍舊，停十餘日乃下。遣文惠太子及竟陵王子良攝衣

履，備父友之敬。〔四〕

齊受禪，國除，平西記室參軍夏侯恭叔上書，以柳元景中興功臣，劉勔殞身王事，宜存

封爵。詔以與運隆替，不容復厝意也。

初，蒼梧廢，高帝集議中華門，見懷謂曰：「君昨直邪？」懷曰：「僕昨正直，而之急在外。」

至是，上謂懷曰：「功名之際，人所不忘，卿昔在中華門答我，何其欲謝世事」？懷曰：「臣世受

宋恩，門荷齊眷，非常之勳，非臣所及，敢不以實仰答。」

遷太子中庶子，領越騎校尉。時武帝在東宮，每幸悛坊，閑言至夕，賜屏風帷帳。武帝即位，改領前軍將軍。〔五〕後拜司州刺史。悛父勔討殷琰，平壽陽，無所犯害，百姓德之，爲立碑記。悛步道從壽陽之鎮，過勔碑，拜敬涕泣。於州下立學校，得古禮器銅罍籃、曲山銅罍罇、銅豆、鍾各二口獻之。〔六〕

遷長兼侍中。車駕數幸悛宅。宅盛修山池，造甕牖。武帝著鹿皮冠，披悛菟皮衾，於牖中宴樂。〔七〕以冠賜悛，至夜乃去。後從駕登蔣山，上數歎曰：「貧賤之交不可忘，糟糠之妻不下堂。」顧謂悛曰：「此況卿也。世言富貴好改其素情，吾雖有四海，今日與卿盡布衣之適。」悛起拜謝。累遷始興王前軍長史、平蠻校尉、蜀郡太守，行益州府州事。

初，高帝輔政，有意欲鑄錢，以禪讓之際，未及施行。建元四年，奉朝請孔覬上鑄錢均貨議，辭證甚博，其略以爲：

食貨相通，理勢自然。李悝曰：「糴甚貴傷人，甚賤傷農。人傷則離散，農傷則國貧。甚賤與甚貴，其傷一也。」三吳國之關奧，比歲時被水潦，而糴不貴，是天下錢少，非穀穰賤，此不可不察也。鑄錢之弊，在輕重屢變。重錢患難用，而難用爲累輕；輕錢弊盜鑄，而盜鑄爲禍深。人所盜鑄，嚴法不禁者，由上鑄錢惜銅愛工也。惜銅愛工，謂錢無用之器，以通交易，務欲令輕而數多，使省工而易成，不詳慮其爲患也。

自漢鑄五銖至宋文帝，歷五百餘年，制度世有廢興，而不變五銖錢者，明其輕重可法，得貨之宜。以爲宜開置泉府，方牧貢金，大興鎔鑄。錢重五銖，一依漢法。若官鑄已布於人，便嚴斷翦鑿，〔八〕輕小破缺無周郭者，悉不得行。官錢細小者，稱合銖兩，銷以爲大。利貧良之人，塞姦巧之路。錢貨既均，遠近若一，百姓樂業，市道無爭，衣食滋殖矣。

時議多以錢貨輕轉少，宜更廣鑄，重其銖兩，以防人姦。高帝使諸州郡大市銅炭，會晏駕事寢。

永明八年，悛啟武帝曰：「南廣郡界蒙山下有城名蒙城，可二頃地，〔九〕有燒鑪四所，高一丈，廣一丈五尺。從蒙城度水南百許步，平地掘土深二尺，得銅。又有古掘銅坑深二丈，并居宅處猶存。鄧通南安人，漢文帝賜通嚴道縣銅山鑄錢。今蒙山近在青衣水南，青衣左側並是故秦之嚴道地。青衣縣，文帝改名漢嘉。且蒙山去南安二百里，案此必是通所鑄處。〔一０〕近喚蒙山獠出，云『甚可經略』。此議若立，潤利無極。并獻蒙山銅一片，又銅石一片，平州鑄鐵刀一口。」上從之。遣使入蜀鑄錢，得千餘萬，功費多乃止。

悛仍代始興王鑑爲益州刺史、監益寧二州諸軍事。悛既藉舊恩，尤能承迎權貴，賓客闐房，供費奢廣。罷廣、司二州，傾資貢獻，〔一一〕家無留儲。在蜀作金浴盆，餘金物稱是。罷

任以本號還都，欲獻之，而武帝晏駕。

尉，將加誅戮。鬱林新立，懌奉獻減少。鬱林知之，諷有司收懌付廷

明帝啓救之，見原，禁錮終身。雖見廢黜，而賓客日至。

海陵即位，以白衣除兼左戶尚書，尋除正。明帝立，加領驍騎將軍，復故官駙馬都尉。

懌歷朝見恩遇，高帝爲鄱陽王鏘納懌妹爲妃。明帝又爲晉安王寶義納懌女爲妃。自此連姻帝室。

王敬則反，懌出守琅邪城，轉五兵尚書。懌兄弟以父死朱雀航，終身不行此路。明帝崩，東昏即位，改授散騎常侍，領驍騎將軍，尚書如故。衛送山陵，路經朱雀航感慟，至曲阿而卒。贈太常，常侍、都尉如故。諡曰敬子。

子孺字季幼，〔三〕幼聰敏，七歲能屬文。年十四居喪，毀瘠骨立，宗黨咸異之。叔父瑱爲義興郡，攜以之官，常置坐側，謂賓客曰：「此吾家明珠也。」及長，美風采，性通和，雖家人不見其喜慍。本州召迎主簿。起家中軍法曹行參軍，時鎮軍沈約聞其名，引爲主簿，恒與游宴賦詩，大爲約所嗟賞。累遷太子中舍人。

孺少好文章，性又敏速，嘗在御坐爲李賦，受詔便成，文不加點。梁武帝甚稱賞之。後侍宴壽光殿，詔羣臣賦詩。時孺與張率並醉，未及成。帝取孺手板題戲之曰：「張率東南

美，劉孺洛陽才，攬筆便應就，何事久遲回。」其見親愛如此。

遷中書郎，兼中書通事舍人。歷太子中庶子，尚書吏部郎。累遷散騎常侍，左戶尚書。

大同五年，守吏部尚書。出為晉陵太守，在郡和理，為吏人所稱。入為侍中。後復為吏部尚書。母憂，以毀卒，諡曰孝子。

孺少與從兄苞、孝綽齊名，苞早卒，孝綽數坐免黜，位並不高，唯孺貴顯。有文集二十卷。孺弟覽。

覽字孝智，十六通老、易，位中書郎。以所生母憂，廬于墓，再朞不嘗鹽酪，〔三〕食麥粥而已。隆冬止著單布衣，家人慮不勝喪，中夜竊置炭於牀下，覽因暖得寐。及覺知之，號慟歐血。梁武帝聞其至性，數使省視。

服闋，除尚書左丞。性聰敏，尚書令史七百人，一見並記名姓。當官清正無所私。從兄吏部郎孝綽，在職頗通贓貨，覽劾奏免官。孝綽怨之，常謂人曰：「犬噬行路，覽噬家人。」出為始興內史，居郡尤勵清節。復為左丞，卒官。覽弟遵。

遵字孝陵，少清雅有學行，工屬文。為晉安王綱宣惠、雲麾二府記室，甚見賓禮。王立

為皇太子，仍除中庶子。

悼惜之，與遵從兄陽羨令孝儀令曰：「賢從弟中庶奄至殞逝，痛可言乎。其孝友淳深，立身貞固，內含玉潤，外表瀾清，言行相符，終始如一。文史該富，琬琰為心，辭章博贍，玄黃成采。既以鳴謙表性，又以難進自居。吾昔在漢南，連翩書記；及忝朱方，從容坐首。鵷舟乍動，朱鷺徐鳴，未嘗一日而不追隨，一時而不會遇。益者三友，此實其人。及弘道下邑，未申善政，而能使人結去思，野多馴雉，此亦威鳳一羽，足以驗其五德。」其見愛賞如此。

苞字孝嘗，一字孟嘗，懷弟子也。父憘，位太子中庶子。

苞三歲而孤，至六七歲，見諸父常泣。時伯叔父愐、繪等並顯貴，[一四]其母謂其畏憚，怒之。苞曰：「早孤不及有識，聞諸父多相似，故心中悲耳。」因而歔欷，母亦悲慟。初，苞父母及兩兄相繼亡歿，[一五]悉假瘞焉。苞年十六，始移墓所，經營改葬，不資諸父。奉君母朱夫人及所生陳氏並扇席溫枕，[一六]叔父繪常歎伏之。

少好學，能屬文，家有舊書，例皆殘蠹，手自編緝，筐篋盈滿。梁初，以臨川王妃弟，故自征虜主簿遷右軍功曹，累遷太子洗馬，掌書記，侍講壽光殿。[一七]及從兄孝綽等並以文藻見知，多預宴坐。受詔詠天泉池荷及採菱調，[一八]下筆即成。

天監十年卒，臨終呼友人南陽劉之遴託以喪事從儉。

面折其非，退稱其美，士友咸以此歎惜之。

繪字士章，愃弟也。初為齊高帝行參軍，帝歎曰：「劉公為不亡也。」及豫章王嶷鎮江陵，繪為鎮西外兵參軍，以文義見禮。時琅邪王諲為功曹，[一九]以吏能自進，嶷謂僚佐曰：「吾雖不能得應嗣陳蕃，然閤下自有二驥也。」

後歷位中書郎，掌詔誥。敕助國子祭酒何胤撰修禮儀。永明末，都下人士盛為文章談義，皆湊竟陵西邸，繪為後進領袖。時張融以言辭辯捷，周顒彌為清綺，而繪音采贍麗，雅有風則。[二○]時人為之語曰：「三人共宅夾清漳，張南周北劉中央。」言其處二人間也。嶷歎曰：「禰衡復侯子響誅後，豫章王嶷欲求葬之，召繪為表言其事，繪須臾便成。」後魏使至，繪以辭辯被敕接使。事畢，當撰語辭。

隆昌中，兄惔坐事將見誅，繪伏闕請代兄死，明帝輔政，救之，乃免死。明帝即位，為太

性通悟，出為南康相，郡人有姓賴，所居名穢里，刺謁繪，繪戲嘲之曰：「君有何穢，而居穢里」？此人應聲曰：「未審孔丘何闕，而居闕里。」繪默然不答，亦無忤意，歎其辯速。

繪謂人曰：「無論潤色未易，但得我語亦難矣。」

唯足八字云：「提攜鞠養，俯見成人。」何以過此。

魚復侯子響誅後，

子中庶子。

安陸王寶晊為湘州，以繪為冠軍長史、長沙內史，行湘州事。寶晊妃，懷女也。寶晊愛其侍婢，繪奪取，具以啓聞，寶晊以為恨，與繪不協。遭母喪去官，有至性。服闋，為晉安王征北長史、南東海太守，行南徐州事。〔二〕及梁武起兵，朝廷以繪為雍州刺史，固讓不就。衆以朝廷昏亂，為之寒心。繪終不受，乃改用張欣泰。轉繪建安王車騎長史，行府國事。及東昏見殺，城內遣繪及國子博士范雲等齎其首詣梁武帝於石頭。轉大司馬從事中郎，卒。子孝綽。

孝綽字孝綽，本名冉。幼聰敏，七歲能屬文。舅齊中書郎王融深賞異之，與同載以適親友，號曰神童。融每曰：「天下文章若無我，當歸阿士。」阿士即孝綽小字也。父繪，齊時掌詔誥，孝綽時年十四，繪常使代草之。父黨沈約、任昉、范雲等聞其名，命駕造焉，昉尤相賞好。范雲年長繪十餘歲，其子孝才與孝綽年並十四五。及雲遇孝綽，便申伯季，乃命孝才拜之。

梁天監初，起家著作佐郎，為歸沐詩贈任昉，昉報曰：「彼美洛陽子，投我懷秋作，詎慰蠹嗟人，徒深老夫託。直史兼褒貶，轄司專疾惡，九折多美疹，匪報庶良藥。」其為名流所重兼善草隸，自以書似父，乃變為別體。

如此。

後遷兼尚書水部郎，奉啓陳謝。手敕答曰：「美錦未可便製，簿領亦宜稍習。」頃之卽真。武帝時因宴幸，令沈約、任昉等言志賦詩，孝綽亦見引。嘗侍宴，於坐作詩七首，武帝覽其文，篇篇嗟賞，由是朝野改觀。累遷秘書丞。武帝謂舍人周捨云：「第一官當知用第一人。」故以孝綽居此職。

後爲太子僕，掌東宮管記。時昭明太子好士愛文，孝綽與陳郡殷芸、吳郡陸倕、琅邪王筠、彭城到洽等同見禮。太子起樂賢堂，乃使先圖孝綽。太子文章，羣才咸欲撰錄，太子獨使孝綽集而序之。遷兼廷尉卿。

初，孝綽與到洽兄弟甚狎，洽少孤，宅近僧寺，孝綽往洽許，適見黃臥具，孝綽謂僧物色也，撫手笑。洽知其旨，奮拳擊之，傷口而去。又與洽同游東宮，孝綽自以才優於洽，每於宴坐嗤鄙其文，洽深銜之。及孝綽爲廷尉，攜妾入廷尉，其母猶停私宅。洽尋爲御史中丞，遣令史劾奏之，云「攜少妹於華省，棄老母於下宅」。武帝爲隱其惡，改妹字爲妹。[三]孝綽坐免官。諸弟時隨蕃皆在荆、雍，乃與書論共洽不平者十事，其辭皆訴到氏。又寫別本封至東宮，昭明太子命焚之，不開視。

孝綽免職後，武帝數使僕射徐勉宣旨慰撫之，每朝宴常預焉。及武帝爲籍田詩，又使

勉先示孝綽。時奉詔作者數十人，帝以孝綽詩工，卽日起爲西中郎湘東王諮議參軍。遷黃
門侍郎、尙書吏部郎，坐受人絹一束，爲餉者所訟，左遷信威臨賀王長史。晚年忽忽不得
志，後爲祕書監。

初，孝綽居母憂，冬月飲冷水，因得冷癖，以大同五年卒官，年五十九。

孝綽少有盛名，而仗氣負才，多所陵忽。有不合意，極言詆訾。領軍臧盾、太府卿沈僧
昊等並被時遇[三]，孝綽尤輕之。每於朝集會同，處公卿間無所與語，反呼驛卒訪道途間
事，由此多忤於物，前後五免。孝綽辭藻爲後進所宗，時重其文，每作一篇，朝成暮徧，好
事者咸誦傳寫，流聞河朔，亭苑柱壁莫不題之。文集數十萬言，行於時。兄弟及羣從子姪
當時有七十人，並能屬文，近古未之有也。

其三妹，一適琅邪王叔英，一適吳郡張嵊，一適東海徐悱，並有才學。悱爲晉安郡卒，喪還建鄴，妻爲祭文，辭甚悽愴。悱父勉本欲爲哀辭，及
所謂劉三娘者也。

見此文，乃閣筆。

孝綽子諒字求信，小名春。少好學，有文才，尤悉晉代故事，時人號曰「皮裏晉書」。位
中書宣城王記室，爲湘東王所善。王嘗游江濱，歎秋望之美。諒對曰：「今日可謂『帝子降

於北渚』。」王有目疾，以爲刺己。

應曰：「卿言『目眇眇以愁予』邪？」從此嫌之。

孝綽嘗云「三筆六詩」，三卽孝
儀，六謂孝威也。

孝綽弟潛字孝儀，幼孤，與諸兄弟相勗以學，並工屬文。

舉秀才，累遷尚書殿中郎。　敕令製雍州平等寺金像碑，文甚宏麗。　晉安王綱鎮襄陽，引爲安北功曹史。　及王爲皇太子，仍補洗馬，遷中舍人。　出爲陽羨令，甚有稱績。　後爲中書郎，以公事左遷安西諮議參軍，兼散騎常侍。　使魏還，除中書郎。　累遷尚書左丞，長兼御史中丞。　在職多所彈糾，無所顧望，當時稱之。　出爲臨海太守。　時政網疏闊，百姓多不遵禁。　孝儀下車，宣下條制，勵精綏撫，境內翕然，風俗大變。　入遷都官尚書。　太清元年，出爲豫章內史。〔二三〕侯景寇建鄴，孝儀遣子勵帥郡兵三千，隨前衡州刺史韋粲入援。　及宮城不守，孝儀爲前歷陽太守莊鐵所逼，失郡，卒。

孝儀爲人寬厚，內行尤篤。　第二兄孝熊早卒，〔二三〕孝儀奉寡嫂甚謹，家內巨細必先諮決，與妻子朝夕供事，未嘗失禮，時人以此稱之。　有文集二十卷行於世。

第五弟孝勝，位尚書右丞、兼散騎常侍。　聘魏還，爲安西武陵王紀長史、蜀郡太守。　紀僭號於蜀，以爲尚書僕射。　隨紀出峽口，兵敗被執。　元帝宥之，以爲司徒右長史。

第六弟孝威，氣調爽逸，風儀俊舉。初爲安北晉安王法曹，後爲太子洗馬，中舍人，庶子，率更令，並掌管記。大同中，白雀集東宮，孝威上頌甚美。太清中，遷中庶子，兼通事舍人。及侯景寇亂，隨司州刺史柳仲禮至安陸，卒。

第七弟孝先，位武陵王主簿，與兄孝勝俱隨紀軍出峽口。兵敗，元帝以爲黃門郎，遷侍中。

瑱字士溫，繪弟也。少有行業，文藻、篆隸、丹青並爲當世所稱。時有滎陽毛惠遠善畫馬，瑱善畫婦人，並爲當世第一。

瑱妹爲齊鄱陽王妃，伉儷甚篤。王爲齊明帝所誅，妃追傷逐成痼疾，醫所不療。有陳郡殷蒨善寫人面，與眞不別，瑱令蒨畫王形像，幷圖王平生所寵姬共照鏡狀，如欲偶寢。瑱乃密使嫗嬭示妃，妃視畫仍唾之，因罵云「故宜其早死」。於是恩情卽歇，病亦除差。此姬亦被廢苦，因卽以此畫焚之。

瑱仕齊，歷尚書吏部郎，義興太守。先繪卒。

論曰：當泰始之際，二殷去就不同，原始要終，各以名節自立。孝祖翫敵而亡，蓋其宜也。劉勔出征久撫，所在流譽，行己之節，赴蹈爲期，雖古之忠烈，亦何以加此。懷至性過人，繪辭義克舉，諸子各擅雕龍，當年方駕，文采之盛，殆難繼乎。孝緯中毒爲尤，可謂人而無儀者矣。

校勘記

〔一〕土人前右軍參軍杜叔寶等並勸琰同逆　「參軍」二字各本並脫，據宋書補。

〔二〕諡曰忠昭公　「忠」字各本並脫，據宋書補。

〔三〕勔屍頂後傷缺　「頂後」各本並作「頂復」，據南齊書改。

〔四〕備父友之敬　「備」疑當從南齊書作「修」。

〔五〕改領前軍將軍　「前」字各本並脫，據南齊書補。按上云「領越騎校尉」，故此云「改領」；越騎遷前軍乃循資而進，若領軍則嫌躐等。

〔六〕得古禮器銅罍甌山銅罍鐏銅豆鍾各二口獻之　「甌山銅罍鐏」宋本及殿本南齊書作「山罍」。王懋竑讀書記疑：「甌山疑誤。」

〔七〕披悵蒬皮衾於牖中宴樂　「衾」疑當作「裘」。

〔八〕 便嚴斷翦鑿　「便」各本作「使」，據通鑑改。

〔九〕 南廣郡界蒙山下有城名蒙城可二頃地　「名蒙城」三字各本並脫，據南齊書補。　按下出「蒙城」，明此爲脫文。

〔一〇〕 案此必是通所鑄處　「處」字各本並脫，據南齊書補。

〔一一〕 傾資貢獻　「傾」各本作「頷」，據南齊書改。

〔一二〕 子孺字季幼　「季幼」梁書作「孝稚」。避唐諱，改「稚」作「幼」。「季」「孝」形似，未知孰是。

〔一三〕 再朞不嘗鹽酪　「再朞」上各本衍一「常」字。按梁書、册府元龜七五三、太平御覽八五九引並無「常」字，今據删。

〔一四〕 時伯叔父愷繪等並顯貴　「叔」字各本並脫，據梁書補。　按上云「苞三歲（梁書作四歲）而孤，至六七歲，下云「叔父繪」，則繪不得爲伯父，明此誤脫「叔」字。

〔一五〕 初苞父母及兩兄相繼亡歿　按此疑衍「母」字。上云「苞三歲（梁書作四歲）而孤，則愷爲伯父；且下又云「奉君母朱夫人及所生陳氏」爲叔父繪所歔，更母怒之」。是母不得與父之亡歿相繼；且下又云「奉君母朱夫人及所生陳氏」爲叔父繪所歔，更明母氏俱在。

〔一六〕 奉君母朱夫人及所生陳氏並扇席溫枕　「君母」通志作「嫡母」。

〔一七〕 侍講壽光殿　「壽光」各本作「壽安」，據梁書改。　按劉孺傳、任孝恭傳亦出「壽光殿」，梁無以「壽

〔三五〕第二兄孝熊早卒　「孝熊」梁書作「孝能」。

〔三四〕出爲豫章內史　「豫章」各本作「豫州」，據梁書改。

〔三三〕領軍臧盾太府卿沈僧昊等並被時遇　「沈僧昊」梁書作「沈僧杲」。

〔三二〕云攜少妹於華省棄老母於下宅武帝爲隱其惡改妹字爲姝　按上文既言「攜妾入廷尉」，則到洽劾奏之辭當爲「攜少妹」，武帝爲隱其惡，當是「改姝字爲妹」。疑「妹」「姝」二字互倒。

〔三一〕爲晉安王征北長史南東海太守行南徐州事　「南東海」各本作「南海」，據南齊書補。

〔三〇〕而繪音采贍麗有風則　「贍麗」上各本衍一「不」字，據太平御覽六一七引刪。

〔一九〕時琅邪王翮爲功曹　「王翮」各本作「王綱」，據南齊書改。

〔一八〕受詔詠天泉池荷及採菱調　「天泉池」本作「天淵池」，避唐諱改。

安」名殿者。

南史卷四十

列傳第三十

魯爽　薛安都 從子深　鄧琬 劉胡　宗越　吳喜　黃回

魯爽小字女生，扶風郿人也。祖宗之字彥仁，仕晉官至南陽太守。[一]義熙元年起義，以功為雍州刺史。宋武帝討劉毅，與宗之同會江陵，[二]封南陽郡公。自以非武帝舊隸，屢建大功，有自疑之志。會司馬休之見討猜懼，因與休之北奔，盡室入姚氏，頃之病卒。父軌一名象齒，便弓馬，膂力絕人，為竟陵太守，隨父入姚氏。及武帝定長安，軌、休之北奔魏。魏以軌為荊州刺史、襄陽公，鎮長社。孝武鎮襄陽，軌遣親人程整奉書規欲歸南致誠，以殺劉康祖徐湛之父不敢歸。文帝累遣招納，許以為司州刺史。

爽少有武藝，魏太武知之，常置左右。及軌死，爽代為荊州刺史、襄陽公，鎮長社。粗中使酒，數有過失，太武怒將誅之。爽懼，密懷歸南計。次弟秀小字天念，頗有意略。仕魏

以軍功爲中書郎，封廣陵侯。或告太武鄴人欲反，復遣秀檢察，幷燒石季龍殘餘宮殿。秀常乘驛往返，是時病還遲，爲太武所詰。秀復恐懼。太武尋南攻，因從度河。先是廣平人程天祚爲殿中將軍，有武力。元嘉二十七年，助戍彭城，爲魏軍所獲。以善針術，深被太武賞愛，封南安公，常置左右。恒勸秀南歸，秀納之。及太武北還，與爽俱來奔。文帝悅，以爽爲司州刺史，秀爲榮陽、潁川二郡太守。是歲元嘉二十八年也。明年四月入朝，時太武已崩，上更謀經略。五月，遣爽、秀及程天祚等出許、洛。魏毀其墳墓。王玄謨攻碻磝不拔，敗退，爽亦收衆南還。

三十年，元凶弒逆，南譙王義宣起兵入討，爽與雍州刺史臧質俱詣江陵。事平，以爽爲豫州刺史，加都督。至壽陽，便曲意賓客，爵命士人，畜仗聚馬，如寇將至。元凶之爲逆也，秀在建鄴。元凶謂秀曰：「我爲卿誅徐湛之矣，方相委任。」以秀爲右將軍，使攻新亭，秀因此歸順。

孝武卽位，以爲司州刺史，加都督，領汝南太守。

孝建元年二月，義宣與爽謀反，報聞爽已處分。義宣、質聞爽已處分，便狠狠同反。爽於是送所造輿服詣江陵，板義宣及臧質等文曰：「丞相劉令補天子名義宣，車騎臧令補丞相名質，平西朱令補車騎名脩之」，皆板到奉行。」義宣駭愕，爽所送法物並留竟陵縣不聽進。使爽直出歷陽，自采

石濟軍，與質水陸俱下。左軍將軍薛安都與爽相遇，刺殺之，傳首建鄴。進平壽陽，子弟並伏誅。

薛安都，河東汾陰人也。世爲強族，族姓有三千家，父廣爲宗豪。宋武帝定關、河，以爲上黨太守。

安都少以勇聞，身長七尺八寸，便弓馬。仕魏以軍功爲雍州、秦州都統。〔三〕元嘉二十一年來奔，求北還，構扇河、陝。文帝許之。孝武鎮襄陽，板爲北弘農太守。魏軍漸強，安都乃歸襄陽。二十七年，隨王誕板安都爲建武將軍，隨柳元景向關、陝，率步騎居前，所向剋捷。後孝武伐逆，安都領馬軍，與柳元景俱發。孝武踐阼，除右軍將軍，率所領騎爲前鋒，直入殿庭。以功封南鄉縣男。安都初征關、陝，至臼口，夢仰視天，見天門開，謂左右曰：「汝等見天門開不？」至是歎曰：「夢天門開，乃中興之象邪？」

從弟道生亦以軍功爲大司馬參軍，犯罪，爲秣陵令庾淑之所鞭。安都大怒，卽日乃乘馬從數十人，令左右執稍，欲往殺淑之。行至朱雀航，逢柳元景，遙問曰：「薛公何之？」安都躍馬至車後，曰：「小子庾淑之鞭我從弟，今指往刺殺之。」元景慮其不可，駐車給之曰：〔四〕

「小子無宜適，卿往與手甚快。」安都既回馬，元景復呼之令下馬入車，因讓之曰：「卿從弟服

章言論與寒細不異，且人身犯罪，理應加罰。卿爲朝廷勳臣，云何放恣，輒於都邑殺人。非

惟科律所不容，主上亦無辭相宥。」因載俱歸，安都乃止。其年以憚直免官。

孝建元年，除左軍將軍。及魯爽反叛，遣安都及沈慶之濟江。安都望見爽，便躍馬大

呼，直往刺之，應手倒。左右范雙斬爽首。爽世梟猛，咸云萬人敵，安都單騎直入斬之而

反，時人皆云關羽斬顏良不是過也。進爵爲侯。

時王玄謨拒南郡王義宣，臧質於梁山，安都復領騎爲支軍。義宣遣將劉諶之及臧質攻

玄謨。[五]玄謨命衆軍擊之，使安都引騎出賊陣右橫擊陷之，賊遂大潰。轉太子右衞率。

大明元年，魏軍向無鹽，遣安都領馬軍，東陽太守沈法系統水軍，並受徐州刺史申坦節

度。[六]時魏軍已去，坦求回軍討任榛見許。會天旱，水泉多竭，人馬疲困，不能遠追。安都、

法系白衣領職，坦繫尚方。任榛大抵在任城界，積世逋叛所聚，棘榛深密，難爲用師，故能

久自保藏，屢爲人患。

安都明年復職，改封武昌縣侯。景和元年，爲平北將軍、徐州刺史，加都督。

明帝即位，安都舉兵同晉安王子勛。時安都從子索兒在都，明帝以爲左軍將軍、直閤。

安都將爲逆，遣報之，又遣人至瓜步迎接。時右衞將軍柳光世亦與安都通謀，二人俱逃，攜

安都諸子及家累席卷北奔。青州刺史沈文秀、冀州刺史崔道固並皆同反。[一]明帝遣齊高

帝率前將軍張永等北討，所至奔散，斬薛索兒。

時武衛將軍王廣之領軍隸劉勔，攻殷琰於壽陽，道固部將傅靈越為廣之軍人所禽，厲

聲曰：「我傅靈越也，汝得賊何不即殺。」時生送詣勔，勔躬自慰勞，詰其叛逆。對曰：「九州唱

義，豈獨在我。」勔又問：「卿何不早歸天闕，乃逃命草間？」靈越曰：「薛公舉兵淮北，威震天

下，不能專任智勇，委付子姪，致敗之由，實在於此。人生歸於一死，實無面求活。」勔壯其

意，送還建鄴。明帝欲加原宥，靈越辭對如一，終不回改，乃殺之。靈越，清河人也。

子勛平定，安都遣別駕從事史畢衆愛，下邳太守王煥等奏啓事詣明帝歸款。索兒之死

也，安都使柳光世守下邳，至是亦率所領歸降。帝以四方已平，欲示威於淮外，遣張永、沈

攸之以重軍迎安都，懼不免罪，遂降魏。

子勛平定，安都遣別駕從事史畢衆愛，下邳太守王煥等奏啓事詣明帝歸款。索兒之死

深，安都從子也。本名道深，避齊高帝偏諱改焉。[六]安都以彭城降魏，親族皆入北。高

帝鎮淮陰，深遁來，委身自結於高帝。果幹有氣力。宋元徽末，以軍功至驍騎將軍、軍主，

封竟陵侯。

沈攸之之難，齊高帝入朝堂，豫章王嶷代守東府，使深領軍屯司徒右府，分備建鄴。袁

粲據石頭，豫章王嶷夜登西門遙呼深，深驚起，率軍赴難。高帝即位，除淮陰太守，尋爲直閣將軍，轉太子左率。武帝即位，遷左衞將軍。隆昌元年，爲司州刺史、右將軍，卒。

鄧琬字元琰，[九]豫章南昌人也。父胤之，宋孝武征虜長史、光祿勳。

孝武起義初，琬爲南海太守，以弟瓊與臧質同逆遠徙，仍停廣州，久之得還。歷位丹陽丞。

大明七年，車駕幸歷陽，追思在蕃之舊，擢琬爲給事黃門侍郎。明年，出爲晉安王子勗鎮軍長史、尋陽內史，行江州事。

前廢帝以文帝、孝武並次居第三，以登極位。子勗次第既同，深致嫌疑，因何邁之謀，乃遣使齎藥賜死。使至，子勗典籤謝道遇、主帥潘欣之、侍書褚靈嗣等馳以告琬，[一○]泣涕請計。琬曰：「身南土寒士，蒙先帝殊恩，以愛子見託，當以死報效。」景和元年冬，子勗戎服出聽事宣旨，欲舉兵，四坐未答。錄事參軍陶亮曰：「請効死前驅。」衆並奉旨。

會明帝定亂，進子勗號車騎將軍、開府儀同三司。令書至，諸佐史並喜造琬曰：「暴亂既除，殿下又開黃閣，實爲公私大慶。」琬以子勗次第居三，又以尋陽起事，有符孝武，理必萬剋。乃取令書投地曰：「殿下當開端門，黃閣是吾徒事耳。」衆並駭愕。

琬與陶亮等繕甲器，徵兵四方。

郢州刺史安陸王子綏、荆州刺史臨海王子頊、會稽太守尋陽王子房、雍州刺史袁顗、梁州刺史柳元怙、益州刺史蕭惠開、廣州刺史袁曇遠、徐州刺史薛安都、青州刺史沈文秀、冀州刺史崔道固、湘州行事何慧文、吳郡太守顧琛、吳興太守王曇生、晉陵太守袁標、義興太守劉延熙並同叛逆。琬乃建牙於桑尾，傳檄建鄴，購明帝萬戶侯，布絹二萬匹，金銀五百斤，其餘各有差。

明帝遣荆州典籤邵宰乘驛還江陵，經過襄陽。袁顗馳書報琬，勸勿解甲，拜奉勸子勛即偽位。琬乃稱說符瑞，令顧昭之撰為瑞命記。造乘輿御服，立宗廟，設壇場，矯作崇憲太后璽令，羣僚上偽號於子勛。泰始二年正月七日，即位於尋陽城。改景和三年為義嘉元年。其日雲雨晦合，行禮忘稱萬歲。取子勛所乘車除脚以為輦，置偽殿之西，其夕有鳩棲其中，鴉集其幰，又有禿鶖鳥集城上。拜安陸王子綏為司徒，因雷電晦冥，震其黃閣柱，鴟尾墮地。又有鴟棲其帳上。

琬性鄙闇，貪惏過甚，財貨酒食，皆身自量校。至是父子並賣官鬻爵，使婢僕出市道販賣，酤歌博弈，日夜不休。賓客到門者，歷旬不得前。內事悉委褚靈嗣等三人，羣小競為威福，士庶忿怨，內外離心矣。

明帝遣領軍將軍王玄謨領水軍南討，吳興太守張永為繼。尚書下符：「奉詔以四王幼

弱，不幸陷難，兵交之日，不得妄加侵犯。若有逼損，誅翦無貸。」

琬遣孫沖之等前鋒一萬據赭圻，沖之於道與子勛書，請速遣陶亮眾軍相接，分據新亭。亮本無幹略，聞建安王休仁自上，殷孝祖又至，不敢進。及孝祖中流矢死，沈攸之代為前鋒。沖之謂陶亮曰：「孝祖梟將，一戰便死，天下事定矣，不須復戰。便當直取京都。」亮不從。

明帝遣員外散騎侍郎王道隆至赭圻督戰，眾軍奮擊，大破之。琬又遣豫州刺史劉胡來屯鵲尾。胡宿將，攸之等甚憚之。胡鄉人蔡那、佼長生、張敬兒各領軍隸攸之在赭圻，胡因要那等共語。那等說令歸順。胡回軍入鵲尾，無他權略。

建安王休仁自武檻進據赭圻，[二]時胡等兵眾強盛，遠近疑惑。明帝欲綏慰人情，遣吏部尚書褚彥回至武檻，選用將帥以下。申謙、杜幼文因此求黃門，沈懷明、劉亮求中書郎。建安王休仁即使彥回擬選，上不許，曰：「忠臣殉國，不謀其報，臨難以干朝典，豈為下之節。」

沈攸之等與劉胡相持久不決，上又遣強弩將軍任農夫等領兵繼至。攸之繕修船舸，板材不周，計無所出。會琬送五千片榜供胡軍用，俄而風潮奔迅，榜突柵出江，胡等力不能制，趁流而下，泊攸之等營，於是材板大足。

琬進袁顗都督征討諸軍事，率樓船千艘來入鵠尾。張興世建議越鵠尾上據錢溪，斷其糧道。

胡累攻之不能剋，乃遣龍驤將軍陳慶領三百舸向錢溪，戒慶不須戰。陳慶至錢溪不敢攻，越溪於梅根立砦。胡別遣將王起領百舸攻興世，擊大破之，胡率其餘舸馳還。顗更使胡攻興世。休仁因此命沈攸之、吳喜、佼長生、劉靈遺、劉伯符等進攻濃湖，造皮艦千乘，拔其營柵，苦戰移日，大破之。顗被攻急，馳信召胡令還。張興世既據錢溪，江路阻斷，胡軍乏食。琬大送資糧，畏興世不敢下。胡遣將迎之，為錢溪所破，夜走徑趣梅根。顗聞胡走，亦棄衆西奔，至青林見殺。

琬惶擾無計，時張悅始發兄子浩喪，乃稱疾呼琬計事，令左右伏甲戒之，若聞索酒便出。琬至，謀斬晉安王，封府庫以謝罪。悅曰：「寧可賣殿下求活邪」因呼求酒，再呼，左右震懾不能應，第二子謫提刀出，〔三〕餘人續至，即斬琬。悅因齎琬首詣建安王休仁降。蔡那子道深以父為明帝効力被繫作部，〔三〕因亂脫鎖入城，執子勛囚之。

沈攸之諸軍至江州，斬子勛於桑尾牙下，傳首建鄴。劉胡走入汋，竟陵郡丞陳懷直、憲子也，斷道邀之。胡人馬既疲困，因隨懷直入城，告渴得酒，飲酒畢，引佩刀自刺不死，斬首送建鄴。張興世弟僧彥追殺懷直，取胡首，竊有其功。

荊州聞濃湖平，更議奉子頊奔益州就蕭惠開。典籤阮道預、邵宰不同，曰：「雖復欲西，

豈可得至。」遣使歸罪。

荆州中從事宗景、土人姚儉等勒兵入城，執子頊以降。

劉胡，南陽涅陽人也，本以面坳黑似胡，故名坳胡，及長單名胡焉。出身郡將，稍至隊主。討伐諸蠻，往無不捷。蠻甚畏憚之。明帝即位，除越騎校尉。蠻畏之，小兒啼，語云「劉胡來」便止。

宗越，南陽葉人也。本爲南陽次門。安北將軍趙倫之鎮襄陽，襄陽多雜姓，越更被黜爲役門。出身補郡吏。父爲蠻所殺，越於市中刺殺讎人。太守夏侯穆嘉其意，擢爲隊主。蠻有爲寇盜者，常使越討伐，往輒有功。家貧無以市馬，刀楯步出，單身挺戰，衆莫能當。每一捷，郡將輒賞錢五千，因此得買馬。

元嘉二十四年，啓文帝求復次門，移戶屬冠軍縣，許之。二十七年，隨柳元景侵魏，領馬幢隸柳元怙有戰功，還補後軍參軍督護，隨王誕戲之曰：「汝何人，遂得我府四字。」越答曰：「佛狸未死，不憂不得諮議參軍。」誕大笑。

孝武即位，以爲江夏王義恭大司馬行參軍、濟陽太守。臧質、魯爽反，朝廷致討，越戰

功居多，追奔至江陵。時荊州刺史朱脩之未至，越多所誅戮，又逼略南郡王義宣子女，坐免官繫尚方，尋被宥。追論前功，封范陽縣子。

大明三年，為長水校尉。竟陵王誕據廣陵反，越領馬軍隸沈慶之攻誕。及城陷，孝武使悉殺城內男丁。越受旨行誅，躬臨其事，莫不先加捶撻，或有鞭其面者，欣欣然若有所得，凡殺數千人。改封始安縣子。

前廢帝景和元年，進爵為侯，召為游擊將軍、直閤，領南濟陰太守，改領南東海太守。帝凶暴無道，而越、譚金、童太一並為之用命，誅戮羣公及何邁等，莫不盡心竭力，故帝憑其爪牙，無所忌憚。賜與越等美女金帛，充物其家。越等武人粗強，識不及遠，咸一往意氣，皆無復二心。帝時南巡，明旦便發，其夕悉聽越等出外宿，明帝因此定亂。明晨越等並入，被撫接甚厚。越改領南濟陰太守，本官如故。

越等既為廢帝盡心，慮明帝不能容之。上接待雖厚，內並懷懼。上意亦不欲使其居中，從容謂曰：「卿遭離暴朝，勤勞日久，兵馬大郡，隨卿等所擇。」越等素已自疑，及聞此旨，皆相顧失色。因謀作難，以告沈攸之，攸之具白帝，即日下獄死。攸之歎曰：「宗公可惜，故有勝人處。」

越善立營陣，每數萬人止頓，自騎馬前行，使軍人隨其後，馬止營合，未嘗參差。及沈攸之代殷孝祖為南討前鋒，時孝祖新死，衆心並懼。

而性嚴酷,好行刑誅,時王玄謨御下亦少恩,將士爲之語曰:「寧作五年徒,不逐王玄謨,玄謨猶可,宗越更殺我。」

譚金在魏時,與薛安都有舊,後出新野居牛門村。及安都歸國,金常隨征討,副安都,排堅陷陣,氣力兼人。孝建三年,爲屯騎校尉,直閣,領南清河太守。景和元年,前廢帝誅羣公,金等並爲之用,封金平都縣男,童太一宜陽縣男,沈攸之東興縣男。

越州里又有武念、佼長生、曹欣之、蔡那並以將帥顯。武念位至南陽太守,長生寧蠻校尉,曹欣之驍騎將軍;蔡那見子道恭傳。

吳喜,吳興臨安人也。本名喜公,明帝減爲喜。出身爲領軍府白衣吏。少知書,領軍將軍沈演之使寫起居注,所寫既畢,闇誦略皆上口。演之甚知之。因此涉獵史、漢,頗見古今。演之門生朱重人入爲主書,[一四]薦喜爲主書吏,進爲主圖令史。文帝嘗求圖書,喜開卷倒進之,帝怒遣出。會太子步兵校尉沈慶之征蠻,啓文帝請喜自隨,爲孝武所知。稍遷至河東太守、殿中御史。

明帝卽位,四方反叛,喜請得精兵三百致死於東。帝大悅,卽假建武將軍,簡羽林勇士

配之。議者以喜刀筆吏，不嘗爲將，不可遣。中書舍人巢尚之曰：「喜隨沈慶之累經軍旅，

性旣勇決，又習戰陣，若能任之，必有成績。」喜乃東討。

喜在孝武世旣見驅使，性寬厚，所至人並懷之。及東討，百姓聞吳河東來，便望風降

散，故喜所至尅捷。遷步兵校尉，封竟陵縣侯。

東土平定，又率所領南討，遷尋陽太守。泰始四年，改封東興縣侯，除右軍將軍、淮陽

太守，兼太子左衛率。五年，轉驍騎將軍，太守、兼率如故。其年，大破魏軍於荊亭。六年，

又率軍向豫州拒魏軍，加都督豫州諸軍事。明年還建鄴。

初，喜東征，白明帝得尋陽王子房及諸賊帥卽於東梟斬。東土旣平，喜見南賊方熾，慮

後翻覆受禍，乃生送子房還都。凡諸大主帥顧琛、王曇生之徒皆被全活。上以喜新立大

功，不問而心銜之。及平荆州，恣意剽虜，贓私萬計。又嘗對客言漢高、魏武本是何人。上

聞之益不悅。後壽寂之死，喜內懼，因乞中散大夫。上尤疑之。及上有疾，爲身後之慮，疑

其將來不能事幼主，乃賜死。上召入內殿，與言諮酬接甚款，賜以名饌並金銀御器。勅將

命者勿使食器宿喜家。上素多忌諱，不欲令食器停凶禍之室故也。及喜死，發詔贈賻，子

徽襲。[二三]

黃回，竟陵郡軍人也。出身充郡府雜使，稍至傳教。臧質為郡，轉為齋帥。及去職，以

回自隨。質討元凶，回隨從有功，免軍戶。後隨質於梁山敗走，被錄，遇赦，因下都。於宣

陽門與人相打，詐稱江夏王義恭馬客，被鞭二百，付右尚方。會中書舍人戴明寶被繫，差回

為戶伯。奉事明寶，竭心盡力，明寶尋得原赦〔一六〕委任如初，啟免回以領隨身隊統，知宅及

江西墅事。性巧，觸類多能，明寶甚寵任之。

回拳捷果勁，勇力兼人，在江西與諸楚子相結，屢為劫盜。會明帝初即位，四方反叛，

明寶啟帝使回募江西楚人，得快手八百，隸劉勔西討。累遷至將校，以功封葛陽縣男。

元徽初，桂陽王休範為逆，回以屯騎校尉領軍隸齊高帝，於新亭創詐降之計。回見休

範可乘，謂張敬兒曰：「卿可取之，我誓不殺諸王。」敬兒即日斬休範。事平，進爵為侯，改封

聞喜縣。

四年，遷冠軍將軍、南琅邪濟陽二郡太守。建平王景素反，回又率軍前討。城平之日，

回軍先入。又以景素讓張倪奴。〔一七〕

明年遷右衛將軍。〔一八〕沈攸之反，以回為平西將軍、郢州刺史，率眾出新亭為前鋒，未發

而袁粲據於石頭，不從齊高帝。回與新亭諸將任候伯、彭文之、王宜興等謀應粲，攻高帝於

朝堂。事既不果，高帝撫之如舊。回與宜興素不協，斬之。

宜興，吳興人也，形狀短小而果勁有膽力，少年時為劫不須伴，郡縣討逐，圍繞數十重，終莫能擒。嘗舞刀楯，回使十餘人以水交灑不能著。明帝泰始中為將，在壽陽間與魏戰，每以少制多，挺身深入。以平建平王景功，封長壽縣男。至是為屯騎校尉，見殺。

回進軍未至郢州而沈攸之敗走。回不樂停郢州，固求南兗，遂率部曲輒還，改封安陸郡公，徙南兗州刺史，加都督。

齊高帝以回專殺，終不附己，乃使召之。及上車，愛妾見赤光冠其頭至足，苦止不肯住。

及至見誅。

回既貴，祗事戴明寶甚謹。言必自名，未嘗敢坐，躬至帳下及入內料檢有無，隨乏供送，以此為常。

回同時為將有南郡高道慶，凶險暴橫，求欲無已，有失其意者，輒加捶拉，[一九]往往有死者。朝廷畏之如虎狼。齊高帝與袁粲等議，收付廷尉賜死。

論曰：凶人之濟其身業，非世亂其莫由焉。魯爽以亂世之請而行之於平日，其取敗也

宜哉。安都自致奔亡,亦爲幸矣。鄧琬以亂濟亂,終致顚隕。宗越彝稳惡盈,旋至夷戮,各其職也。吳喜以定亂之功,勞未酬而禍集,黃回以助順之志,福未驗而災生,唯命也哉。

校勘記

〔一〕 祖宗之字彥仁仕晉官至南陽太守 「南陽」宋書作「南郡」。

〔二〕 與宗之同會江陵 「同」各本作「因」,據宋書改。

〔三〕 仕魏以軍功爲雍州秦州都統 張森楷南史校勘記:「魏時無都統官,疑有誤。」按宋書亦云「爲雍秦二州都統」,其下有云「州各有刺史,都統總其事」。「都統」或爲都督諸軍事之俗稱。

〔四〕 元景慮其不可駐軍紿之曰「車」 宋書作「乃」。

〔五〕 義宣遣將劉諶之及臧質攻玄謨 「之」字各本並脫,據南郡王義宣傳補。

〔六〕 並受徐州刺史申坦節度 「受」各本作「授」,據宋書改。

〔七〕 青州刺史沈文秀冀州刺史崔道固並皆同反 「文秀」各本作「文季」。按文季不曾任青州刺史,爲青州者乃文秀。 據宋書改。

〔八〕 深安都從子也本名道深避齊高帝偏諱改爲 「深」、「道深」南齊書作「淵」、「道淵」。始以避齊諱省「道」字,又以避唐諱改「淵」字,於是薛道淵竟成薛深。南齊書有薛淵傳。

〔九〕鄧琬字元琰　「元琰」宋書作「元琬」。

〔一○〕子勛典籤謝道遇主帥潘欣之侍書褚靈嗣等馳以告琬　「道遇」各本作「道邁」，據宋書、通鑑改。

〔一一〕建安王休仁自武檻進據赭圻　「武」本字「虎」，避唐諱改，下同。

〔一二〕第二子詢提刀出　「詢」宋書作「洵」。

〔一三〕蔡那子道深以父爲明帝効力被繫作部　「道深」宋書作「道淵」，此避唐諱改。

〔一四〕演之門生朱重人入爲主書　「重人」宋書作「重民」，此避唐諱改。

〔一五〕子徽人襲　「徽人」宋書作「徽民」，據宋書改。

〔一六〕明寶尋得原赦　「赦」各本作「散」，據宋書改。

〔一七〕又以景素讓張倪奴　「張倪奴」各本作「張敬兒奴倪奴」，據宋書删。

〔一八〕明年遷右衞將軍　「右衞」各本作「右軍」，據宋書改。

〔一九〕有失其意者輒加捶拉　「其」字各本並脫，據宋書補。

南史卷四十一

列傳第三十一

齊宗室

衡陽元王道度　始安貞王道生　始安王遙光

曲江公遙欣 子幾　安陸昭王緬　新吳侯景先

南豐伯赤斧 子穎胄　穎達　衡陽公諶　臨汝侯坦之

衡陽元王道度，齊高帝長兄也。始與高帝俱受學于雷次宗，宣帝問次宗二子學業，次宗答曰：「其兄外朗，其弟內潤，皆良璞也。」仕宋位安定太守，卒。齊建元元年，高帝追加封諡。無子，高帝以第十一子鈞繼。

鈞字宣禮，年五歲，所生區貴人病，便加慘悴，左右依常以五色餅飴之，不肯食，曰：「須

待姨差。」年七歲，出繼衡陽元王，見高帝，未拜，便涕泗橫流。高帝執其手曰：「伯叔父猶

父，勿怨。所以令汝出繼，以汝有意，堪奉蒸嘗故耳。」即敕外如先給通幰車、雉尾扇等，事

事依正王。

區貴人卒，居喪盡禮。服闋，當問訊武帝，尪羸骨立，登車三上不能升，乃止。典籤曹

道人具以聞，武帝即幸鈞邸，見之愴然，還謂褚蓁曰：「昨見衡陽，猶奇毀損，卿可數相撫

悅。」先是貴人以華釵厨子幷翳刻錦繡中倒炬鳳皇蓮芰星月之屬賜鈞，以爲玩弄。貴人亡

後，每歲時及朔望，輒開視，再拜鯁咽，見者皆爲之悲。

性好學，善屬文，與琅邪王智深以文章相稱，濟陽江淹亦遊焉。武帝謂王儉曰：「衡陽

王須文學，當使華實相稱，不得止取貴游子弟而已。」乃以太子舍人蕭敷爲文學。

鈞常手自細書寫五經，部爲一卷，置于巾箱中，以備遺忘。侍讀賀玠問曰：「殿下家自

有墳素，復何須蠅頭細書，別藏巾箱中？」答曰：「巾箱中有五經，於檢閱既易，且一更手寫，

則永不忘。」諸王聞而爭效爲巾箱五經，巾箱五經自此始也。

居身清率，言未嘗及時事。會稽孔珪家起園，列植桐柳，多構山泉，殆窮眞趣，鈞往遊

之。珪曰：「殿下處朱門，遊紫闥，詎得與山人交邪？」答曰：「身處朱門，而情遊江海，形入紫

闥，而意在青雲。」珪大美之。吳郡張融清抗絕俗，雖王公貴人，視之懨如也，唯雅重鈞，謂

從兄緒曰：「衡陽王飄飄有淩雲氣，其風情素韻，彌足可懷，融與之遊，不知老之將至。」見賞如此。

歷位祕書監。延興元年，為明帝所殺。明帝立，以永陽王子珉仍本國繼元王為孫。

子珉字雲璵，武帝第二十子也。初封義安郡王，後改永陽。永泰元年見害，復以武陵昭王曄子子坦奉元王後。

始安貞王道生字孝伯，高帝次兄也。仕宋位奉朝請，卒。高帝卽位，追加封謚。三子：長鳳，次鸞，是為明帝；次絧，是為安陸昭王。鳳字景慈，仕宋位正員郎，卒，高帝卽位，謚靖世子。

建武元年，明帝追尊道生為景皇，妃江氏為后，立寢廟於御道西，陵曰脩安。追封鳳始安靖王，改華林鳳莊門為望賢門，太極東堂畫鳳鳥，題為神鳥，而改鸞鳥為神雀。子遙光嗣。

始安王遙光字元暉，生而躄疾，高帝謂不堪奉拜祭祀，欲封其弟，武帝諫，乃以遙光襲

爵。位中書郎。

明帝輔政，誅賞諸事，唯與遙光共謀議，勸明帝併殺高、武諸子弟，見從。建武元年，爲揚州刺史。三年，進號撫軍將軍。[一]好吏事，頗多慘害。足疾不得同朝列，[二]常乘輿自望賢門入。每與明帝久清閑，言畢，帝索香火，明日必有所誅。

太子不悅學，唯曼遊是好，[三]朝議令蔡仲熊爲太子講禮，未半，遙光從容曰：「文義之事，此是士大夫以爲伎藝欲求官耳。皇太子何用講爲？」上以爲然，乃停講。永泰元年，即本號爲大將軍，給油絡車。

帝不豫，遙光數入侍疾，帝疾漸甚，河東王鉉等十王一夕見殺，[四]遙光意也。帝崩，遺詔加遙光侍中、中書令，給扶。永元元年，給班劍二十人，即本號開府儀同三司。

遙光多忌，人有餉履者，以爲戲己，大被嫌責。劉繪嘗爲牋云：「智不及葵。」亦以忤旨。

既輔東昏，潛結江祏兄弟，謀自樹立。弟遙欣在荊楚，擁兵居上流，密相影響。遙光當據東府號令，使遙欣急下，潛謀將發，而遙欣病死。江祏被誅，東昏召遙光入殿，告以祏罪。遙光懼，還省便陽狂號哭，自此稱疾不復入臺。先是遙光行還入城，風飄儀繖出城外。

遙光弟遙昌先卒壽春，豫州部曲，皆歸遙光。及遙欣喪還，葬武進，停東府前渚，荊州衆力送者甚盛。東昏誅江祏後，慮遙光不自安，欲轉爲司徒還第，召入喻旨。遙光慮見殺，

收集荊、豫二州部曲於東府門，衆頗怪其異，莫知其指趣也。

遙光召親人丹陽丞劉渢及城局參軍劉晏、中兵參軍曹樹生等，幷諸傖楚，欲以討劉暄

爲名。夜遣數百人破東冶出囚，尚方取仗。又召驍騎將軍垣歷生。歷生隨信至，便勸遙光

令率城內兵，夜攻臺，輦荻燒城門，曰：「公但乘輿隨後，反掌可得。」遙光意疑不敢出。天稍

曉，遙光戎服至聽事，停輿處分，上仗登城行賞賜，歷生復勸出軍，遙光不肯，望臺內自變。

及日出，臺軍稍至，於是戒嚴，赦都下。〔五〕領軍蕭坦之屯湘宮寺，鎮軍司馬曹武屯青溪

大橋，太子右率左興盛屯東府東籬門，〔六〕衆軍圍東城。遙光遣垣歷生從西門出戰，臺軍

屢北，殺軍主桑天愛。初遙光問謀議參軍蕭暢，暢正色拒不從。既而暢與撫軍長史沈昭略

奔臺，人情大沮。又垣歷生從南門出戰，爲曹武所禽，謂武曰：「卿以主上爲聖明，梅、茹爲

賢相者，則我當死。且我今死，卿明亦死。」遂殺之。

遙光聞歷生見獲，大怒，於牀上自竦踊，使殺歷生兒。其晚臺軍射火箭燒東北角樓，至

夜城潰。遙光還小齋，令人反拒，左右並踰屋出。臺軍主劉國寶、時當伯等先入，遙光聞外兵

至，吹滅火，扶匐下牀，軍人排閤入，斬之。

遙光舉事四日而卒。舉事之夕月蝕，識者以月爲大臣，〔七〕蝕而旣，必滅之道。未敗之

夕，城內皆夢羣蛇緣城四出，各共說之，咸以爲異。臺軍入城，焚屋宇且盡。

遙光幼時甚貞正，明帝傾意待之。東昏爲兒童時，明帝使與遙光共齋居止，呼遙光爲

安兄，恩情甚至。及遙光誅後，東昏登舊宮土山望東府，愴然呼曰：「安兄！」乃鳴咽，左右不

忍視，見思如此。 天下知名之士劉渢、渢弟濂、陸閑、閑子絳、司馬端、崔慶遠皆坐誅。〔八〕

曲江公遙欣字重暉，始安王遙光弟也。宣帝兄西平太守奉之之無後，以遙欣繼爲曾孫。

遙欣髫齔中便嶷然，明帝謂江祏曰：「遙欣雖幼，觀其神采，殊有局幹，必成令器，未知年命

何如耳。」安陸昭王緬曰：「不患其兄弟不富貴，但恐緬不及見耳。」言之慘然而悲。

始年七歲出齋時，有一左右小兒，善彈飛鳥，無不應弦墜落。遙欣謂曰：「凡戲多端，何

急彈此，鳥自空中翔飛，何關人事，無趣殺此生，亦復不急。」左右感其言，遂不復彈鳥。時

少年通好此事，所在逐止。

年十五六，便博覽經史。弱冠拜中書郎。明帝入輔，遙欣與始安王遙光等參預政事，

凡所談薦，皆得其人。由是朝野輻湊，軒蓋盈門。延興元年，明帝以遙欣爲兗州刺史。時

豐城公遙昌亦出鎮壽春，帝於便殿密宴，始安王遙光亦在座，帝慘然謂遙欣曰：「昭王云

『不患汝兄弟不富貴，而言不及見』，如何！」因悲慟不自勝，君臣皆鳴咽，侍者雨淚。及泊歐

陽岸，忽謂左右不見彈？」左右云：「有門生因彈見劾，遂以此廢，所在皆止。」遙

欣笑曰：「我小兒時聊復語耳，那復遂斷邪？」

建武元年，進號西中郎將，封聞喜縣公，遷荊州刺史，加都督，改封曲江公。明帝子弟

弱小，晉安王寶義有廢疾，故以遙光爲揚州，居中，遙欣居陝西，在外，威權并在其門。

遙欣好勇，聚畜武士，以爲形援。永泰元年，詔遙欣以本官領雍州刺史，寧蠻校尉，移

州鎮襄陽。魏軍退，不行。卒，贈司空，諡康公，葬用王禮。

子幾字德玄，年十歲便能屬文。早孤，有弟九人，並幼，幾恩愛篤睦，聞於朝廷。性溫

和，與物無競。清貧自立，好學，善草隸書。湘州刺史楊公則，曲江公故吏也，每見幾，謂人

曰：「康公此子，可謂桓靈寶寶重出。」及公則卒，幾爲之誄，時年十五。沈約見而奇之，謂其舅

蔡撙曰：「昨見賢甥楊平南誄文，不減希逸之作，始驗康公積善之慶。」位中書侍郎、尚書

左丞。

末年專尚釋教。爲新安太守，郡多山水，特其所好，適性遊屨，遂爲之記。卒于官。子

清，亦有文才，位永康令。

遙欣弟遙昌字季暉，建武元年，封豐城縣公，位豫州刺史，卒，諡憲公。

安陸昭王緬字景業，善容止。仕宋位中書郎。建元元年，封安陸侯，爲五兵尚書。出爲吳郡太守，政有能名。竟陵王子良與之書曰：「竊承下風，數十年來，姑蘇未有此政。」武帝嘉其能，累遷寧蠻校尉、雍州刺史，加都督。緬留心辭訟，人人呼至案前，親自顧問，有不得理者，勉喻之，退皆無恨，爲百姓所畏愛。及卒，喪還，百姓緣沔水悲泣設祭，於峴山爲立祠。諡曰昭侯。

明帝少相友愛，時爲僕射，領衛尉，表求解職，私第展哀，詔不許。每臨緬靈，輒慟絕，哭不成聲。建武元年，贈司徒、安陸王。

子寶晊嗣，永元元年，改封湘東王。東昏廢，寶晊望物情歸己，坐待法駕，既而城內送款于梁武帝。宣德太后臨朝，拜太常，不自安。謀反，及弟江陵公寶覽、霄城公寶宏皆伏誅。[九]

新吳侯景先，高帝從子也。祖爰之，員外郎。父敬宗，始興王國中軍。

景先少孤，有至性。隨母孔氏，為舅氏鞠養。高帝嘉之，常相提攜。及鎮淮陰，以景先

領軍主自隨，防衛城內，委以心腹。武帝為廣興郡，啟高帝求景先同行，除武帝寧朔府司

馬，自此常相隨逐。

建元元年，為太子左衛率，封新吳縣伯，甚見委任，[一〇]勢傾天下。景先本名道先，乃改

為景先，以避上諱。

初武帝少年，與景先共車，行泥路，車久故壞，至領軍府西門，車轄折，俱狼狽。景先謂

帝曰：「兩人脫作領軍，亦不得忘今日艱辛。」及武帝踐阼，詔以景先為兼領軍將軍。拜日，

羽儀甚盛，傾朝觀矚。拜還，未至府門，中詔：「相聞領軍，今日故當無折轄事邪？」景先

奉謝。

景先事上盡心，故恩寵特密。初西還，上坐景陽樓召景先語，故舊唯豫章王一人在席

而已。轉中領軍。車駕射雉郊外，景先常甲仗從，廉察左右。尋進爵為侯。

始昇明中，沈攸之於荊州舉兵，武帝時鎮江州盆城，景先夜乘城，忽聞壍中有小兒呼蕭

丹陽，未測何人，聲聲不絕。試問誰，空中應云：「賊尋當平，何事嚴防？」語訖不復言。即窮

討之，了不見。明旦以白帝，帝曰：「攸之自無所至，為知汝後不作丹陽尹。」景先曰：「寧有

作理。」尋而攸之首至。及永明三年，詔以景先為丹陽尹，謂曰：「此授欲驗往年盆城壍空中

言耳。」後假節、司州諸軍事。卒，謚曰忠侯。

子毅，位北中郎司馬。性奢豪，好弓馬，爲明帝所疑忌。王晏事敗，並陷誅之。

南豐伯赤斧，高帝從祖弟也。祖隆子，衛軍錄事參軍。父始之，冠軍中兵參軍。

赤斧以和謹爲高帝所知。高帝輔政，爲黃門侍郎、淮陵太守。順帝遜位，于丹陽故所立宮，上令赤斧輔送，至因留防衞，薨乃還。後爲雍州刺史，在州不營產利，勤於奉公。還散騎常侍、左衞將軍。武帝親遇，與蕭景先相比。封南豐縣伯，遷給事中、太子詹事，卒。家貧無絹爲斂，武帝聞之，愈加惋惜，謚懿伯。

子穎胄襲爵。

穎胄字雲長，弘厚有父風。起家祕書郎。高帝謂赤斧曰：「穎胄輕朱被身，覺其趨進轉美，足慰人意。」遷太子舍人。遭父喪，感脚疾，數年然後能行，武帝有詔慰勉之，賜以醫藥。

除竟陵王司徒外兵參軍，晉熙王文學。

穎胄好文義，弟穎基好武勇。武帝登烽火樓，詔羣臣賦詩，穎胄詩合旨。上謂穎胄曰：

「卿文弟武，宗室便不乏才。」上以穎冑勳戚子弟，自中書郎除左軍將軍，知殿內文武事，得入便殿。出為新安太守，吏人懷之。後除黃門郎，領四廂直。遷衛尉。

明帝廢立，穎冑從容不為同異，乃引穎冑預功。建武二年，進爵為侯，賜以常所乘白褕牛。

明帝每存儉約，欲鑄壞太官元日上壽銀酒鎗，尚書令王晏等咸稱盛德，穎冑曰：「朝廷盛禮，莫過三元，此一器既是舊物，不足為侈。」帝不悅。後預曲宴，銀器滿席，穎冑曰：「陛下前欲壞酒鎗，恐宜移在此器也。」帝甚慚。

後為廬陵王後軍長史、廣陵太守，行南兗州府州事。[二]是年，魏揚聲當飲馬長江，帝懼，敕穎冑移居人入城，百姓驚恐，席卷欲南度，穎冑以魏軍尚遠，不卽施行，魏軍亦尋退。和帝為荊州，以穎冑為西中郎長史、南郡太守，行荊州府州事。仍為南兗州刺史，加都督。

時江祏專執朝權，此行由祏，穎冑不平，曰：「江公盪我輩出。」

東昏侯誅戮羣公，委任斯小，崔、陳敗後，方鎮各懷異計。永元二年十月，尚書令蕭懿及弟衛尉暢見害，先遣輔國將軍劉山陽就穎冑兵襲梁武帝。帝時為雍州刺史，將起兵，慮穎冑不同，遣穎冑親人王天武詣江陵，聲云山陽西上，幷襲荊、雍，書與穎冑，勸同舉兵，穎冑意猶未決。初，山陽出南州，謂人曰：「朝廷以白虎幡追我，亦不復還矣。」席卷妓妾，盡室西行。至巴陵，遲迴十餘日不進。梁武帝復遣天武齎書與穎冑，設奇略以疑之。

是時或云山陽謀殺穎冑,以荊州同舉。山陽至,果不敢入城。穎冑計無所出,夜遣錢唐人朱景思呼西中郎城局參軍席闡文、諮議參軍柳忱閉齋定議。闡文曰:「蕭雍州畜養士馬,非復一日。江陵素畏襄陽人,人衆又不敵,取之不可必制,制之,歲寒復不爲朝廷所容。今若殺山陽,與雍州舉事,立天子以令諸侯,霸業成矣。山陽持疑不進,是不信我,今斬送天武,則彼疑可釋。至而圖之,罔不濟矣。」忱亦勸焉。穎冑乃斬天武,以示山陽。山陽大喜,輕將步騎數百到州,闡文勒兵斬之,傳首于梁武。

東昏聞山陽死,發詔討荊、雍。穎冑有器局,既唱大事,衆情歸之。長沙寺僧鑄黃金爲龍數千兩埋土中,歷相傳付,稱爲下方黃鐵,穎冑因取此龍,以充軍實。乃歎曰:「往年江祏斥我,至今始知禍福之無門也。」十二月,移檄建鄴。

三年正月,和帝爲相國,穎冑爲左長史,進號鎮軍將軍,於是始選用方伯。梁武屢表勸和帝即尊號,穎冑使別駕宗夬撰定禮儀。[一三]上尊號,改元。於江陵立宗廟南北郊。州府城門,悉依建康宮,[一三]置尚書五省,以城南射堂爲蘭臺,南郡太守爲尹。建武中,荊州大風雨,龍入柏齋中,柱壁上有爪足處,刺史蕭遙欣恐畏,不敢居之,至是以爲嘉福殿。

中興元年三月,穎冑爲侍中、尚書令、監八州軍事、荊州刺史,留衞西朝。以弟穎達爲冠軍將軍。及楊公則等率師隨梁武圍郢城。穎達會軍於漢口,與王茂、曹景宗等攻陷郢

城。

梁武進漂州，[二四]使與曹景宗破東昏將李居士。又從下東城。

初梁武之起也，巴東太守蕭惠訓子璝、巴西太守魯休烈弗從，舉兵侵荊州，敗輔國將軍任漾之於峽口，穎胄遣軍拒之，而梁武已平江、郢，圍建康。時穎胄輔帝主，有安重之勢。素能飲酒，噉白肉膾至三斗。自以職居上將，不能拒制璝等，憂愧發疾而卒。州中祕之，使似其書者假爲教命。

時梁武圍建康，住石頭，和帝密詔報穎胄凶問，亦祕不發喪。及建康平，蕭璝亦眾懼而潰，和帝乃始發喪，詔贈穎胄丞相，前後部羽葆、鼓吹，班劍三十人，轀輬車、黃屋左纛。梁天監元年，追封巴東郡公。喪還，武帝車駕臨哭渚次，葬依晉王導、齊豫章王故事。謚曰獻武。

弟穎達，少好勇使氣。穎胄齊建武末行荊州事，穎達亦爲西中郎外兵參軍，俱在西府。齊季多難，頗不自安，因與兄穎胄舉兵。

穎達弟穎孚自建鄴爲廬陵人脩景智潛引，與南歸。穎孚緣山逾嶂，僅免。道中絕糧，後因食過飽而卒。

建康平，梁武帝以穎達爲前將軍、丹陽尹。及受禪，贈穎孚右衛將軍，封穎達作唐侯，

位侍中、衞尉卿。出爲豫章內史，意甚憤憤。[二五]未發前，預華林宴，酒後於座辭氣不悅。沈約因勸酒，欲以釋之。穎達大罵約曰：「我今日形容，正是汝老鼠所爲，何忽復勸我酒！」舉坐驚愕。帝謂之曰：「汝是我家阿五，沈公宿望，何意輕脫。若以法繩汝，汝復何理。」穎達竟無一言，唯大涕泣，帝心愧之。未幾，遷江州刺史。少時，懸瓠歸化，穎達長史沈瑀等苛刻爲盜所害，衆頗疑穎達，或傳謀反。帝遣直閤將軍張豹子稱江中討盜，實使防之。穎達知朝廷之意，唯飲酒不知州事。後卒於左衞將軍，諡康侯。

子敏嗣，位新安太守，好射雉，未嘗在郡，辭訟者遷於畎焉。後張弩損腰而卒。

第七子戲，太清初，爲魏興太守。梁州刺史宜豐侯循以爲府長史。梁州有古墓名曰「尖冢」，或云張騫墳，欲有發者，輒聞鼓角與外相拒，椎埋者懼而退。戲謂無此理，求自監督。及開，唯有銀鏤銅鏡方尺。戲時居母服，清談所貶。

衡陽公諶，字彥孚，高帝絕服族子也。祖道清，員外郎。父仙伯，桂陽國下軍。宋元徽末，武帝在郢，欲知都下消息，高帝遣諶就武帝宣傳謀計，留爲腹心。昇明中，爲武帝中軍刑獄參軍、南東莞太守，以勞封安復縣男。建元初，武帝在東宮，諶領宿衞。高

帝殺張景眞，武帝令諶啓乞景眞命，高帝不悅，諶懼而退。武帝即位，除步兵校尉、南蘭陵

太守，領御仗主，齋內兵仗，悉委付之，心膂密事，皆使參掌。爲左中郎將、後軍將軍，太守

如故。武帝臥疾延昌殿，諶在左右宿直。上崩，遺敕諶領殿內事如舊。

鬱林即位，深委信諶，諶每請急出宿，帝通夕不能寐，諶還乃安。轉衞軍司馬，兼衞尉。

丁母憂，敕還本位，守衞尉。明帝輔政，諶回附明帝，勸行廢立，密召諸王典籤約語之，不許

諸王外接人物。諶親要日久，衆皆懾而從之。鬱林被廢日，初聞外有變，猶密爲手敕呼諶，

其見信如此。諶性險，無護身計。及廢帝日，領兵先入後宮，齋內仗身，素隸服諶，莫有

動者。

海陵立，轉中領軍，進爵爲公，甲仗五十人，入直殿內，月十日還府。建武元年，轉領軍

將軍、左將軍、南徐州刺史，給扶，進爵衡陽郡公。明帝初許事剋用諶爲揚州，及有此授，諶

恚曰：「見炊飯推以與人。」王晏聞之曰：「誰復爲蕭諶作甌筲者。」

諶恃勳重，干豫朝政，明帝新即位，遣左右要人於外聽察，其知諶言，深相疑阻。二年

六月，上幸華林園，宴諶及尚書令晏等數人盡歡。〔二六〕坐罷，留諶晚出，至華林閣，仗身執還

入省。上遣左右莫智明數諶曰：「隆昌之際，非卿無有今日。今一門二州，兄弟三封，朝廷

相報，政可極此。卿恆懷怨望，乃云『炊飯已熟，合甑與人邪』今賜卿死。」諶謂智明曰：

「天去人亦復不遠，我與至尊殺高、武諸王，是卿傳語來去，我今死，還取卿矣。」於省殺之。

至秋，而智明死，見譓爲祟。詔乃顯其過惡，收付廷尉。

譓好左道，吳興沈文獻相譓云：「相不減高帝。」譓喜曰：「感卿意，無爲人言也。」至是，文獻伏誅。

譓兄誕字彥偉，永明中，爲建康令，與秣陵令司馬迪之同乘行，車前導四卒。左丞沈昭略奏：「凡有鹵簿官，共乘不得兼列驅寺，請免誕等官。」詔贖論。延興元年，歷徐、司二州刺史。

明帝立，封安復侯，徵爲左衞將軍。上欲殺譓，以誕在邊鎮拒魏，故未及行。魏軍退六旬，譓誅，遣梁武帝爲司州別駕，使誅誕。[一七]誕子稜妻，江淹女，字才君，聞誕死，曰：「蕭氏皆盡，妾何用生。」慟哭而絕。

譓弟誅，字彥文，與譓同豫廢立，封西昌侯，位太子左衞率。誅譓之日，輔國將軍蕭季敞啓求收誅，深加排苦，乃至手相摧辱。誅徐曰：「已死之人，何足至此，君不憶相提拔時邪？幽冥有知，終當相報。」

季敞粗猛無行，善於彌縫，高帝時爲誅，譓所獎說，[一八]故累爲郡守。在政貪穢，譓輒掩之。後爲廣州刺史，白日見誅將將兵入城收之。少日，果爲西江都護周世雄所襲，軍敗，奔山中，爲蛭所嚙，肉都盡而死，慘楚備至，後爲村人所斬。論者以爲有天道焉。

臨汝侯坦之字君平，高帝絕服族子也。祖道濟，太中大夫。父欣祖，武進令。

坦之與蕭諶同族，為東宮直閤，以勤直為文惠所知，除給事中、蘭陵令。武帝崩，坦之率太孫文武度上臺，除射聲校尉，令如故。未拜，除正員郎、南魯郡太守。少帝以坦之文惠舊人，親信不離，得入內見皇后。帝於宮中及出後堂雜狡獪，[二九]坦之皆得在側，或遇醉後保祖，坦之輒扶持諫喻。見帝不可奉，乃改附明帝，密為耳目。

隆昌元年，追錄坦之父勳，封臨汝縣男。少帝微聞外有異謀，憚明帝在臺內，敕移西州。後在華林園華光殿露著黃毅褌，跂林垂腳，謂坦之曰：「人言鎮軍與王晏、蕭諶欲共廢我，似非虛傳，蘭陵所聞云何？」坦之嘗作蘭陵令，故稱之。坦之曰：「天下寧當有此？誰樂無事廢天子邪？昔元徽獨在路上走，三年人不敢近，政坐枉殺孫超、杜幼文等故敗耳。官若無事除此三人，誰敢自保。朝貴不容造此論，[三〇]政當是諸尼師母言耳。豈可以尼姥言為信！官有何事，一旦便欲廢立？」安陸諸王在外，寧肯復還，道剛之徒，何能抗此。」帝曰：「蘭陵可好聽察，作事莫在人後。」

帝以為除諸執政，應須當事人，意在沈文季，夜遣內左右密賂文季，文季不受。帝大怒，

謂坦之曰：「我賜文季不受，豈有人臣拒天子賜。」坦之曰：「官遣誰送？」帝曰：「內左右。」坦之曰：「官若詔敕出賜，令舍人主書送往，文季寧敢不受！政以事不方幅，故仰遣耳。」帝又夜醉，乘馬從西步廊向北馳走，如此兩三將倒，坦之諫不從，執馬控，帝運拳擊坦之不著，倒地。坦之與曹道剛扶抱還壽昌殿瑀琳上臥，又欲起走，坦之不能制，坦之馳信報皇后，至，請譬良久，乃眠。

時明帝謀廢殺，既與蕭諶及坦之定謀，少帝腹心直閤將軍曹道剛，疑外間有異，密有處分，諶未能發。始與內史蕭季敞、南陽太守蕭穎基並應還都，諶欲待二蕭至，藉其威力以舉事。明帝慮事變，以告坦之，坦之馳謂諶曰：「廢天子古來大事，比聞曹道剛、朱隆之等轉已猜疑，衛尉明日若不就，事無所復及。弟有百歲母，豈能坐聽禍敗，政應作餘計耳。」諶惶遽，明日遂廢帝，坦之力也。

海陵即位，除黃門郎，兼衛尉。建武元年，遷左衛將軍，進爵為侯。永元元年，母憂，起復職，加右將軍，置府。[三]江祏兄弟欲立始安王遙光，密告坦之。坦之曰：「明帝取天下已非次第，天下人至今不服，今若復作此事，恐四海瓦解，我其不敢言。」

及遙光起事，遣人夜掩取坦之，坦之科頭著褌踰牆走。逢臺遊邏主顏端，執之。坦之謂

曰：「始安作賊，遣人見取，向於宅奔走，欲還臺耳，君何見錄。」端不答，而守防逾嚴。坦之謂曰：「身是大臣，夜半奔走，君理見疑，以為得罪朝廷。若不信，自可步往東府參視。」亦不答。端至小街，審知遙光舉事，乃走還。未至三十餘步，下馬再拜曰：「今日乞垂將接。」坦之曰：「向語君何所道，豈容相欺。」端以馬與坦之，相隨去。比至新亭，道中收遙光所虜之餘，得二百許人，并有粗仗。乃進西掖門，開鼓後得入殿內。其夕四更，主書馮元嗣叩北掖門，告遙光反，殿內為之備。向曉，召徐孝嗣入。左衛將軍沈約五更初聞難，[三]馳車走趨西掖門。或勸戎服，約慮外軍已至，若戎衣，或者謂同遙光，無以自明，乃朱服而入。

臺內部分既立，坦之假節、督衆軍討遙光。事平，遷尚書左僕射、丹陽尹，右將軍如故，[三]進爵為公。

坦之肥黑無鬚，語聲嘶，時人號為蕭瘟。剛很專執，羣小畏而憎之。遙光事平二十餘日，帝遣延明主帥黃文濟圍坦之宅，誅之。坦之從兄翼宗為海陵郡，將發，坦之謂文濟曰：「從兄海陵宅故應無他。」文濟曰：「海陵宅在何處？」坦之告之。文濟曰：「政應得罪。」仍遣收之。檢家赤貧，唯有質錢帖子數百，還以啓帝，原其死。

和帝中興元年，追贈坦之中軍將軍、開府儀同三司。

論曰：有齊宗室，唯始安之後克昌。明帝取之以非道，遙光濟之以殘酷，其卒至顛仆，所謂「亦以此終」者也。穎冑荊州之任，蓋惟失職，及其末途倚伏，豈預圖之所致乎。譙與坦之俱應顧託，既以傾國，亦以覆身，各其宜矣。

校勘記

〔一〕 三年進號撫軍將軍　「三年」南齊書作「二年」。

〔二〕 足疾不得同朝列　「列」各本作「例」，據太平御覽七四〇引改。

〔三〕 唯曼遊是好　「曼遊」疑當作「慢遊」。尚書益稷：「惟慢遊是好。」

〔四〕 河東王鉉等十王一夕見殺　「十王」各本作「七王」。按南齊書明帝紀：「永泰元年春正月丁未，誅河東王鉉、臨賀王子岳、西陽王子文、衡陽王子峻、南康王子琳、永陽王子珉、湘東王子建、南郡王子夏、桂陽王昭粲、巴陵王昭秀。」凡十王。又十王各本傳並云見殺在永泰元年，則此「七」字爲「十」字之譌，今改正。

〔五〕 於是戒嚴敕都下　「於是」上各本衍「遙光」二字，據南齊書刪。按通鑑東昏永元元年紀：「詔曲

敕建康，中外戒嚴。」

〔六〕太子右率左興盛屯東府東籬門 「府」字上汲古閣本、金陵書局本無「東」字，「府」字下元大德本、南北監本、殿本有「門」字，今從南齊書訂正。

〔七〕舉事之夕月蝕識者以月爲大臣 「月蝕」下、「大臣」下通志有「既」字、「之象」二字。

〔八〕天下知名之士劉瓛瓛弟璡陸閑閑子絳司馬端崔慶遠皆坐誅 「瀠」各本並作「謙」，據南齊書改。

〔九〕及弟江陵公寶覽霄城公寶宏皆伏誅 「寶覽」各本作「寶賢」，據南齊書、通鑑改。

〔一〇〕甚見委任 「甚」字各本並脫，據通志補。

〔一一〕後爲廬陵王後軍長史廣陵太守行南兗州府州事 「兗州」上「南」字、「府」下「州」字各本並脫，並據南齊書補。 按下又云「行荊州府州事」，補「府」下「州」字。

〔一二〕穎冑使別駕宗夬撰定禮儀 「宗夬」各本作「宗史」，據梁書改。 按梁書、南史並有宗夬傳。

〔一三〕州府城門悉依建康宮 「城門」、「宮」各本作「門城」、「官」，並據南齊書改正。

〔一四〕梁武進漂洲 「漂洲」疑「溧洲」之譌。宋書孝武帝紀「上次溧洲」，即此江上洲。

〔一五〕意甚憤憤 「憤憤」各本作「憒憒」，據太平御覽八四六引梁書改。

〔一六〕上幸華林園宴諶及尚書令晏等數人盡歡 「幸」字各本並脫，據南齊書補。

〔七〕遣梁武帝爲司州別駕使誅誕　「駕」字各本並脫，據南齊書補。

〔八〕高帝時爲誅諧所獎說　「誅」字各本並脫，據冊府元龜九四一補。

〔九〕帝於宮中及出後堂雜狡獪　「雜」下南齊書有「戲」字。

〔一〇〕朝貴不容造此論　「此」原作「以」，王懋竑讀書記疑云：「以」疑當作「此」。按王說是，今從改。

〔一一〕加右將軍置府　「右」字各本並脫，據南齊書補。

〔一二〕左衞將軍沈約五更初聞難　「左衞將軍」各本作「左將軍」。按梁書沈約傳，約無爲「左將軍」事。

〔一三〕齊永元元年遷左衞將軍，正與此合，今訂正。

〔一四〕遷尚書左僕射丹陽尹右將軍如故　「右將軍」各本作「右軍」。按上云「加右將軍」，明此脫「將」字。　冊府元龜三七一有「將」字，今據補。

列傳第三十二

齊高帝諸子上

豫章文獻王嶷　子子廉　子恪　子操　子範　子範子乾　子範弟子顯　子雲

齊高帝十九男：昭皇后生武帝、豫章文獻王嶷，謝貴嬪生臨川獻王映、長沙威王晃，羅太妃生武陵昭王曄，任太妃生安成恭王暠，陸修儀生鄱陽王鏘、晉熙王銶，袁修容生桂陽王鑠，何太妃生始興簡王鑑、宜都王鏗，區貴人生衡陽王鈞，張淑妃生江夏王鋒、河東王鉉，李美人生南平王銳。第九、第十三、第十四、第十七皇子早亡，衡陽王鈞出繼高帝兄元王後。

豫章文獻王嶷字宣儼，高帝第二子也。寬仁弘雅，有大成之量，高帝特鍾愛焉。仕宋為尚書左戶郎，錢唐令。高帝破薛索兒，改封西陽，以先爵賜嶷，為晉壽縣侯。後為武陵

內史。

時沈攸之責賧，伐荊州界內諸蠻，遂及五溪。〔一〕禁斷魚鹽，羣蠻怨怒。西溪蠻王田頭
擬殺攸之使，攸之責賧千萬，發氣死。其弟婁侯篡立，頭擬子田都走入獠
中。於是蠻部大亂，抄掠至郡城下，〔二〕擬遣隊主張英兒擊破之。田都自獠中請立，而婁侯
亦歸附。擬誅婁侯於郡獄，命田都繼其父，蠻衆乃安。

入爲宋順帝驃騎從事中郎。詣司徒袁粲，粲謂人曰：「後來佳器也。」

高帝在領軍府，擬居青溪宅。蒼梧王夜中微行，欲掩襲宅內，擬令左右儛刀載於中庭，
蒼梧從牆間窺見已有備，乃去。高帝憂危既切，腹心荀伯玉勸帝度江北起兵。擬諫曰：「主
上狂凶，人不自保，單行道路，易以立功，外州起兵，鮮有剋勝，於此立計，萬不可失。」及蒼
梧殂，高帝報擬曰：「大事已判，汝明可早入。」順帝卽位，轉侍中，總宮內直衛。

沈攸之之難，高帝入朝堂，擬出鎮東府，加冠軍將軍。及袁粲舉兵夕，丹陽丞王遜告
變，先至東府，擬遣帳內軍主戴元孫二千人隨薛道深等俱至石頭，〔三〕焚門之功，元孫預焉。

先是王蘊薦部曲六十人助爲城防，實以爲內應也。擬知蘊懷貳，不給其仗，散處外省。及
難作搜檢，皆已亡去。

上流平後，武帝自尋陽還。擬出爲都督、江州刺史。以定策功，改封永安縣公。仍徒

鎮西將軍、都督、荊州刺史。時高帝作輔，嶷務存約省，停府州儀迎物。及至州，坦懷納善，側席思政。王儉與嶷書曰：「舊楚蕭條，仍歲多故，政荒人散，實須緝理。公臨苫甫爾，英風惟穆，江漢來蘇，八荒慕義，〔四〕庚亮以來，荊州無復此政。古人云『朞月有成』，而公旬日成化，豈不休哉。」初，沈攸之欲聚衆，開人相告，士庶坐役者甚衆。嶷至鎮，一日遣三千餘人，見四五歲刑以下不連臺者，皆原遣。以市稅重，多所寬假。百姓甚悅。禪讓之間，武帝欲速定大業，嶷依違其事，默無所言。建元元年，高帝即位，赦詔未至，嶷先下令蠲除部內昇明二年以前逋負。遷侍中、尚書令、都督、揚州刺史、驃騎大將軍、開府儀同三司，封豫章郡王。

會魏軍動，詔以嶷爲南蠻校尉，荊湘二州刺史，都督八州。尋給油絡侠望車。二年，給班劍二十人。其夏，於南蠻園東南開館立學，上表言狀。置生三十人，取舊族父祖位正佐臺郎年二十五以下十五以上補之。置儒林參軍一人，文學祭酒一人，勸學從事二人。行釋菜禮。以穀過賤，聽人以米當口錢，優評斛一百。義陽劫帥張羣亡命積年，鼓行爲賊，義陽、武陵、天門、南平四郡界被其殘破，沈攸之連討不禽，末乃首用之。攸之起事，羣從下郢，於路先叛，結柴於三溪，依據深險。嶷遣中兵參軍虞欣祖爲義陽太守，使降意誘納之，厚爲禮遺，於坐斬首，其黨皆散，四郡獲安。

入為中書監、司空、揚州刺史，都督二州，侍中如故，加兵置佐，以前軍臨川王映府文武配司空。嶷以將還都，修廨宇及路陌，東歸部曲不得齋府州物出城。發江津，士女觀送數千人皆垂泣。嶷發江陵感疾，至都未瘳，上深憂慮，為之大赦，三年六月壬子赦令是也。疾愈，上幸東府，設金石樂，使乘輿至宮六門。

武帝即位，進位太尉，增置兵佐，解侍中，增班劍三十人。建元中，武帝以事失旨，高帝頗有代嫡之意。而嶷事武帝恭悌盡禮，未嘗違忤顏色，故武帝友愛亦深。性至孝，高帝崩，哭泣過度，眼耳皆出血。

永明元年，領太子太傅，解中書監。宋武以來，州郡秩俸及雜供給，多隨土所出，無有定準。嶷上表請明立定格，班下四方，永為恒制，從之。嶷不參朝務，而言事失旨，高帝納。服闋，加侍中。宋元嘉制，諸王入齋閣，得白服裙帽見人主，唯出太極四廂，乃備朝衣。自比以來，此事一斷。〔三〕上與嶷同生相友睦，宮內曲宴，許依元嘉。嶷固辭，不奉敕，唯車駕幸第，乃白服烏紗帽以侍宴焉。至於衣服制度，動皆陳啓，事無專制，務從減省，並不見許。又啓曰：「北第舊邸，本自甚華，臣往歲作小眠齋，皆補接為辦，無乖格制。要是欂櫨之華，一時新淨，東府又有此齋，亦為華屋，而臣頓有二處住止，下情竊所未安。訊訪東宮玄圃，乃有栢屋，制甚古拙，臣乃欲壞取以奉太子，非但失之於前，且補接既多，不可見移，亦

恐外物或爲異論，不審可有垂許送東府齋理不。」上答曰：「見別紙，汝勞疾，亦復那得不動，

何意爲作煩長啓事。」竟不從。

三年，文惠太子講孝經畢，嶷求解太傅，不許。嶷常慮盛滿，又因言宴求解揚州授竟陵

王子良，〔六〕上終不許，曰：「畢汝一世，無所多言。」

武帝即位後，頻發詔拜陵，不果行，遣嶷拜陵。還過延陵季子廟，觀沸井，有水牛突部

伍，直兵執牛推問，嶷不許，取絹一疋，橫繫牛角，放歸其家。政在寬厚，故得朝野歡心。

四年，唐㝢之賊起，嶷啓上曰：「此段小寇，出於凶愚，天網宏罩，理不足論。但聖明御

世，幸可不爾。此藉聲聽，皆云有由而然。但頃小大士庶，每以小利奉公，不顧所損者大。

擿籍檢功巧，〔七〕督卹簡小塘，藏丁匿口，凡諸條制，實長怨府。此目前交利，〔八〕古今政以不可細

一室之中，尚不可精，宇宙之內，何可周洗。公家何嘗不知人多欺巧，非天下大計。

碎，故不爲耳。爲此者實非乖理，但識理者百不有一。陛下弟兒大臣，猶不能伏理，況復天

下，悠悠萬品？怨積聚黨，凶迷相類，止於一處，何足不除，脫復多所，便成紜紜。」上答曰：

「欺巧那可容！宋世混亂，以爲是不？蚊蟻何足爲憂，至今都應散滅。吾政恨其不辦大耳，

亦何時無亡命耶。」後乃詔聽復籍注。

是時武帝奢侈，後宮萬餘人，宮內不容，太樂、景第、暴室皆滿，猶以爲未足。嶷後房亦

千餘人。

潁川荀丕獻書於巘，極言其失，巘咨嗟良久，爲書答之，又爲書減遣。

丕字令哲，後爲荊州西曹書佐，長史王秀與其書，題之云「西曹荀君」。丕報書曰：「第五之位，不減驃騎，亦不知西曹何殊長史！且人之處世，當以德行稱著，何遽以一爵高人邪？相如不見屈於澠池，毛遂安受辱於邾都，造敵臨事，僕必先於二子，未知足下之貴，足下之威，孰若秦、楚兩王。僕以德爲寶，足下以位爲寶，各寶其寶，於此敬宜。」於是直題云「長史王君」。時尚書令王儉當朝，丕又與儉書曰：「足下建高人之名，而不顯高人之迹，將何以書於齊史哉。」及南郡綱紀啓荊州刺史隨王子隆請罪丕，丕自申乃免。又上書極諫武帝，言甚直，帝不悅。」丕竟於荊州獄賜死。徐孝嗣聞其死，曰：「丕縱有罪，亦不應殺，數千年後，其如竹帛何！」

五年，巘進位大司馬。八年，給皁輪車。尋加中書監，固讓。巘身長七尺八寸，善持容範，文物衞從，禮冠百僚。每出入殿省，皆瞻望嚴肅。自以地位隆重，深懷退素，北宅舊有園田之美，乃盛修理之。武帝嘗問臨川王映居家何事樂，映曰：「政使劉瓛講禮，顧惠講易，朱廣之講莊、老，臣與三三諸彥兄弟友生時復擊贊，以此爲樂。」上大賞之。他日謂巘：「臨川爲善，遂至於斯。」巘曰：「此大司馬公之次弟，安得不爾！」上仍以玉如意指巘曰：「未若皇帝之次弟爲善最多也。」

嶷常戒諸子曰：「凡富貴少不驕奢，以約失之者鮮矣。漢世以來，侯王子弟，以驕恣之故，大者滅身喪族，小者削奪邑地，可不戒哉！」稱疾不利住東城，累求還第，令世子子廉代鎮東府。上數幸嶷第，宋長寧陵隧道出第前路，上曰：「我便是入他家墓內尋人。」乃徙其表闕騏驎於東岡。騏驎及闕，形勢甚巧，宋孝武於襄陽致之，後諸帝王陵皆模範，而莫及也。

永明末，車駕數遊幸，唯嶷陪從。上嘗出新林苑，同輦夜歸，至宮門，嶷下輦辭出，上曰：「今夜行，無使爲尉司所呵也。」嶷對曰：「京輦之內，皆屬臣子，願陛下不垂過慮。」上大笑，賜以魏所送�車。每幸第，不復屏人，敕外監曰：「我往大司馬第，是還家耳。」嶷妃庾氏，嘗有疾，瘳，上幸嶷邸，後堂設金石樂，宮人畢至。登桐臺，使嶷著烏紗帽，極日盡歡，敕嶷備家人之禮。嶷謂上曰：「古來言願陛下壽比南山，或稱萬歲，此殆近貌言。如臣所懷，實願陛下極壽百年亦足矣。」上曰：「百年復何可得，止得東西一百，於事亦濟。」因相執流涕。

十年，上封嶷諸子。舊例王子封千戶，嶷欲五子俱封，啓減，人五百戶。其年疾篤，表解職，不許，賜錢五百萬營功德。薨，年四十九。其日上視疾，至薨乃還宮。詔斂以袞冕之服，溫明秘器，大鴻臚持節護喪事，太官朝夕送祭奠，大司馬、太傅二府文武悉停過葬。詔贈假黃鉞、都督中外諸軍事、丞相、揚州牧、綠綟綬，其九服錫命之禮，侍中、大司馬、太傅、

王如故。給九旒鑾輅，黃屋左纛，虎賁班劍百人，轀輬車，前後部羽葆、鼓吹。喪葬送儀，並

依漢東平王蒼故事。

嶷臨終，召子子廉、子恪曰：「吾無後，當共相勉勵，篤睦為先。才有優劣，位有通塞，運有富貧，此自然理，無足以相陵侮。勤學行，守基業，修閨庭，尚閑素，如此足無憂患。聖主儲皇及諸親賢，亦當不以吾沒易情也。三日施靈，惟香火、盤水、干飯、酒脯、檳榔而已，朔望菜食一盤，加以甘果，此外悉省。葬後除靈，可施吾常所乘輿扇繖。朔望時節，席地香火、盤水、酒脯、干飯、檳榔便足。棺器及墓中勿用餘物為後患也。朝服之外，唯下鐵環刀一口。作家勿令深，一一依格，莫過度也。[九]後堂樓可安佛，供養外國二僧，餘皆如舊。與汝遊戲後堂船乘，吾所乘牛馬，送二宮及司徒。服飾衣裘，悉為功德。」子廉等號泣奉行。

武帝哀痛特至，蔬食積旬。太官朝夕送祭奠，[一〇]敕王融為銘，云：「半岳摧峯，中河墜月。」帝流涕曰：「此正吾所欲言也。」至其年十二月，乃舉樂宴朝臣。樂始舉，上便歔欷流涕。

嶷薨後，第庫無見錢，武帝敕貨雜物服飾得數百萬，[一一]起集善寺，月給第見錢百萬，至上崩乃省。

嶷性汎愛，不樂聞人過失，左右投書相告，置靴中，竟不視，取火焚之。齋庫失火，燒荊

州還資，評直三千餘萬，主局各杖數十而已。嶷薨後，忽見形於沈文季曰：「我未應便死，皇太子加膏中十一種藥，使我癰不差，湯中復加藥一種，使利不斷。吾已訴先帝，先帝許還東邸，當判此事。」因胸中出青紙文書示文季曰：「與卿少舊，因卿呈上。」俄失所在。文季祕而不傳，甚懼此事，少時太子薨。

又嘗見形於第後園，乘腰輿，指麾處分，呼直兵，直兵無手板，左右授一玉手板與之，謂曰：「橘樹一株死，可覓補之。」因出後園閤，直兵倒地，仍失手板。

羣吏中南陽樂藹、彭城劉繪、吳郡張稷，最被親禮。藹與竟陵王子良箋，欲率荊、江、湘三州僚吏建碑，託中書侍郎劉繪營辦。藹又與右率沈約書，請為文。約答曰：「郭有道漢末之匹夫，非蔡伯喈不足以偶三絕。況文獻王冠冕彝倫，儀刑宇內，自非一代辭宗，難或與此。約聞閭閻鄙人，名不入第，敫酬今旨，便是以禮許入，聞命慚顏，已不覺汗之霑背也。」建武中，第二子子恪託約及太子詹事孔珪為文。

妃庾氏，有女功婦德，嶷甚重之。宋時，武帝及嶷位宦尚輕，家又貧薄，庾氏常徹己損身，以相營奉。兄弟每行來公事，晚還飢疲，躬營飲食，未嘗不迎時先辦。雖豐儉隨事，而香淨適口。穆皇后不自營，又不整潔，上亦以此貴之。又不妬忌，嶷倍加敬重。嶷薨後，少時亦亡。

子廉字景藹。初，嶷養魚復侯子響爲嗣子，子廉封永新侯，子響還本。子廉爲世子，位

淮陵太守，太子中舍人，前將軍，善撫諸弟。十一年卒，贈侍中，諡哀世子。

子元琳嗣。梁武受禪，詔曰：「豫章王元琳，故竟陵王昭胄子同，齊氏宗國，高、武嫡胤，

宜祚井邑，以傳于後。降封新淦侯。」

子廉弟子恪字景沖，永明中，以王子封南康縣侯。　年十一，和從兄司徒竟陵王子良

松賦，衛軍王儉見而奇之。

建武中，爲吳郡太守。　及大司馬王敬則於會稽反，奉子恪爲名，而子恪奔走，未知所

在。始安王遙光勸上併誅高、武諸子孫，於是並敕竟陵王昭胄等六十餘人入永福省，令太

醫煮椒二斛，并命辦數十具棺材，謂舍人沈徽孚曰：「椒熟則一時賜死。」期三更當殺之。

會上暫臥，主書單景雋啓依旨斃之，徽孚堅執曰：「事須更審。」爾夕三更，子恪徒跣奔

至建陽門。　上聞驚覺曰：「故當未賜諸侯命邪？」徽孚以答。　上撫牀曰：「遙光幾誤人事。」及

見子恪，顧問流涕，諸侯悉賜供饌。　以子恪爲太子中庶子。

東昏卽位，爲侍中。　中興二年，爲相國諮議參軍。　梁天監元年，降爵爲子，位司徒左

長史。

子恪與弟子範等嘗因事入謝，梁武帝在文德殿引見，謂曰：「夫天下之寶，本是公器，苟無期運，雖有項籍之力，終亦敗亡。宋孝武爲性猜忌，兄弟粗有令名者，無不因事鴆毒，所遺唯景和。至朝臣之中疑有天命而致害者，枉濫相繼。于時雖疑卿祖，無如之何。如宋明帝本爲庸常被免，豈疑得全。又復我于時已年二歲，彼豈知我應有今日。當知有天命者非人所害，害亦不能得。我初平建康城，朝廷內外皆勸我云：『時代革異，物心須一，宜行處分。』我于時依此而行，誰謂不可？政言江左以來，代謝必相誅戮，此是傷於和氣，國祚例不靈長。此是一義。二者，齊、梁雖曰革代，義異往時。我與卿兄弟宗屬未遠，卿勿言兄弟是親，人家兄弟自有周旋者不周旋者，況五服之屬邪？齊業之初，亦是甘苦共營，腹心在我，卿兄弟年少，理當不悉。我與卿兄弟便是情同一家，豈當都不念此，作行路事。此是二義。且建武屠滅卿門，我起義兵，非惟自雪門恥，亦是爲卿兄弟報仇。卿若能在建武、永元之時撥亂反正，我雖起樊、鄧，豈得不釋戈推奉。我今爲卿報仇，且時代革異，望卿兄弟盡節報我耳。且我自藉喪亂，代明帝家天下，不取卿家天下。昔劉子輿自稱成帝子，光武言：『假使成帝更生，天下亦不復可得，況子輿乎？」梁初人勸我相誅滅者，我答之猶如向言：『若苟有天命，非我所殺，若其無運，何忽行此，政是示無度量。」曹志親是魏武帝孫，入事晉

武，爲晉室忠臣。此卽卿事例。

文獻王時內齋直帳閤人趙叔祖，天監初入臺爲齋帥在壽光省。武帝呼問曰：「汝比見北第諸郎不？若見道我此意：今日雖是革代，情同一家；但今盤石未立，所以未得用諸郎。非唯在我未宜，我亦是欲使諸郎得安耳。但閉門高枕，後自當見我心。」叔祖卽出具宣敕意。

子恪普通三年累遷都官尙書，四年轉吏部。大通二年，出爲吳郡太守，卒官。諡曰恭子。

子恪兄弟十六人並入梁，有文學者子恪、子質、子顯、子雲、子暉。[三]子恪常謂所親曰：「文史之事，諸弟備之矣，不煩吾復牽率。但退食自公，無過足矣。」

子恪亦涉學，頗屬文，隨棄其本，故不傳文集。

子恪次弟子操，封泉陵侯。王侯出身，官無定準，素姓三公長子一人爲員外郎。建武中，子操解褐爲給事中。自此齊末皆以爲例。永泰元年，兄南康侯子恪爲吳郡太守，避王敬則難歸，以子操爲吳郡太守。永元中，爲黃門郎。

子操弟子範字景則，齊永明中封祁陽縣侯，拜太子洗馬。天監初降爵爲子，位司徒主

簿。丁所生母憂去職。

子範有孝性，居喪以毀聞。服闋，累遷大司馬南平王從事中郎。王愛文學士，子範偏被恩遇，常曰：「此宗室奇才也。」使製千字文，其辭甚美。王命記室蔡薳注釋之。自是府中文筆皆使具草。

後為臨賀王正德長史。正德遷丹陽尹，復為正德信威長史，領尹丞。歷官十餘年，不出蕃府，而諸弟並登顯列，意不能平。及是為到府牋曰：「上蕃首僚，於茲再忝，河南雌伏，自此重叨。老少異時，盛衰殊日，雖佩恩寵，還羞年鬢。」子範少與弟子顯、子雲才名略相比，而風采容止不逮，故宦途有優劣。每讀漢書杜緩傳云：「六弟五人至大官，唯中弟欽官不至，最知名。」常吟諷之，以況己也。

後為秘書監。簡文即位，召為光祿大夫，加金章紫綬。以逼賊不拜。其年葬簡皇后，使製哀策，文理哀切。帝謂武林侯蕭諮曰：「此段莊陵萬事零落，唯哀册尚有典刑。」敕賚米千石。

子範無居宅，尋卒於招提寺僧房。賊平，元帝追贈金紫光祿大夫，諡曰文。前後文集三十卷。

子滂、確並少有文章，簡文在東宮時，嘗與邵陵王數諸蕭文士，滂、確並預焉。

滂位中軍宣城王記室,先子範卒。確位司徒右長史。魏平江陵,入長安。

滂弟乾字思愓,容止雅正,性恬簡,善隸書,得叔父子雲之法。九歲,補國子周易生,祭酒袁昂深敬重之。仕梁為宣城王諮議參軍。陳武帝鎮南徐州,引為司空從事中郎。及受命,永定元年,除給事黃門侍郎。時熊曇朗在豫章,周迪在臨川,留異在東陽,陳寶應在建安,共相連結,閩中豪帥,立柴自保。武帝患之,令乾往,諭以逆順,謂曰:「昔陸賈南征,趙他歸順;隨何奉使,黥布來臣。追想清風,髣髴在目,卿宜勉建功名,不煩更勞師旅。」乾至,示以逆順,所在款附。其年,就除建安太守。

天嘉二年,留異反,陳寶應助之,又資周迪兵糧,出寇臨川,因逼建安。乾單使臨郡,不能守,乃棄郡以避寶應。時閩中宰守並受寶應署置,乾獨不屈,徙居郊野。及寶應平,都督章昭達以聞,文帝甚嘉之,超授五兵尚書。卒,諡靜子。

子顯字景陽,子範弟也。幼聰慧,嶷偏愛之。七歲,封寧都縣侯,梁天監初,降為子。位太尉錄事參軍。

子顯身長八尺,狀貌甚雅,好學,工屬文。嘗著鴻序賦,尚書令沈約見而稱曰:「可謂明

道之高致，蓋幽通之流也。」[三]又採衆家後漢考正同異，爲一家之書。又啓撰齊史，書成表奏，詔付祕閣。累遷邵陵王友。後除黃門郎。

中大通二年，遷長兼侍中。梁武帝雅愛子顯才，又嘉其容止吐納，每御筵侍坐，偏顧訪焉。嘗從容謂曰：「我造通史，此書若成，衆史可廢。」子顯對曰：「仲尼贊易道，黜八索；述職方，除九丘。聖製符同，復在茲日。」時以爲名對。

三年，以本官領國子博士。武帝製孝經義，未列學官，子顯在職，表置助教一人，生十人。又啓撰武帝集幷普通北伐記。遷國子祭酒，加侍中，於學遞述武帝五經義，遷吏部尚書，侍中如故。

子顯風神灑落，雍容閑雅，簡通賓客，不畏鬼神。性愛山水，爲伐社文以見其志。飲酒數斗，頗負才氣。及掌選，見九流賓客不與交言，但舉扇一撝而已，衣冠竊恨。然簡文素重其爲人，在東宮時，每引與促宴。子顯嘗起更衣，簡文謂坐客曰：「常聞異人間出，今日始見，知是蕭尚書。」其見重如此。出爲吳興太守。卒時年四十九，詔贈侍中、中書令。及請謚，手敕曰：「恃才傲物，宜謚曰驕。」子顯嘗爲自序，其略云：「余爲邵陵王友，忝還京師，遠思前比，卽楚之唐、宋，梁之嚴、鄒。追尋平生，頗好辭藻，雖在名無成，求心已足。若乃登高目極，臨水送歸，風動春朝，月明秋夜，早雁初鶯，開花落葉，有來斯應，每不能已也。且前代

賈、傅、崔、馬、邯鄲、繆、路之徒，並以文章顯，所以屢上歌頌，自比古人。天監十六年，始預九日朝宴，[二四]稠人廣坐，獨受旨云：『今雲物甚美，卿將不斐然賦詩。』詩既成，又降旨曰：『可謂才子。』余退謂人曰：一顧之恩，非望而至，遂方賈誼何如哉，未易當也。少來所爲詩賦，則鴻序一作，體兼衆製，文備多方，頗爲好事所傳，故虛聲易遠。」

子顯所著後漢書一百卷，齊書六十卷，普通北伐記五卷，貴儉傳三卷，文集二十卷。

子序、愷並少知名。序太清中位中庶子，卒。愷太子家令。

愷才學譽望，時論以方其父。簡文在東宮早引接之。時中庶子謝朏出守建安，於宣猷堂餞飲，並召時才賦詩，同用十五劇韻。愷詩先就，其辭又美。簡文與湘東王令曰：「王筠本自舊手，後進有蕭愷可稱，信爲才子。」先是太學博士顧野王奉令撰玉篇，簡文嫌其書詳略未當，以愷博學，於文字尤善，使更與學士刪改。太清中，卒於侍中。子顯弟子雲。

子雲字景喬，年十二，齊建武四年，封新浦縣侯。自製拜章，便有文采。梁天監初，降爵爲子。

及長，勤學有文藻，弱冠撰晉書，至年二十六，書成百餘卷，表奏之，詔付祕閣。

子雲性沈靜，不樂仕進，風神閑曠，任性不羣。夏月對賓客，恒自裸袒。而兄弟不睦，

乃至吉凶不相弔問，時論以此少之。

年三十，方起家爲祕書郎，遷太子舍人，撰東宮新記奏之，敕賜束帛。累遷丹陽郡丞。湘東王繹爲丹陽尹，深相賞好，如布衣之交。中大通三年，爲臨川內史，在郡以和理稱，人吏悅之。還除散騎常侍。歷侍中、國子祭酒。

梁初，郊廟未革牲牷，樂辭皆沈約撰，至是承用。子雲啓宜改之，敕答曰：「此是主者守株，宜急改也。」仍使子雲撰定。敕曰：「郊廟歌辭，應須典誥大語，不得雜用子史文章淺言。而沈約所撰，亦多舛謬。」子雲作成，敕並施用。

子雲善草隸，爲時楷法，自云善效鍾元常、王逸少而微變字體。嘗答敕云：「臣昔不能拔賞，隨時所貴，規摹子敬，多歷年所。年二十六著晉史，至二王列傳，欲作論草隸法，言不盡意，遂不能成，略指論飛白一事而已。十許年，始見敕旨論書一卷，商略筆狀，洞澈字體，始變子敬，全範元常。逮爾以來，自覺功進。」其書迹雅爲武帝所重，帝嘗論書曰：「筆力勁駿，心手相應，巧逾杜度，美過崔寔，當與元常並驅爭先。」其見賞如此。

出爲東陽太守。百濟國使人至建鄴求書，逢子雲爲郡，維舟將發。使人於渚次候之，望船三十許步，行拜行前。子雲遣問之，答曰：「侍中尺牘之美，遠流海外，今日所求，唯在名迹。」子雲乃爲停船三日，書三十紙與之，獲金貨數百萬。性客，自外答餉不書好紙，好事

者重加賂遺，以要其答。

太清元年，復爲侍中、國子祭酒。二年，侯景寇逼，子雲逃人間。三年，宮城失守，奔晉陵，餒卒于顯雲寺僧房，年六十三。所著晉書一百一十卷，《東宮新記》二十卷。

子特字世達，早知名，亦善草隸，時人比之衛恒、衛瓘。武帝嘗使特書，及奏，帝曰：「子敬之迹不及逸少，蕭特之書遂逼於父。」位太子舍人，海鹽令，坐事免。先子雲卒，遺啓簡文求爲墓誌銘，帝爲製銘焉。

子雲弟子暉字景光，少涉學，亦有文才。性恬靜，寡嗜慾，嘗預重雲殿聽制講《三慧經》，退爲講賦奏之，甚見賞。卒於驃騎長史。

校勘記

〔一〕 時沈攸之賣賤伐荊州界內諸蠻逮及五溪 「賣」字各本並脫，「及」字各本作「反」，據南齊書補改。

〔二〕 抄掠至郡城下 「郡城」各本作「都城」。按郡城指武陵郡城，據南齊書改。

〔三〕 巖遣帳內軍主戴元孫二千人隨薛道深等俱至石頭 「薛道深」即「薛道淵」，此避唐諱改。

〔四〕八荒慕義　「八荒」南齊書作「八州」。按疑所督荆湘雍益梁寧南北秦八州，疑作「八州」是。

〔五〕自比以來此事一斷　「比」各本作「此」，據南齊書改。

〔六〕又凶言宴求解揚州授竟陵王子良　「言宴」南齊書作「宮宴」，義似較長。

〔七〕摘籍檢功巧　「摘」各本作「擿」，據册府元龜二八八改。

〔八〕公家何嘗不知人多欺巧　「欺」字各本並脱，據南齊書補。按下「上答曰，欺巧那可容」明此脱「欺」字。

〔九〕作家勿令深一一依格莫過度也　「勿」各本作「每」，據南齊書改。

〔一〇〕太官朝夕送祭奠　「夕」字各本並脱，據南齊書補。

〔一一〕武帝敕貨雜物服飾得數百萬　「得」字各本並脱，據南齊書補。

〔一二〕有文學者子恪子質子顯子雲子暉　「子質」疑當作「子範」，蓋梁書及本書皆無子質傳，而子範與子顯等皆有傳。子範傳亦云：「少與弟子顯、子雲才名略相比。」若作「子範」則相合。

〔一三〕可謂明道之高致蓋幽通之流也　「明道」上梁書有「得」字。

〔一四〕天監十六年始預九日朝宴　「十」字各本並脱，據梁書補。按邵陵之封在天監十三年，此云「始預」亦有遲晚意，當爲「十六年」。

南史卷四十三

列傳第三十三

齊高帝諸子下

臨川獻王映字宣光，高帝第三子也。少而警悟，美言笑，善容止。仕宋位給事黃門侍郎、南兗州刺史，留心吏事，自下莫不肅然，令行禁止。

高帝踐阼，爲荆州刺史，〔一〕加都督，封臨川王。嘗致錢還都買物，有獻計者，於江陵買貨，至都還換，可得微有所增。映笑曰：「我是買客邪，乃復求利。」改授都督、揚州刺史。茌事聰敏，府州曹局皆重足以奉禁令，自宋彭城王義康以後，未之有也。

永明元年，爲侍中、驃騎將軍。五年，即本號開府儀同三司。七年薨。映善騎射，解聲律，工左右書，左右射，應接賓客，風韻韶靡，及薨，朝野莫不惋惜。贈司空。九子皆封侯。

長子子晉，永元初爲侍中，入梁爲高平太守。第二子子游，州陵侯，爲黃門侍郎。謀

反，兄弟並伏誅。

長沙威王晃字宣明，高帝第四子也。少有武力，為高帝所愛。昇明二年，代兄映為淮南、宣城二郡太守。晃便弓馬，初沈攸之事起，晃多從武容，赫弈都街，時人為之語曰：「煥煥蕭四繖。」其年，遷西中郎將、豫州刺史，監二州諸軍事。〔三〕

高帝踐阼，晃每陳政事，輒為典籤所裁，晃殺之。上大怒，手詔賜杖。遷南徐州刺史，加都督。武帝為皇太子，拜武進陵，於曲阿後湖鬭隊，使晃御馬軍，上聞之，又不悅。臨崩，以晃屬武帝，處以輦轂近蕃，勿令遠出。

永明元年，以晃為都督、南徐州刺史。入為中書監。時禁諸王蓄仗，在都下者，唯置捉刀左右四十人。晃愛武飾，罷徐州還，私載數百人仗還都，為禁司所覺，投之江中。帝聞之大怒，將糾以法，豫章王嶷稽首流涕曰：「晃罪誠不足宥，陛下當憶先朝念白象。」白象，晃小字也。上亦垂泣。高帝大漸時，戒武帝曰：「宋氏若骨肉不相圖，佗族豈得乘其斃？汝深戒之。」故武帝終無異意，然晃亦不見親寵。當時論者，以武帝優於魏文，減於漢明。

武帝嘗幸鍾山，晃從駕。以馬稍刺道邊後拜車騎將軍、侍中。薨，贈開府儀同三司。

枯槀，上令左右數人引之，銀纏皆卷聚而稍不出，乃令晃復馳馬拔之，應手便去。每遠州獻

駿馬，上輒令晃於華林中調試之。高帝常曰：「此我家任城也。」武帝緣此意，故諡曰威。

武陵昭王曄字宣昭，[三]高帝第五子也。母羅氏，從高帝在淮陰，以罪誅。曄年四歲，

思慕不異成人，每慟吐血。高帝敕武帝曰：「三昧至性如此，恐不濟，汝可與共住，每抑割

之。」三昧，曄小字也。故曄見愛。

高帝雖爲方伯，而居處甚貧，諸子學書無紙筆，曄常以指畫空中及畫掌學字，遂工篆

法。少時又無棊局，乃破獲爲片，縱橫以爲棊局，指點行勢，遂至名品。

性剛穎儁出，與諸王共作短句詩，學謝靈運體，以呈高帝。帝報曰：「見汝二十字，諸兒

作中，最爲優者。但康樂放蕩，作體不辨有首尾，安仁、士衡深可宗尚，顏延之抑其次也。」

建元二年，[四]爲會稽太守，加都督。上遣儒士劉瓛往郡，爲曄講五經。武帝即位，歷

中書令、祠部尚書。巫覡或言曄有非常之相，以此自負，武帝聞之，故無寵，未嘗處方岳。

於御坐曲宴，醉伏地，貂抄肉柈。帝笑曰：「汙貂。」對曰：「陛下愛其羽毛，而疏其骨肉。」帝

不悅。

性輕財重義，有古人風。罷會稽還都，齋中錢不滿萬，俸祿所入，皆與參佐賓僚共之。

常曰：「兄作天子，何畏弟無錢。」居止附身所須而已。名後堂山為首陽，蓋怨貧薄也。

嘗於武帝前與竟陵王子良圍棊，子良大北。及退，豫章文獻王謂曄曰：「汝與司徒

談，故當小相推讓。」答曰：「曄立身以來，未嘗一口妄語。」執心疏婞，偏不知悔。好文章，射

為當時獨絕，琅邪王瞻亦稱善射，而不及曄也。

武帝幸豫章王嶷東田，宴諸長王，獨不召曄。嶷曰：「風景殊美，今日甚憶武陵。」上仍

呼使射，屢發命中，顧四坐曰：「手何如？」上神色甚怪，嶷曰：「阿五常日不爾，今可謂仰藉天

威。」帝意乃釋。後於華林射睹，凡六箭，五破一皮，賜錢五萬文。又上舉酒勸曄，曰：「陛下

常不以此處許臣。」上回面不答。

豫章王於邸起土山，列種桐竹，號為桐山。武帝幸之，置酒為樂，顧臨川王映：「王邸亦

有嘉名不？」映曰：「臣好栖靜，因以為稱。」又問曄，曄曰：「臣山卑，不曾栖靈昭景，唯有薇

蕨，直號首陽山。」帝曰：「此直勞者之歌也。」

久之，出為江州刺史。上以曄方出鎮，求其宅給諸皇子，遣舍人喻旨。曄曰：「先帝賜

臣此宅，使臣歌哭有所，陛下欲以州易宅，臣請不以宅易州。」帝恨之。至鎮百餘日，典籤趙

渥之啟曄得失，徵還為左戶尚書。遷太常卿。累不得志。

冬節問訊，諸王皆出，曄獨後來，上已還便殿，聞曄至，引見，問之，曄稱牛羸不能取路。

上敕車府給副御牛一頭。敕主客自今諸王來不隨例者，不復為通。

公事還，過竟陵王子良宅，冬月道逢乞人，脫襦與之。子良見曄衣單，進襦於曄。曄曰：「我與向人亦復何異。」尚書令王儉詣曄，曄留儉設食，盤中菘菜鮑魚而已。儉重其率真，為飽食盡歡而去。

尋為丹陽尹，始不復置行事，自得親政。轉侍中、護軍將軍，給油絡車，又給扶二人。

武帝臨崩，遺詔為衛將軍、開府儀同三司。大行在殯，竟陵王子良在殿內，太孫未至，眾論喧疑，曄眾中言曰：「若立長，則應在我；立嫡，則應立太孫。」及鬱林立，甚見馮賴。隆昌元年薨，贈司空，班劍二十人。

安成恭王暠字宣曜，高帝第六子也。性清和，多疾。歷位南中郎將、江州刺史，侍中，領步兵校尉，中書令。永明九年，為散騎常侍、祕書監，領石頭戍事。及夏薨。〔五〕

鄱陽王鏘字宣韶，高帝第七子也。建元末，武帝卽位，爲雍州刺史，加都督。武帝服除，鏘方還，始入觀拜便流涕。武帝愕然，問其故，鏘收淚曰：「臣違奉彌年，今奉顏色，聖顏損瘦，所以泣耳。」武帝歎曰：「我復是有此一弟。」

累遷丹陽尹。永明十一年，〔六〕爲領軍將軍。鏘和悌美令，性謙愼，好文章，有寵於武帝。領軍之授，齊室諸王所未爲，鏘在官理事無壅，當時稱之。車駕游幸，常甲仗衞從，恩待次豫章王嶷。其年，給油絡車。

隆昌元年，轉尚書左僕射，遷侍中、驃騎將軍、開府儀同三司，領兵置佐。鏘雍容得物情，爲鬱林依信。鬱林心疑明帝，諸王問訊，獨留鏘，謂曰：「聞鸞於法身何如？」鏘曰：「臣鸞於宗戚最長，且受寄先帝，臣等年皆尚少，朝廷之幹，唯鸞一人，願陛下無以爲慮。」鬱林退謂徐龍駒曰：「我欲與公共計取鸞，公旣不同，我不能獨辦，且復小聽。」及鬱林廢，鏘竟不知。

延興元年，進位司徒，侍中如故。明帝鎭東府，權威稍異，鏘每往，明帝屣履至車迎鏘，語及家國，言淚俱下，鏘以此推信之。而宮臺內皆屬意於鏘，勸令入宮，發兵輔政。制局監謝粲說鏘及隨王子隆曰：「殿下但乘油壁車入宮，出天子置朝堂，二王夾輔號令，粲等閉城門上仗，誰敢不同，宣城公政當投井求活，豈有一步動哉！東城人政共縛送耳。」子隆欲定

計，鏘以上臺兵力既悉度東府，且慮難捷，意甚猶豫。馬隊主劉巨，武帝時舊人，詣鏘請間，叩頭勸鏘立事。鏘命駕將入，復迴還內，與母陸太妃別，日暮不成行。典籤知謀告之，數日，明帝遣二千人圍鏘宅，害鏘，謝粲等皆見殺。凡諸王被害，皆以夜遣兵圍宅，或斧斫關排牆，叫噪而入，家財皆見封籍焉。

桂陽王鑠字宣朗，高帝第八子也。永明七年爲中書令，加散騎常侍。時鄱陽王鏘好文章，鑠好名理，人稱爲鄱桂。

鑠清羸有冷疾，常枕臥，武帝臨視，賜牀帳衾褥。性理偏詖，遇其賞興，則詩酒連日，情有所廢，則兄弟不通。隆昌元年，加前將軍，給油絡車，幷給扶二人。

鄱陽王見害，鑠遷中軍將軍、開府儀同三司。不自安，至東府見明帝，及出，處分存亡之計。謂侍讀山悰曰：「吾前日覲王，王流涕鳴咽，而鄱陽、隨郡見誅。今日見王，王又流涕而有愧色，其在吾邪？」其夜三更中兵至，見害。

始興簡王鑑字宣徹，高帝第十子也。性聰警。年八歲，喪所生母，號慕過人，數日中便

至骨立。豫章文獻王聞之，撫其首鳴咽，謂高帝曰：「此兒操行異人，恐其不濟。」高帝亦悲

不自勝。

初封廣興郡王，袁彖時為祕書丞，早有令譽，高帝盛重鑑，乃以彖為友。後改封始興。

自晉以來，益州刺史皆以良將為之。宋泰始中，益州市橋忽生小洲，道士郭碩見之，曰：「當

有貴王臨州。」劉亮為刺史，齋前石榴樹陵冬生華，亮以問碩，碩曰：「此謂狂華，宋諸劉滅亡

之象。後二年君當終，後九載宋當滅。」滅後有王勝嘉來作此州，冀爾時蜀土平。」碩始康

人，元徽二年，忽告人云：「吾命終。」因臥而死。後人見碩在荊州上明，以一隻故履縛左腳，

而行甚疾，遂不知所之。永明二年，武帝不復用諸將為益州，始以鑑為益州刺史、督益寧

二州軍事，加鼓吹一部。「勝嘉」反語為「始興」，碩言於此乃驗。

先是劫帥韓武方常聚黨千餘人，斷流為暴，郡縣不能禁，行旅斷絕。鑑行至上明，武方

乃出降。長史虞悰等咸請殺之。鑑曰：「武方為暴積年，所在不能制，今降而被殺，失信，且

無以勸善。」於是啓臺，果被宥，自是巴西蠻夷凶惡，皆望風降附。行次新城，道路籍籍，云

陳顯達大選士馬，不肯就徵，巴西太守陰智伯亦以為然。乃停新城十許日，遣典籤張曇晳

往觀形勢。俄而顯達遣使人郭安明、朱公恩奉書貢遺，咸勸鑑執之。鑑曰：「顯達立節本

朝，必自無此。曇皙還，若有同異，執安明等未晚。」居二日，曇皙還，說顯達遣家累已出城，

日夕望殿下至。於是乃前。時年十四。

好學，善屬文，不重華飾，器服清素，有高士風。與記室參軍蔡仲熊登張儀樓，商略先

言往行及蜀土人物。鑑言辭和辯，仲熊應對無滯，當時以爲盛事。

州城北門常閉不開，鑑問其故於虞悰，悰答曰：「蜀中多夷暴，有時抄掠至城下，故相承

閉之。」鑑曰：「古人云，『善閉無關楗』。且在德不在門。」即令開之。戎夷慕義，自是清謐。

於州園地得古冢，無復棺，但有石槨。銅器十餘種，並古形；玉璧三枚；珍寶甚多，不可皆

識；金銀爲蠶蛇形者數斗。又以朱沙爲阜，水銀爲池，左右咸勸取之。鑑曰：「皇太子昔在

雍，有發古冢者，得玉鏡、玉屏風、玉匣之屬，皆將還都，吾意常不同。」乃遣功曹何佇爲之起

墳，諸寶物一不得犯。

性甚清，在蜀積年，未嘗有所營造，資用一歲不滿三萬。王儉常歎云：「始興王雖尊貴，

而行履都是素士。」時有廣漢什邡人段祖，以錞于獻鑑，古禮器也。高三尺六寸六分，圍三

尺四寸，〔七〕圓如筩，銅色黑如漆，甚薄，上有銅馬，以繩縣馬，令去地尺餘，灌之以水，又以

器盛水於下，以芒莖當心跪注淳于，以手振芒，則聲如雷，清響良久乃絕。古所以節樂也。

五年，鑑獻龍角一枚，長九尺三寸，色紅，有文。

九年，爲散騎常侍、秘書監，領石頭戍事。上以與鑑久別，車駕幸石頭，宴會賞賜。尋遷左衞將軍，未拜，遇疾。上爲南康王子琳起青楊巷第，新成，車駕與後宮幸第樂飮。其日鑑疾甚，〔七〕上遣騎詔問疾相繼，爲之止樂。尋薨。

江夏王鋒字宣穎，高帝第十二子也。母張氏有容德，宋蒼梧王逼取之，又欲害鋒。高帝甚懼，不敢使居舊宅，匿於張氏舍，時年四歲。

性方整，好學書，張家無紙札，乃倚井欄爲書，書滿則洗之，已復更書，如此者累月。又晨興不肯拂窗塵，而先畫塵上，學爲書字。

五歲，高帝使學鳳尾諾，一學卽工。高帝大悅，以玉麒麟賜之，曰：「麒麟賞鳳尾矣。」至十歲，便能屬文。武帝時，藩邸嚴急，諸王不得讀異書，五經之外，唯得看孝子圖而已。鋒乃密遣人於市里街巷買圖籍，蒨月之間，殆將備矣。

好琴書，蓋亦天性。嘗觀武帝，賜以寶裝琴，仍於御前鼓之，大見賞。帝謂鄱陽王鏘曰：「昔鄒忌鼓琴，威王委以國政。」乃出爲南徐州刺史。善與人交，行事王文和、別駕江祏等，皆相友善。後文和被闍梨琴亦是柳令之流亞，其既事事有意，吾欲試以臨人。」鏘曰：

徵爲益州，置酒告別，文和流淚曰：「下官少來未嘗作詩，今日違戀，不覺文生於性。」[九]王

儉聞之，曰：「江夏可謂善變素絲也。」

工書，爲當時蕃王所推。南郡王昭業亦稱工，謂武帝曰：「臣書固應勝江夏王。」武帝

答：「闍梨第一，法身第二。」法身昭業小名，闍梨鋒小名也。及明帝知權，蕃邸危懼，江祏嘗謂王晏

隆昌元年，爲侍中，領驍騎將軍，尋加祕書監。

曰：「江夏王有才行，亦善能匡述，以琴道授羊景之，景之著名，而江夏掩能於世，非唯七絃

而已，百氏亦復如之。」鋒聞歎曰：「江祏遂復爲混沌畫眉，欲益反弊耳。」[一〇]寡人聲酒是耽，

狗馬是好，豈復一豪於平生哉！」當時以爲話言。常忽忽不樂，著修栢賦以見志，曰：「既殊

羣而抗立，亦含貞而挺正。豈春日之自芳，在霜下而爲盛。衝風不能摧其枝，積雪不能改

其性。雖坎壈於當年，庶後凋之可詠。」

時鼎業潛移，鋒獨慨然有匡復之意，逼之行事典籤，故不遂也。嘗見明帝，言次及遙光

才力可委之意，鋒答曰：「遙光之於殿下，猶殿下之於高皇，衞宗廟，安社稷，實有攸寄。」明

帝失色。

鋒有武力，明帝殺諸王，鋒與書詰責，左右不爲通。明帝深憚之，不敢於第收之。鋒出

登車，兵人欲上車防勒，鋒以手擊却數人，皆應時倒地，遂逼害之。江斅聞其死，流涕曰

「芳蘭當門，不得不鋤，其修栢之賦乎。」

南平王銳字宣毅，高帝第十五子也。位左戶尚書，朝直勤謹，未嘗屬疾。永明十年，出爲南中郎將、湘州刺史。[一]延興元年，明帝作輔，害諸王，遣裴叔業平尋陽，仍進湘州。銳防閤周伯玉大言於衆曰：「此非天子意，今斬叔業，舉兵匡社稷，誰敢不同！」銳典籤叱左右斬之，銳見害，伯玉下獄誅。

宜都王鏗字宣儼，[二]高帝第十六子也。生三歲喪母。及有識，問母所在，左右告以早亡，便思慕蔬食自悲。不識母，常祈請幽冥，求一夢見。至六歲，遂夢見一女人，云是其母。鏗悲泣向舊左右說容貌衣服事，皆如平生，聞者莫不歔欷。永明十一年，爲南豫州刺史、都督二州軍事。[三]雖未經庶務，而雅得人清悟有學行。舉動每爲籤帥所制，立意多不得行。

州鎮姑孰，于時人發桓溫女冢，得金巾箱，織金篾爲嚴器，又有金蠶銀繭等物甚多。[四]

條以啟聞，鬱林敕以物賜之。鏗曰：「今取往物，後取今物，如此循環，豈可不熟念。」〔二五〕使長史蔡約自往修復，纖毫不犯。

年十歲時，與吉景曜商略先言往行。左右誤排柟榴屏風，倒壓其背，顏色不異，言談無輟，亦不顧視。彌善射，常以堋的太闊，曰：「終日射侯，何難之有。」乃取甘蔗插地，百步射之，十發十中。

永明中，制諸王年未三十，不得畜妾。及武帝晏駕後，有勸取左右者，鏗曰：「在內不無使役，既先朝遺旨，何忍而違。」

及延興元年，明帝誅高、武、文惠諸子，鏗聞之，馮左右從容雅步，詠陸機弔魏武云：「昔以四海為己任，死則以愛子託人。」如此者三，左右皆泣。後果遣呂文顯賫藥往，夜進聽事，正逢八關齋。鏗上高坐，謂文顯曰：「高皇昔寵任君，何事乃有今日之行？」答云：「出不獲已。」於是仰藥。時年十八。身長七尺，鏗狀似兄嶷，咸以國器許之。及死，有識者莫不痛惜。

初鏗出閤時，年七歲，陶弘景為侍讀，八九年中，甚相接遇。後弘景隱山，忽夢鏗來，慘然言別，云：「某日命過。身無罪，〔二六〕後三年當生某家。」弘景訪以幽中事，多祕不出。覺後，即遣信出都參訪，果與事符同，弘景因著夢記云。

晉熙王銶字宣攸，高帝第十八子也。隆昌元年，位郢州刺史。延興元年見害。

河東王鉉字宣胤，高帝第十九子也。母張氏，有寵於高帝，鉉又最幼，尤所留心。高帝臨崩，以屬武帝，武帝甚加意焉，為納柳世隆女為妃。武帝與羣臣看新婦，流涕不自勝，豫章王嶷亦哽咽。及明帝誅高帝諸子，以鉉高帝所愛，亦以才弱年幼，故得全。

初鉉年三四歲，高帝嘗畫臥繼髮，鉉上高帝腹上弄繩，高帝因以繩賜鉉。及崩後，鉉以寶函盛繩，歲時輒開視，流涕鳴咽。人才甚凡，而有此一至。

建武中，高、武子孫憂疑。鉉朝見，常鞠躬俯僂，不敢正行直視。尋遷侍中、衞將軍。永鉉年稍長。四年，誅王晏，以謀立鉉為名，鉉免官，以王還第，禁不得與外人交通。永泰元年，明帝疾暴甚〔二七〕乃見害。聞收至，欣然曰：「死生命也，終不斅建安乞為奴而不得。」仰藥而卒。鉉二子在孩抱，亦見殺。

論曰：豫章文獻王珪璋之質，夙表天姿，行己所安，率由忠敬。雖代宗之議早隆皇矚，而天倫之愛無虧永明，故知「爲仁由己」，不虛言也。自宋受晉終，馬氏遂爲廢姓，齊受宋禪，劉宗盡誅夷，梁武革齊，弗取前轍，子恪兄弟，並皆錄用，雖見梁武之弘裕，亦表文獻之餘慶。昔陳思表云：「權之所存，雖疎必重，勢之所去，雖親必輕。」原夫此言，實存固本。然就國之典，既隨代革，卿士入朝，作貴藩輔，皇王託體，同稟尊極，仕無常資，秩有恆數，禮地兼隆，易生推擬。武帝顧命，情深尊嫡，密圖遠算，意在求安。以明帝同起布衣，用存顧託，遂韜末命於近戚，寄重任於疎親。以爲子弟布列，外有強大之固，支庶中立，可息覬覦之謀，表裏相維，洊隆家國。曾不慮機能運衡，〔一〕權可制衆，宗族殲滅，一至于斯。曹植之言，遠有致矣。

校勘記

〔一〕 爲荊州刺史 「荊州」各本作「雍州」，據南齊書改。按下云「於江陵買貨至都還換」，則作「荊州」是。

〔二〕 遷西中郎將豫州刺史監二州諸軍事 「二」各本作「三」。按南齊書云「監豫司二州」，今據改。

〔三〕 武陵昭王曄字宣昭 「宣昭」南齊書作「宣照」。

〔四〕 建元二年 「二年」南齊書作「三年」。

〔五〕 永明九年爲散騎常侍祕書監領石頭戍事及夏薨 「九年」各本作「元年」。按此删「元年」以下諸年事，而以「九年」之「爲散騎常侍，祕書監，領石頭戍事」承之，遂致舛誤，今據南齊書改正。又「及夏薨」南齊書作「其夏薨」，其夏指永明九年。

〔六〕 永明十一年 「十一年」各本作「十年」，據南齊書訂正。

〔七〕 圍三尺四寸 「三」南齊書作「二」。

〔八〕 其日鑑疾甚 「甚」字各本並脱，據南齊書補。

〔九〕 今日違戀不覺文生於性 「性」疑當作「情」。

〔10〕 江祏遂復爲混沌畫眉欲益反弊耳 「畫」各本作「書」，據册府元龜二七四改。按「畫眉」見漢書張敞傳。

〔一一〕 永明十年出爲南中郎將湘州刺史 「十年」各本作「七年」。按南齊書作「十年」，武帝紀同，今據改。

〔一二〕 宜都王鏗字宣儼 「宣儼」，南齊書作「宣嚴」。按豫章文獻王字宣儼，此不得與之同字，疑有誤。

〔一三〕 爲南豫州刺史都督二州軍事 「都督二州軍事」南齊書作「都督南豫司州諸軍事」，語意較爲

明晰。

〔一四〕又有金罋銀繭等物甚多 「繭」各本作「璽」，據南齊書及册府元龜二七七改。

〔一五〕豈可不熟念 「不」字各本並脫，據太平御覽七一七引南齊書改。

〔一六〕身無罪 「身」字各本並脫，據通志補。

〔一七〕明帝疾暴甚 各本作「暴疾甚」，據通鑑改。

〔一八〕曾不慮機能運衡 「運」各本作「還」，據南齊書改。

齊武帝諸子　文惠諸子　明帝諸子

武帝二十三男：穆皇后生文惠太子、竟陵文宣王子良，張淑妃生廬陵王子卿、魚復侯子響，周淑儀生安陸王子敬、建安王子眞，阮淑媛生晉安王子懋、衡陽王子峻，王淑儀生隨郡王子隆，蔡婕妤生西陽王子明，樂容華生南海王子罕，傅充華生巴陵王子倫，謝昭儀生邵陵王子貞，江淑儀生臨賀王子岳，庾昭容生西陽王子文，荀昭華生南康王子琳，顏婕妤生永陽王子珉，宮人謝生湘東王子建，何充華生南郡王子夏。第六、第十二、第十五、第二十二皇子早亡；子珉繼衡陽元王後。

文惠皇太子長懋，字雲喬，小字白澤，武帝長子也。武帝年未弱冠而生太子，姿容豐

美，為高帝所愛。宋元徽末，除祕書郎，不拜，板輔國將軍，遷晉熙王撫軍主簿。事寧，武帝

遣太子還都。〔一〕高帝方創霸業，心存嫡嗣，謂太子曰：「我出行日，城中軍悉受長懋節度。我雖不行，內外直防及諸門甲

兵，悉令長懋時時履行。」

轉祕書丞，以與宣帝諱同，不就。歷中書、黃門侍郎。昇明三年，高帝將受禪，以襄陽

兵馬重鎮，不欲處他族，出太子為雍州刺史，加都督、北中郎將、寧蠻校尉。建元元年，封南

郡王，江左嫡皇孫封王，始自此也。

先是，梁州刺史范柏年頗著威名，沈攸之事起，候望形勢，事平，朝廷遣王玄邈代之。

玄邈已至，柏年遷回魏興不肯下，太子慮其為變，乃遣說之，許啓為府長史。及至襄陽，因執

誅之。

二年，徵為侍中、中軍將軍，置府，鎮石頭。穆妃薨，成服日，車駕出臨喪，朝議疑太子

應出門迎。左僕射王儉曰：「尋禮記服問：『君所主夫人、妻、太子嫡婦。』言國君為此三人為

主喪也。今鑾輿臨至，雖因事撫慰，義不在弔，南郡以下不應出門奉迎。但

尊極所臨，禮有變革，權去杖絰，移立戶外，足表情敬，無煩止哭。皇太子既一宮之主，自應

以車駕幸宮，依常奉候。既當成服之日，吉凶不相干，宜以襄幘行事，望拜止哭，率由舊章。

尊駕不以臨弔，奉迎則惟常體，求之情禮，如為可安。」又其年九月有閏，小祥疑應計閏。僣

又議，以為「三百六旬，尚書明義，文公納幣，春秋致譏。故先儒莫喪，歲數沒閏，大功以下，

月數數閏。所以吳商云：『含閏以正朞，[二]允協情理。』沒閏之理，固在言先。」並從之。

武帝即位，為皇太子。初高帝好左氏春秋，太子承旨諷誦，以為口實。及正位東儲，善

立名尚，解聲律，工射，飲酒至數斗，而未嘗舉盃。從容有風儀，音韻和辯，引接朝士，人人

自以為得意。文武士多所招集，會稽虞炎、濟陽范岫、汝南周顒、陳郡袁廓，並以學行才能，

應對左右。而武人略陽垣歷生、襄陽蔡道貴、襄陽黃嗣祖、拳勇秀出，當時以比關羽、張飛。

天惠、平原劉孝慶、河東王世興、趙郡李居士、魚文、康絢之徒，並為後來名將。其餘安定梁

　　　永明三年，於崇正殿講孝經，少傅王儉令太子僕周顒撰為義疏。五年冬，太子臨國學，

親臨策試諸生，於坐問少傅王儉曲禮云「無不敬」義，儉及竟陵王子良等各有酬答。太子又

以此義問諸學生，謝幾卿等一十八人，並以筆對。太子問王儉：「周易乾卦本施天位，而說卦云

『帝出乎震』，震本非天義，豈當相主？」儉曰：「乾健震動，天以運為德，故言『帝出乎震』。」儉

又諮太子孝經「仲尼居曾子侍」義，臨川王映諮「孝為德本」義，太子並應機酬答，甚有條貫。

明年，上將訊丹陽所領囚及南北二百里內獄，[三]詔太子於玄圃園宣猷堂錄三署四，原

宥各有差。上晚年好游宴，尚書曹事，亦分送太子省視。

太子與竟陵王子良俱好釋氏，立六疾館以養窮人。而性頗奢麗，宮內殿堂，皆雕飾精綺，過於上宮。開拓玄圃園與臺城北塹等，其中起出土山池閣樓觀塔宇，窮奇極麗，費以千萬。多聚異石，妙極山水。慮上宮中望見，乃旁列修竹，外施高鄣。造游牆數百間，〔四〕施諸機巧，宜須鄣蔽，須臾成立，若應毀撤，應手遷徙。製珍玩之物，織孔雀毛為裘，光采金翠，過於雉頭遠矣。以晉明帝為太子時立西池，乃啟武帝引前例，求於東田起小苑，上許之。

永明中，二宮兵力全實，太子使宮中將更更番築役，營城包巷，〔三〕制度之盛，觀者傾都。

上性雖嚴，太子所為，無敢啟者。後上幸豫章王宅，還過太子東田，見其彌亘華遠，壯麗極目，於是大怒，收監作主帥，太子懼，皆藏之，由是見責。

太子素疾，體又過壯，常在宮內，簡於遨遊，玩弄羽儀，多所僭擬。雖咫尺宮禁，而上終不知。又使徐文景造輦及乘輿御物虎賁雲罕之屬，上嘗幸東宮，忽忽不暇藏輦，文景乃以佛像內輦中，故上不疑。文景父陶仁時為給事中，謂文景曰：「終當滅門，政當掃墓待喪耳。」乃移家避之。其後文景竟賜死，陶仁遂不哭，時人以為有古人風。

十年，豫章王嶷薨，太子見上友于既至，造碑文奏之，未及鐫勒。十一年春正月，太子有疾，上自臨視，有憂色。疾篤，上表告辭，薨于東宮崇明殿，時年三十六。

太子年始過立，久在儲宮，得參政事，內外百司咸謂旦暮繼體，[六] 及薨，朝野驚惋焉。

上幸東宮，臨哭盡哀，詔斂以衮冕之服，諡曰文惠，葬崇安陵。有司奏御服苧，朝臣齊衰三月，南郡國臣齊衰苧，臨汝、曲江國臣並不服，六宮不從服。

武帝履行東宮，見太子服玩過制，大怒，敕有司隨事毀除，以東田殿堂處為崇虛館。[鬱]

林立，追尊為文帝，廟稱世宗。

初，太子惡明帝，密謂竟陵王子良曰：「我意色中殊不悅此人，當由其福德薄所致。」子良便苦救解，後明帝立，果大相誅害。

竟陵文宣王子良字雲英，武帝第二子也。幼聰敏。武帝為贛縣時，與裴后不諧，遣人船送后還都，已登路，子良時年小，在庭前不悅。帝謂曰：「汝何不讀書？」子良曰：「孃今何處？何用讀書。」帝異之，即召后還縣。

仕宋為邵陵王友。時宋道衰謝，諸王微弱，故不廢此官。昇明三年，為會稽太守，都督五郡。封聞喜公。宋元嘉中，凡事皆責成郡縣，[七] 孝武後，徵求急速，以郡縣遲緩，始遣臺使，自此公役勞擾。高帝踐阼，子良陳之，請息其弊。

子良敦義愛古，郡人朱百年有至行，先卒，賜其妻米百斛，蠲一人，給其薪蘇。郡閤下

有虞翻舊牀，罷任還，乃致以歸。後於西邸起古齋，多聚古人器服以充之。夏禹廟盛有禱

祀，子良曰：「禹泣辜表仁，菲食旌約，服玩果粽，足以致誠。」使歲獻扇簟而已。

時有山陰人孔平詣子良訟嫂市米負錢不還。子良歎曰：「昔高文通與寡嫂訟田，義異

於此。」乃賜米錢以償平。

建元二年，穆妃薨，去官，仍為丹陽尹，開私倉振屬縣貧人。先是太妃以七月薨，子良

以八月奉凶問。及小祥，疑南郡王應相待。尚書左僕射王儉議以為「禮有倫序，義無徒設。

如令遠則不待，近必相須，禮例既乖，即心無取。若疑兄弟同居，吉凶舛雜，則遠還之子，自

應開立別門，以終喪事，靈筵祭奠，隨在家之人，再朞而毀。庶子在家，亦不待嫡。而況儲

妃正體王室，中軍長嫡之重，[八]天朝又行權制，進退彌復非疑。謂應不相待，中軍祥縞之

日，[九]聞喜致哀而已，不受弔慰。至聞喜變除，昆弟亦宜相就寫情，不對客」。從之。

武帝即位，封竟陵郡王、南徐州刺史，加都督。永明二年，為護軍將軍，兼司徒。四年，

進號車騎將軍。子良少有清尚，[一〇]禮才好士，居不疑之地，傾意賓客，天下才學皆游集焉。

善立勝事，夏月客至，為設瓜飲及甘果，著之文教。士子文章及朝貴辭翰，皆發教撰錄。

是時上新視政，[一一]水旱不時，子良密啓請原除逋租。又陳寬刑息役，輕賦省徭。幷陳

「泉鑄歲遠，類多翦鑿，江東大錢，十不一在，公家所受，必須輪郭完全，[二二]遂買本一千，加

子七百，求請無地，捶革相繼。[二三]尋完者爲用，既不兼兩，回復遷貿，會非委積，徒令小人每

嬰困苦。且錢布相半，爲制永久，或聞長宰須令輪直，進違舊科，退容姦利」。

五年，正位司徒，給班劍二十人，侍中如故。移居雞籠山西邸，集學士抄五經百家，依

皇覽例爲四部要略千卷。招致名僧，講論佛法，造經唄新聲，道俗之盛，江左未有。

武帝好射雉，子良啓諫。先是左衞殿中將軍邯鄲超上書諫射雉，武帝爲止，久之，超竟

被誅。永明末，上將復射雉，子良復諫，前後所陳，上雖不盡納，而深見寵愛。

又與文惠太子同好釋氏，甚相友悌。子良敬信尤篤，數於邸園營齋戒，大集朝臣衆僧，

至賦食行水，或躬親其事，世頗以爲失宰相體。勸人爲善，未嘗厭倦，以此終致盛名。

八年，給三望車。九年，都下大水，吳興偏劇，子良開倉振救貧病不能立者，於第北立廨

收養，給衣及藥。十年，領尚書令，揚州刺史，本官如故。尋解尚書令，加中書監。

文惠太子薨，武帝檢行東宮，見太子服御羽儀，多過制度，上大怒，以子良與太子善，不

啓聞，頗加嫌責。

武帝不豫，詔子良甲仗入延昌殿侍醫藥。子良啓進沙門於殿戶前誦經，武帝爲感夢見

優曇鉢花。子良案佛經宣旨，使御府以銅爲花，插御牀四角。日夜在殿內，太孫間日入參。武

帝暴漸，內外惶懼，百僚皆已變服，物議疑立子良。俄頃而蘇，問太孫所在，因召東宮器甲皆入，遺詔使子良輔政，明帝知尚書事。「子良素仁厚，不樂時務，乃推明帝。詔云：「事無大小，悉與鸞參懷」子良所志也。太孫少養於子良妃袁氏，甚著慈愛，既懼前不得立，自此深忌子良。

大行出太極殿，子良居中書省，帝使虎賁中郎將潘敞二百人仗，屯太極西階之下。成服後，諸王皆出，子良乞停至山陵，不許。

進位太傅，增班劍為三十人，本官如故，解侍中。隆昌元年，加殊禮，劍履上殿，入朝不趨，贊拜不名，進督南徐州。其年疾篤，謂左右曰：「門外應有異。」遣人視，見淮中魚無算，皆浮出水上向城門。尋薨，年三十五。

帝常慮子良異志，及薨，甚悅。詔給東園溫明祕器，斂以袞冕之服，東府施喪位，大鴻臚持節監護，太官朝夕送祭。又詔追崇假黃鉞、侍中、都督中外諸軍事、大宰、領大將軍、揚州牧、綠綟綬，備九服錫命之禮，使持節、中書監、王如故。給九旒鑾輅、黃屋左纛、轀輬車、前後部羽葆、鼓吹，挽歌二部，虎賁班劍百人，葬禮依晉安平王孚故事。初，豫章王嶷葬金牛山，文惠太子葬夾石。子良臨送，望祖硎山悲感歎曰：「北瞻吾叔，前望吾兄，死而有知，請葬茲地。」及薨，遂葬焉。

所著內外文筆數十卷，雖無文采，多是勸戒。

子良既亡，故人皆來奔赴，陸惠曉於邸門逢衰象，問之曰：「近者云云，定復何謂？」王融

見殺，而魏準破膽。道路籍籍，又云竟陵不永天年，有之乎？」答曰：「齊氏微弱，已數年矣，

爪牙柱石之臣都盡，命之所餘，政風流名士耳。若不立長君，無以鎮安四海。王融雖爲身

計，實安社稷，恨其不能斷事，以至於此。道路之談，自爲虛說耳，蒼生方塗炭矣，政當瀝耳

聽之。」

建武中，故吏范雲上表爲子良立碑，事不行。　子昭冑嗣。

昭冑字景胤，汎涉書史，有父風，位太常。以封境邊魏，永元元年，改封巴陵王。

先是，王敬則事起，南康侯子恪在吳郡，明帝慮有同異，召諸王侯入宮，晉安王寶義及

江陵公寶覽住中書省，高、武諸孫住西省，敕人各兩左右自隨，過此依軍法，孩抱者乳母隨

入。其夜並將加害，賴子恪至乃免。自建武以來，高、武王侯，居常震怖，朝不保夕，至是

尤甚。

及陳顯達起事，王侯復入宮，昭冑懲往時之懼，與弟永新侯昭穎逃奔江西，變形爲道

人。　崔慧景舉兵，昭冑兄弟出投之。　慧景敗，昭冑兄弟首出投臺軍主胡松，各以王侯還第，

不自安，謀爲身計。　子良故防閤桑偃爲梅蟲兒軍副，結前巴西太守蕭寅，謀立昭冑。　昭冑

許事剡用寅為尚書左僕射、護軍，以寅有部曲，大事皆委之。時胡松領軍在新亭，寅遣人說之，松許諾。又張欣泰嘗為雍州，亦有部曲，昭冑又遣房天寶以謀告之，欣泰聞命響應。蕭寅左右華永達知其謀，以告御刀朱光尚。光尚挾左道以惑東昏，因謂東昏曰：「昨見蔣王，云巴陵王在外結黨欲反，須官出行，仍從萬春門入，事不可量。」時東昏日游走，聞此說大懼，不復出四十餘日。偃等議募健兒百餘人，從萬春門入，突取之。昭冑以為不可。偃同黨王山沙慮事久無成，以事告御刀徐僧重，寅遣人殺山沙於路。更於鬐縢中得其事迹，昭冑兄弟與同黨皆伏誅。

梁受禪，降封昭冑子同為監利侯。

同弟賁字文奐，形不滿六尺，神識耿介。幼好學，有文才，能書善畫，於扇上圖山水，咫尺之內，便覺萬里為遙。矜愼不傳，自娛而已。好著述，嘗著西京雜記六十卷。起家湘東王法曹參軍，得一府歡心。及亂，王為檄，賁讀至「偃師南望，無復儲胥露寒」，河陽北臨，或有穹廬氈帳」，迺曰：「聖製此句，非為過似，如體目朝廷，非關序賊。」王聞之大怒，收付獄，遂以餓終。又追戮賁尸，乃著懷舊傳以謗之，極言誣毀。

盧陵王子卿字雲長，武帝第三子也。建元元年，封臨汝縣公。[四]武帝卽位，爲郢州刺史，加都督。子卿諸子中無德，又與魚復侯子響同生，故無寵。徙都督、荊州刺史。始興王爲益州，子卿解督。

子卿在鎮，營造服飾，多違制度，作瑇瑁乘具。詔責之，令速送都；又作銀鎧、金薄裹箭脚，亦使速壞去。凡諸服章，自今不啓輒作者，當得痛杖。又曰：「汝比令讀學，今年轉成長，學旣勿就，得敕如風過耳，使吾失氣。」[五]

永明十年，爲都督、南豫州刺史。之鎮，道中戲部伍爲水軍，上聞大怒，殺其典籤。遣宜都王鏗代之。子卿還第，至崩不與相見。

隆昌元年，爲衞將軍、開府儀同三司，置兵佐。鄱陽王鏘見害，以子卿代爲司徒。所居屋梁柱際血出溜于地，旬日而見殺。

魚復侯子響字雲音，武帝第四子也。豫章王嶷無子，養子響。後嶷有子，表留爲嫡。武帝卽位，爲南彭城、臨淮二郡太守。

子響勇力絕人，開弓四斛力，數在園池中帖騎馳走竹樹下，身無虧傷。旣出繼，車服異

諸王，每入朝輒恣，拳打車壁，武帝知之，令車服與皇子同。

永明六年，有司奏子響宜還本，乃封巴東郡王。七年，爲都督、荊州刺史。直閤將軍董蠻粗有氣力，子響要與同行。蠻曰：「殿下癲如雷，敢相隨邪？」子響笑曰：「君敢出此語，亦復奇癲。」上聞而不悅，曰：「人名蠻，復何容得蘊藉。」乃改名爲仲舒。謂曰：「今日仲舒，何如昔日仲舒？」答曰：「昔日仲舒，出自私庭，今日仲舒，降自天帝，以此言之，勝昔遠矣。」上稱善。

子響少好武，帶仗左右六十人，皆有膽幹，數在內齋殺牛置酒，與之聚樂。令私作錦袍絳襖，欲〔二五〕餉蠻交易器仗。長史劉寅等連名密啓，上敕精檢，寅等懼，欲祕之。子響聞臺使至，不見敕，〔一六〕乃召寅及司馬席恭穆、諮議參軍江悆、殷曇粲、中兵參軍周彥、典籤吳脩之、王賢宗、魏景深等俱入，〔一七〕於琴臺下併斬之。上聞之怒，遣衛尉胡諧之、游擊將軍尹略、中書舍人茹法亮領羽林三千人檢捕羣小。敕「子響若束手自歸，〔二六〕可全其性命」。

諧之等至江津，築城燕尾洲。子響自服登城，頻遣信與相聞，曰：「天下豈有兒反，身不作賊，直是粗疏。今便單舸還闕，何築城見捉邪？」尹略獨答曰：「誰將汝反父人共語。」子響聞之唯瀝泣。又送牛數十頭，酒二百石，果饌三十輿，略棄之江流。子響膽力之士王衝天不勝忿，〔二八〕乃率黨度洲攻壘斬略，而諧之、法亮單艇奔逸。

上又遣丹陽尹蕭順之領兵繼之，子響即日將白衣左右三十人，乘舴艋中流下都。初，

順之將發，文惠太子素忌子響，密遣不許還，令便爲之所。子響及見順之，欲自申明，順之

不許，於射堂縊之。有司奏絕子響屬籍，賜爲蛸氏。

子響密作啓數紙，藏妃王氏裙腰中，具自申明，云：「輕舫還闕不得，此苦之深，唯願矜

憐，無使竹帛齊有反父之子，父有害子之名。」及順之還，上心甚怪恨。百日於華林爲子響

作齋，上自行香，對諸朝士嗚噎。及見順之，嗚咽移時，左右莫不掩涕。他日出景陽山，見

一猨透擲悲鳴，問後堂丞：「此猨何意？」答曰：「猨子前日墮崖致死，其母求之不見，故爾。」

上因憶子響，欷歔良久，不自勝。順之慚懼，感病，遂以憂卒。於是豫章王嶷上表曰：「故庶

人蛸子響識懷靡樹，見淪不逞，肆憤一朝，取陷凶德，身膏草野，未云塞釁。但歸罪司戮，迷

而知返，撫事惟往，載傷心目。伏願一下天矜，使得旋窆餘麓，豈伊窮骸被德，實且天下歸

仁。」上不許，貶爲魚復侯。

安陸王子敬字雲端，武帝第五子也。初封應城縣公。先是子敬所生早亡，帝命貴妃范

氏母養之，及范氏薨，[二〇]而子及婦服制，禮無明文。永明中，尚書令王儉議：「孫爲慈孫，婦

為慈婦，姑為慈姑，宜制朞年服。」從之。十年，位散騎常侍、撫軍將軍、丹陽尹。十一年，加車騎將軍。隆昌元年，遷都督、南兗州刺史。延興元年，加侍中。明帝除諸蕃王，遣中護軍王玄邈征九江，王廣之襲殺子敬。

初，子敬為武帝所留心，帝不豫，有意立子敬為太子，代太孫。子敬與太孫俱入參畢同出，武帝目送子敬良久，曰：「阿五鈍。」由此代換之意乃息。

晉安王子懋字雲昌，武帝第七子也。諸子中最為清恬，有意思，廉讓好學。年七歲時，母阮淑媛嘗病危篤，請僧行道。有獻蓮華供佛者，眾僧以銅甖盛水漬其莖，欲華不萎。子懋流涕禮佛曰：「若使阿姨因此和勝，願諸佛令華竟齋不萎。」七日齋畢，華更鮮紅，視甖中稍有根鬚，當世稱其孝感。

永明五年，為南兗州刺史、監五州軍事。六年，徙監湘州刺史。八年，撰春秋例苑三十卷，奏之，武帝敕付祕閣。十一年，為都督、雍州刺史，給鼓吹一部。豫章王喪服未畢，上以邊州須威望，許得奏之。啟求所好書，武帝曰：「知汝常以書讀在心，足為深欣。」賜以杜預手所定左傳及古今善言。

隆昌元年，為征南大將軍、江州刺史，敕留西楚部曲助鎮襄陽，單將白直俠轂自隨。陳顯達時屯襄陽，入別，子懋謂之曰：「朝廷命身單身而反，身是天王，豈可過爾輕率。今欲將二三千人自隨，公意何如？」顯達曰：「殿下若不留部曲，便是大違敕旨。」顯達因辭出便發去。

子懋計未立，還鎮尋陽。

延興元年，加侍中。聞鄱陽、隨郡二王見殺，欲起兵赴難，與參軍周英、防閤董僧慧攘袂曰：「此州雖小，地當要害。荊、郢，入討君側，事成則宗廟獲安，不成猶為義鬼。」防閤陸超之議：「傳檄荊、郢，入討君側，事成則宗廟獲安，不成猶為義鬼。」防閤陸超之議：「今以勤王之師，橫長江，指北闕，以請鬱林之過，誰能對之。」於是部分兵將，入匡社稷。

孝武亦嘗用之，今以勤王之師，橫長江，指北闕，以請鬱林之過，誰能對之。」於是部分兵將，入匡社稷。

母阮在都，遣書欲密迎上，阮報同產弟于瑤之為計。瑤之馳告明帝，於是纂嚴，遣中護軍王玄邈、平西將軍王廣之南北討，使軍主裴叔業與瑤之先襲尋陽，聲云為郢府司馬。子懋知之，遣三百人守盆城。叔業泝流直上，襲盆城。子懋先已具船於稽亭渚，聞叔業得盆城，乃據州自衛。

子懋部曲多雍土人，皆踴躍顧奮，叔業畏之，遣于瑤之說子懋曰：「今還都，必無過憂，政當作散官，不失富貴也。」

子懋既不出兵攻叔業，衆情稍沮。中兵參軍于琳之，瑤之兄也，說子懋重賂叔業。子懋

使琳之往，琳之因說叔業請取子懋。叔業遣軍主徐玄慶將四百人隨琳之入城，僚佐皆奔散，唯周英及外兵參軍王皎更移入城內。子懋聞之歎曰：「不意吾府有義士二人。」琳之從二百人仗自入齋，子懋笑謂之曰：「不意渭陽，翻成梟鏡。」琳之以袖障面，使人害之。故人懼罪無敢至者，唯英、皎、僧慧號哭盡哀，為之喪殯。[三]

董僧慧，丹陽姑孰人，出自寒微而慷慨有節義。玄邈知其豫子懋之謀，執之。僧慧曰：「晉安舉義兵，僕實豫議。古人云『非死之難，得死之難』。僕得為主人死，不恨矣。願至主人大斂畢，退就湯鑊，雖死猶生。」玄邈義而許之。還具白明帝，乃配東冶。言及九江時事，輒悲不自勝。子懋子昭基，九歲，以方二寸絹為書，參其消息，幷遺錢五百，以金假人，崎嶇得至。僧慧觀書，對錢曰：「此郎君書也。」悲慟而卒。

陸超之，吳人，以清靜雅為子懋所知。子懋既敗，于琳之勸其逃亡。答曰：「人皆有死，此不足懼。吾若逃亡，非唯孤晉安之眷，亦恐田橫客笑人。」玄邈等以其義，欲囚將還都，而超之亦端坐待命。超之門生姓周者，謂殺超之當得賞，乃伺超之坐，自後斬之，頭墜而身不僵。玄邈嘉其節，厚為殯斂。周又助舉棺，未出戶，棺墜，政壓其頭折頸即死。[三]聞之者莫不以為有天道焉。

隨郡王子隆字雲興，武帝第八子也。性和美，有文才。娶尚書令王儉女爲妃。武帝以

子隆能屬文，謂儉曰：「我家東阿也。」

永明八年，爲都督、荊州刺史。隆昌元年，爲侍中、撫軍將軍，領兵置佐。延興元年，轉

中軍大將軍，侍中如故。

子隆年二十一，而體過充壯，常使徐嗣伯合蘆茹丸以服自銷損，猶無益。明帝輔政，謀

害諸王，武帝諸子中子隆最以才貌見憚，故與鄱陽王鏘同夜先見殺。文集行於世。

建安王子眞字雲仙，武帝第九子也。永明七年，累遷郢州刺史，加都督。隆昌元年，爲

散騎常侍、護軍將軍。

延興元年，明帝遣裴叔業就典籤柯令孫殺之，子眞走入牀下，令孫手牽出之，叩頭乞爲

奴贖死，不從，見害，年十九。

西陽王子明字雲光，武帝第十子也。永明元年，封武昌王。三年，失國璽，改封西陽。

十年，爲會稽太守，督五郡軍事。

子明風姿明淨，士女觀者，咸嗟嘆之。建武元年，爲撫軍將軍，領兵置佐。二年，誅廢諡，子明及弟子罕、子貞同讒謀見害，年十七。

南海王子罕字雲華，武帝第十一子也，頗有學。母樂容華有寵，故武帝留心。母嘗寢疾，子罕晝夜祈禱。于時以竹爲燈纘照夜，此纘宿昔枝葉大茂，母病亦愈，咸以爲孝感所致。主簿劉躭及侍讀賀子喬爲之賦頌，當時以爲美談。建武元年，位護軍將軍。

二年，見殺，年十七。

巴陵王子倫字雲宗，武帝第十三子也。永明十年，爲北中郎將、南琅邪彭城二郡太守。

鬱林卽位，以南彭城祿力優厚，奪子倫與中書舍人綦母珍之，更以南蘭陵代之。

延興元年，明帝遣中書舍人茹法亮殺子倫，子倫時鎮琅邪城，有守兵，子倫英果，明帝恐不即罪，以問典籤華伯茂。伯茂曰：「公若遣兵取之，恐不即可辦，若委伯茂，一小吏力耳。」既而伯茂手自執鴆逼之，左右莫敢動者。子倫正衣冠，出受詔，謂法亮曰：「積不善之家，必有餘殃。昔高皇帝殘滅劉氏，今日之事，理數固然。」舉酒謂法亮曰：「君是身家舊人，今銜此命，當由事不獲已。此酒差非勸酬之爵。」因仰之而死，時年十六，法亮及左右皆流涕。

先是高帝、武帝為諸王置典籤帥，一方之事，悉以委之。每至觀接，輒留心顧問，刺史行事之美惡，係於典籤之口，莫不折節推奉，恒慮弗及，於是威行州部，權重蕃君。武陵王曄為江州，性烈直不可忤，典籤趙渥之曰：「今出都易刺史。」[三]及見武帝相誣，曄遂免還。南海王子罕戍琅邪，欲暫游東堂，典籤姜秀不許而止。還泣謂母曰：「兒欲移五步亦不得，與囚何異。」秀後輒取子罕屐繖飲器等供其兒昏，武帝知之，鞭二百，繫尚方，然而擅命不改。邵陵王子貞嘗求熊白，廚人答典籤不在，不敢與。西陽王子明欲送書參侍讀鮑僎病，典籤吳脩之不許，曰：「應諮行事。」乃止。言行舉動，不得自專，徵衣求食，必須諮訪。

永明中，巴東王子響殺行事劉寅等，武帝聞之，謂羣臣曰：「子響遂反。」戴僧靜大言曰：「諸王都自應反，豈唯巴東。」武帝問其故，答曰：「天王無罪，而一時被囚，取一挺藕，一杯

漿，皆詣籤帥，不在則竟日忍渴。諸州唯聞有籤帥，不聞有刺史。」

竟陵王子良嘗問衆曰：「士大夫何意詣籤帥？」參軍范雲答曰：「詣長史以下皆無益，詣

籤帥便有倍本之價，不詣謂何！」子良有愧色。

及明帝誅異己者，諸王見害，悉典籤所殺，竟無一人相抗。孔珪聞之流涕曰：「齊之衡

陽、江夏最有意，而復害之。若不立籤帥，故當不至於此。」

邵陵王子貞字雲松，武帝第十四子也。建武二年見誅，年十五。

臨賀王子岳字雲嶠，武帝第十六子也。明帝誅武帝諸子，唯子岳及弟六人在後，時呼

爲「七王」。朔望入朝，上還後宮，輒歎息曰：「我及司徒諸兒子皆不長，高、武子孫日長大。」

永泰元年，上疾甚，絕而復蘇，於是誅子岳等。

延興、建武中，凡三誅諸王，每一行事，明帝輒先燒香，嗚咽涕泣，衆以此輒知其夜當殺

戮也。子岳死時年十四。

西陽王子文字雲儒，武帝第十七子也。永明七年，封蜀郡王，建武中，改封西陽。永泰元年見殺，年十四。

衡陽王子峻字雲嵩，武帝第十八子也。永明七年，封廣漢郡王，建武中改封。永泰元年見殺，年十四。

南康王子琳字雲璋，武帝第十九子也。母荀昭華盛寵，後宮才人位登采女者，依例舊賜玉鳳凰，荀時始為采女，得玉鳳凰投地曰：「我不能例受此。」武帝乃拜為昭華子琳以母寵故最見愛。太尉王儉因請昏，武帝悅而許之。羣臣奉寶物名好盡直數百金，武帝為之報答亦如此。及應封，而好郡已盡，乃以宣城封之。既而以宣城屬揚州，不欲為王國，改封南康公褚蓁為巴東公，以南康為王國封子琳。永泰元年見殺，年十四。

湘東王子建字雲立，武帝第二十一子也。母謝無寵，武帝度為尼。明帝即位，使還母子建。永泰元年見殺，年十三。

南郡王子夏字雲廣，武帝第二十三子也。上春秋高，子夏最幼，寵愛過諸子。初，武帝夢金翅鳥下殿庭，搏食小龍無數，乃飛上天。及明帝初，其夢方驗。永泰元年，子夏誅，年七歲。

文惠太子四男：安皇后生廢帝鬱林王昭業，宮人許氏生廢帝海陵恭王昭文，陳氏生巴陵王昭秀，褚氏生桂陽王昭粲。

巴陵王昭秀字懷尚，太子第三子也。鬱林卽位，封臨海郡王。隆昌元年，爲都督、荊州刺史。延興元年，徵爲車騎將軍。明帝建武二年，改封巴陵王。永泰元年見殺，年十六。

桂陽王昭粲，太子第四子也。鬱林立，封永嘉郡王。延興元年，出爲荊州刺史，加都督。建武二年，改封桂陽王。四年，爲太常。永泰元年見殺，年八歲。

陵隱王寶義、晉熙王寶嵩、袁貴妃生廬陵王寶源，管淑妃生邵陵王寶攸，[三四]許淑媛生桂陽王寶貞。餘皆早夭。

明帝十一男：敬皇后生廢帝東昏侯寶卷、江夏王寶玄、鄱陽王寶寅、和帝，殷貴嬪生巴陵隱王寶義字智勇，明帝長子也，本名明基。建武元年，封晉安郡王。寶義少有廢疾，不堪出人間，止加除授，爲都督、揚州刺史，仍以始安王遙光代之。轉

為右將軍，領兵置佐，鎮石頭。二年，為南徐州刺史，加都督。東昏即位，進征北將軍、開府儀同三司，給扶。永元元年，[三四]為都督、揚州刺史。三年，進位司徒。和帝西臺建，以為侍中、司空。

梁武平建鄴，宣德太后令以寶義為太尉、領司徒，詔云：「不言之化，形于自遠。」時人皆云此實錄也。

梁受禪，封謝沐公。尋封巴陵郡王，奉齊後。天監中薨。

江夏王寶玄字智深，明帝第三子也。建武元年，封江夏郡王。東昏即位，為都督、南徐、兗二州刺史。

寶玄娶尚書令徐孝嗣女為妃，孝嗣被誅離絕，東昏送少姬二人與之。寶玄恨望有異計。

明年，崔慧景舉兵，還至廣陵，遣使奉寶玄為主，寶玄斬其使，因是發將吏防城。慧景度江，寶玄密與相應，開門納慧景，乘八摑輿，手執絳麾幡，隨慧景至都，百姓多往投集。慧景將度江，寶玄密與相應，開門納慧景，乘八摑輿，手執絳麾幡，隨慧景至都，百姓多往投集。慧景敗，收得朝野投寶玄及慧景軍名，東昏令燒之，曰：「江夏尚爾，豈復可罪

餘人。」

寶玄逃奔，數日乃出，帝召入後堂，以步矟撔之，令羣小數十人鳴鼓角馳繞其外，遣人謂曰：「汝近圍我亦如此。」少日乃殺之。

盧陵王寶源字智泉，明帝第五子也。建武元年封。和帝卽位，爲車騎將軍、開府儀同三司。中興二年薨。

鄱陽王寶寅字智亮，明帝第六子也。建武初，封建安郡王。東昏卽位，爲都督、郢州刺史。永元三年，爲車騎將軍、開府儀同三司，鎮石頭。其秋，雍州刺史張欣泰等謀起事於新亭，殺臺內諸主帥。難作之日，前南譙太守王靈秀奔往石頭，[二六]帥城內將吏，去車腳，載寶寅向臺城，百姓數千人皆空手隨後。至杜姥宅，日已欲暗，城門閉，城上人射之，衆棄寶寅走。

寶寅逃亡三日，戎服詣草市尉，尉馳以啓帝，帝迎入宮，問之。寶寅涕泣稱制不自由，

帝笑，乃復爵位。宣德太后臨朝，改封寶寅鄱陽王。中興二年，謀反奔魏。

反，宣德太后令賜死。

邵陵王寶攸字智宣，明帝第九子也。建武元年，封南平郡王，二年改封。中興二年謀

晉熙王寶嵩字智靖，明帝第十子也。中興元年，和帝以為中書令。二年誅。

桂陽王寶貞，明帝第十一子也。中興二年誅。

論曰：守器之重，邦家所馮，觀文惠之在東儲，固已有虧令德，向令負荷斯集，猶當及於禍敗，況先期夙隕，懲失已彰。而武帝不以擇賢，傳之昏孽，推此而論，有冥數矣。子良物

望所集，失在儒雅，當斷不斷，以及于災，非止自致喪亡，乃至宗祀覆滅，哀哉！夫帝王子弟，生長尊貴，情僞之事，不經耳目，雖卓爾天悟，自得懷抱，孤寡爲識，所陋猶多。齊氏諸王，並幼踐方岳，故輔以上佐，簡自帝心，勞舊左右，用爲主帥，州國府第，先令後行。飲食游居，動應聞啓，端拱守祿，遵承法度，張弛之要，莫敢厝言。行事執其權，典籤製其肘，處地雖重，行止莫由。威不在身，恩未接下，倉卒一朝，事難總集，望其釋位扶危，不可得矣。〔二〕路溫舒云：「秦有十失，其一尚存。」斯宋氏之餘風，及在齊而彌弊。寶玄親兼一體，欣受家殊，曾不知執柯所指，跗萼相從而敗。以此而圖萬事，未知其髣髴也。

校勘記

〔一〕事寧武帝遣太子還都　「事寧」上南齊書有「宋元徽末，隨世祖在郢。世祖還鎮盆城拒沈攸之，使太子勞接將帥」。此刪去，遂不知「事寧」所指爲何。

〔二〕含閨以正晉　「含」各本作「舍」，據南齊書禮志改。按通典禮典引作「含」。

〔三〕上將訊丹陽所領囚及南北二百里內獄　「及」各本作「爲」，據南齊書改。

〔四〕造游牆數百間　「牆」各本作「觀」，據南齊書改。

〔五〕太子使宮中將吏更番築役營城包巷　「築役」、「營城包巷」　南齊書作「役築」、「宮城苑巷」，

疑是。

〔六〕内外百司咸謂旦暮繼體　「百司」各本作「百姓」，據南齊書改，按南齊書無「私」字。

〔七〕凡事皆責成郡縣　「凡事」二字各本並脫，據通鑑補。

〔八〕中軍長嫡之重　「嫡」各本作「奠」，據南齊書改。

〔九〕中軍祥縞之日　「祥」各本作「綵」，據南齊書禮志改。

〔一〇〕子良少有清尚　「尚」各本作「向」，據南齊書、通鑑改。

〔一一〕是時上新視政　「視」南齊書作「親」。

〔一二〕必須輪郭完全　「完全」二字各本並脫，據南齊書、冊府元龜補。按下云「尋完者爲用」，即指「完全」而言。

〔一三〕捶革相繼　「繼」各本作「驅」，據南齊書改。

〔一四〕封臨汝縣公　「縣」各本作「郡」。據南齊書改。按臨汝爲江州臨川郡屬縣，見南齊書州郡志。

〔一五〕汝比令讀學今年轉成長學旣勿就得敕如風過耳使吾失氣　「就」字各本並脫，據通志補。按南齊書作「汝比在都，讀學不就。年轉成長，吾日冀汝美。勿得敕如風過耳，使吾失氣」。

〔一六〕子響聞臺使至不見敕　「至」字各本並脫，據南齊書、通志補。

〔一七〕乃召寅至魏景深等俱入　「魏景深」南齊書作「魏景淵」，此避唐諱改。

〔一八〕子響若束手自歸　「束手」各本作「來首」，據通鑑改。

〔一九〕子響膽力之士王衝天不勝忿　「王衝天」大德本、南、北監本作「王衝天」，今從汲古閣本、殿本、局本。

〔二〇〕及范氏薨此四字各本並脫，據通志補。

〔二一〕爲之喪殯　「之」字各本並脫，據册府元龜七一五補。

〔二二〕政壓其頭折頸即死　「頸」字各本並脫，據通鑑、通志補。

〔二三〕今出都易刺史　「出都」各本作「出郡」，據通鑑改。按「出都」指出至都，故下云「及見武帝相誣，瞱逐免還」。

〔二四〕管淑妃生卲陵王寶脩　「寶脩」南齊書作「寶攸」，通鑑同。

〔二五〕永元元年　「永元」各本作「永泰」，據南齊書改。按永泰二年改元永元，無三年，而下出「三年」，明爲永元之三年。

〔二六〕前南譙太守王靈秀奔往石頭　「前」字上各本有「并」字，據南齊書刪。

〔二七〕望其釋位狀危不可得矣　「釋位」各本作「擇位」，據南齊書武十七王傳論改。

南史卷四十五

列傳第三十五

王敬則　陳顯達　張敬兒　崔慧景

王敬則，臨淮射陽人也。僑居晉陵南沙縣。母為女巫，常謂人云：「敬則生時胞衣紫色，應得鳴鼓角。」人笑之曰：「汝子得為人吹角可矣。」

敬則年長，而兩腋下生乳，各長數寸。夢騎五色師子。性倜儻不羈，好刀劍，嘗與暨陽縣吏鬭，謂曰：「我若得暨陽縣，當鞭汝小吏背。」吏睡其面曰：「汝得暨陽縣，我亦得司徒公矣。」屠狗商販，徧於三吳。使於高麗，與其國女子私通，因不肯還，被收錄然後反。

善拍張，補刀戟左右。宋前廢帝使敬則跳刀，高出白虎幢五六尺，接無不中。仍撫髀拍張，甚為儇捷。補俠轂隊主，領細鎧左右，與壽寂之殺前廢帝。及明帝即位，以為直閤將軍，封重安縣子。

敬則少時於草中射獵，有蟲如烏豆集其身，摘去乃脫，其處皆流血。敬則惡之，詣道士

卜，道士曰：「此封侯瑞也。」敬則聞之喜，故出都自効。

後補暨陽令，昔日鬭吏亡叛，勒令出，遇之甚厚。曰：「我已得暨陽縣，汝何時得司徒公

邪？」初至暨陽縣陸主山下，宗侶十餘船同發，敬則船獨不進，乃令弟入水推之，見烏漆棺。

敬則呪云：「若是吉，使船速進，吾富貴當改葬爾。」船須臾去，〔一〕入縣收此棺葬之。

時軍荒後，縣有一部劫逃入山中為人患，敬則遣人致劫帥使出首，當相申論。郭下

廟神甚酷烈，百姓信之，敬則引神為誓，必不相負。劫帥既出，敬則於廟中設酒會，於坐收

縛曰：「吾啓神，若負誓，還神十牛。今不得違誓。」卽殺十牛解神，幷斬諸劫，百姓悅之。

元徽二年，隨齊高帝拒桂陽賊於新亭，敬則與羽林監陳顯達、寧朔將軍高道慶乘舸迎

戰，大破賊水軍。事寧，帶南泰山太守、右俠轂主，轉越騎校尉、安成王車騎參軍。蒼梧王

狂虐，左右不自安。敬則以高帝有威名，歸誠奉事，每下直輒往領軍府。夜著靑衣，扶匐道

路，為高帝聽察。高帝令敬則於殿內伺機。及楊玉夫將首投敬則，敬則馳謁高帝，乃戎服

入宮。至承明門，〔三〕門郎疑非蒼梧還，敬則慮人覘見，以刀環塞窐孔，呼開門甚急。衞尉

丞顏靈寶窺見高帝乘馬在外，竊謂親人：「今若不開內領軍，天下會是亂爾。」門開，敬則隨

帝入殿。

昇明元年，遷輔國將軍，領臨淮太守，知殿內宿衞兵事。沈攸之事起，進敬則冠軍將

軍。高帝入守朝堂，袁粲起兵，召領軍劉韞、直閣將軍卜伯興等於宮內相應，戒嚴將發，敬

則開關掩襲，皆殺之。殿內竊發盡平，敬則之力也。政事無大小，帝並以委之。

敬則不識書，止下名，然甚善決斷。齊臺建，為中領軍。高帝將受禪，材官薦易太極殿

柱。順帝欲避上，不肯出宮遜位。〔三〕明日當臨軒，順帝又逃宮內。敬則將輿入迎帝，啟譬

令出，引令升車。順帝不肯即上，收淚謂敬則曰：「欲見殺乎？」敬則答曰：「出居別宮爾，官

先取司馬家亦復如此。」順帝泣而彈指：「唯願後身生生世世不復天王作因緣。」宮內盡哭，

聲徹於外。順帝拍敬則手曰：「必無過慮，當餉輔國十萬錢。」

齊建元元年，出為都督、南兗州刺史，封尋陽郡公。加敬則妻懷氏爵為尋陽國夫人。

二年，魏軍攻淮、泗，敬則恐，委鎮還都，百姓皆驚散奔走。上以其功臣不問，以為都官

尚書，遷吳興太守。郡舊多剽掠，有十數歲小兒於路取遺物，敬則殺之以徇。自此路不拾

遺，郡無劫盜。又錄得一偷，召其親屬於前鞭之。令偷身長掃街路 久之，乃令偷舉舊偷自

代。諸偷恐為所識，皆逃走，境內以清。仍入烏程，從市過，見屠肉枅，歎曰：「吳興昔無此

枅，是我少時在此所作也。」召故人飲酒說平生，不以屑也。遷護軍，以家為府。

三年，以改葬去職，詔贈敬則母尋陽國太夫人，改授侍中、撫軍。高帝遺詔敬則以本官

領丹陽尹，尋遷會稽太守，加都督。永明二年，給鼓吹一部。會土邊帶湖海，人丁無士庶皆保塘役。敬則以功力有餘，悉評斂爲錢送臺庫，以爲便宜。〔四〕上許之。

三年，進號征東將軍。宋廣州刺史王翼之子妾路氏酷暴，殺婢媵，翼之子法朗告之，敬則付山陰獄殺之。路氏家訴，爲有司所奏，山陰令劉岱坐棄市刑。敬則入朝，上謂敬則曰：「人命至重，是誰下意殺之？都不啓聞。」敬則曰：「是臣愚意。臣知何物科法，見背後有節，便言應得殺人。」劉岱亦引罪，上乃赦之，敬則免官，以公領郡。

後與王儉俱卽本號開府儀同三司。時徐孝嗣於崇禮門候儉，因嘲之曰：「今日可謂連璧。」儉曰：「不意老子遂與韓非同傳。」人以告敬則，敬則欣然曰：「我南沙縣吏，徼倖得細鎧左右，逮風雲以至於此。遂與王衞軍同日拜三公，王敬則復何恨。」了無恨色。朝士以此多之。

十一年，授司空。敬則名位雖達，不以富貴自遇。初爲散輩使魏，於北館種楊柳。後員外郎虞長曜北使還，敬則問：「我昔種楊柳樹，今若大小。」長曜曰：「虜中以爲甘棠。」武帝令羣臣賦詩，敬則曰：「臣幾落此奴度內。」〔五〕上問之，敬則對曰：「臣若解書，不過作尙書都令史爾，那得今日。」敬則雖不大識書，而性甚警黠，臨郡令省事讀辭，下教判決，〔六〕皆不失理。

明帝輔政，密有廢立意。隆昌元年，出敬則為會稽太守，加都督。海陵王立，進位太尉。明帝卽位，為大司馬，臺使拜授日，雨大洪注，敬則文武皆失色。一客旁曰：「公由來如此，昔拜丹陽尹、吳興時亦然。」敬則大悅曰：「我宿命應得雨。」乃引羽儀、備朝服、導引出聽事拜受，意猶不自得，吐舌久之。

帝旣多殺害，敬則自以高、武舊臣，心懷憂懼。帝雖外厚其禮而內相疑備，數訪問敬則飲食體幹。聞其衰老，且以居內地，故得少安。後遣蕭坦之將齋仗五百人行晉陵，[七]敬則諸子在都，憂怖無計。上知之，問計於梁武帝，武帝曰：「敬則豎夫，易可感，唯應錫以子女玉帛，厚其使人，如斯而已。」上納之。

吳人張思祖，敬則謀主也，為府司馬，頻銜使。上偽傾意待之，以為游擊將軍。遣敬則世子仲雄入東。[八]仲雄善彈琴，江左有蔡邕焦尾琴在主衣庫，上敕五日一給仲雄。仲雄在御前鼓琴，作懊儂曲，歌曰：「常歎負情儂，郎今果行許。」又曰：「君行不淨心，那得惡人題。」帝愈猜愧。

永泰元年，帝疾屢經危殆，以張瓌為平東將軍、吳郡太守，置兵佐，密防敬則。內外傳言當有處分。敬則聞之，竊曰：「東今有誰，祇是欲平我耳。東亦何易可平，吾終不受金甖。」金甖謂鴆酒也。諸子怖懼，第五子幼隆遣正員將軍徐嶽以情告徐州行事謝朓為計，若

同者當往報敬則。胱執嶽馳啓之。敬則城局參軍徐庶家在京口，其子密以報庶，庶以告敬

則五官王公林。公林，敬則族子也，常所委信。公林勸佐敬則急送啓賜兒死，單舟星夜還都。

敬則曰：「若爾，諸郎要應有信，且忍一夕。」其夜，呼僚佐文武擕蒲賭錢，謂衆曰：「卿諸人欲

令我作何計？」莫敢先答。防閣丁興懷曰：「官祇應作爾。」敬則不作聲。〔九〕明旦，召山陰令

王詢、臺傳御史鍾離祖願，敬則橫刀跂坐，問詢等發丁可得幾人，庫見有幾錢物，詢、祖願

對並乖旨，敬則怒，將出斬之。王公林又諫敬則曰：「官詎不更思？」敬則唾其面，曰：「小子，

我作事何關汝小子。」乃起兵，招集配衣，二三日便發。欲劫前中書令何胤還爲尙書令，長

史王弄璋、司馬張思祖止之曰：「何令高蹈，必不從，不從便應殺之。舉大事先殺朝賢，事必

不濟。」乃率實甲萬人過浙江，謂曰：「應須作檄。」思祖曰：「公今自還朝，何用作此？」乃止。

朝廷遣輔國將軍前軍司馬左興盛、直閣將軍馬軍主胡松三千餘人，築壘於曲阿長岡；

尙書左僕射沈文秀爲持節、都督，屯湖頭，備京口路。

敬則以舊將舉事，百姓擔篙鋪隨逐之十餘萬衆。至武進陵口慟哭，乘肩輿而前。遇

興盛、山陽二柴，盡力攻之。官軍不敵，欲退而圍不開，各死戰。胡松領馬軍突其後，白丁

無器仗，皆驚散。敬則大叫索馬，再上不得上，興盛軍容袁文曠斬之傳首。

是時上疾已篤，敬則倉卒東起，朝廷震懼。東昏侯在東宮議欲叛，使人上屋望，見征虜

亭失火，謂敬則至，急裝欲走。有告敬則者，敬則曰：「檀公三十六策，走是上計，汝父子唯

應急走耳。」蓋譏檀道濟避魏事也。

敬則之來，聲勢甚盛，凡十日而敗。時年六十四。朝廷漆其首藏在武庫，至梁天監元

年，其故吏夏侯亙表請收葬，許之。

陳顯達，南彭城彭城人也。仕宋以軍功封彭澤縣子，位羽林監、濮陽太守，隸齊高帝討

桂陽賊於新亭壘。劉勔大桁敗，賊進杜姥宅。及休範死，顯達出杜姥宅，大戰於宣陽津陽

門，大破賊，矢中左目而鏃不出。地黃村潘嫗善禁，先以釘釘柱，嫗禹步作氣，釘卽出，乃禁

顯達目中鏃出之。事平，封豐城侯，[一○]再遷平越中郎將、廣州刺史，加都督。

沈攸之事起，顯達遣軍援臺，長史到遁，司馬諸葛導勸顯達保境蓄衆，密通彼此。顯達

於坐手斬之，遣表疏歸心齊高帝。帝卽位，拜護軍將軍。後御膳不宰牲，顯達上熊蒸一盤，

上卽以充飯。後拜都督、益州刺史。

武帝卽位，進號鎮西將軍。益部山險，多不賓服。大度村獠，前刺史不能制，顯達遣使

責其租賧。獠帥曰：「兩眼刺史尚不敢調我。」遂殺其使。顯達分部將吏，聲將出獵，夜往襲

之,男女無少長皆斬之。自此山夷震服。

永明二年,徵爲侍中、護軍將軍。顯達累任在外,經高帝之憂。及見武帝,流涕悲咽,上亦泣,心甚嘉之。八年,爲征南大將軍、江州刺史。

顯達謙厚有智計,自以人微位重,每遷官常有愧懼之色。子十餘人,誡之曰:「我本意不及此,汝等勿以富貴陵人。」家既豪富,諸子與王敬則諸兒並精車牛,麗服飾。當世快牛,稱陳世子青、王三郎烏、呂文顯折角、江瞿曇白鼻,而皆集陳舍。顯達知此不悅。及子休尚爲郢府主簿,過九江拜別。顯達曰:「凡奢侈者鮮有不敗,塵尾蠅拂是王、謝家物,汝不須捉此自逐。」即取於前燒除之。其靜退如此。

豫廢鬱林之勳,延興元年,爲司空,進爵爲公。明帝即位,進太尉,封鄱陽郡公。加兵二百人,給油絡車。後以太尉封鄱陽郡公,爲三公事,而職典連率,[二]人以爲格外三公。上欲悉除高、武子孫,[三]上微言問顯達,答曰:「此等豈足介慮。」上乃止。

顯達建武世心懷不安,深自貶退,車乘朽敗,導從鹵簿皆用羸小。侍宴,酒後啓上借枕,帝令與之。顯達撫枕曰:「臣年已老,富貴已足,唯少枕枕死,特就陛下乞之。」上失色曰:「公醉矣。」以年老告退,不許。

永泰元年,乃遣顯達北侵。

永元元年,顯達督平北將軍崔慧景衆軍四萬圍南鄉界馬圈

城，去襄陽三百里。攻之四十日，魏軍食盡，噉死人肉及樹皮。外圍急，魏軍突走。顯達入據其城，遣軍主莊丘黑進取南鄉縣。魏孝文帝自領十餘萬騎奄至，軍主崔恭祖、胡松以烏布幔盛顯達，數人擔之，出沟水口，[三]臺軍緣道奔退，死者三萬餘人。顯達素有威名，著於外境，至是大損喪焉。

初，王敬則事起，始安王遙光啓明帝慮顯達為變，欲追軍還，事平乃寢。以為江州刺史，鎮盆城。御史中丞范岫奏免顯達官，又表解職，並不許。顯達亦懷危怖。

及東昏立，彌不樂還都，得此授甚喜。尋加領征南大將軍，給三望車。

顯達聞都下大相殺戮，徐孝嗣等皆死，傳聞當遣兵襲江州。顯達懼禍，十一月十五日舉兵，欲直襲建鄴，以掩不備，又遙指郢州刺史建安王寶寅為主。朝廷遣後軍將軍胡松等據梁山，顯達率衆數千人發尋陽，與松戰於采石，大破之，都下震恐。

十二月，潛軍度取石頭北上襲城，宮掖大駭，閉門守備。顯達馬稍從步軍數百人，於西州前與臺軍戰，再合大勝，稍折，手猶殺十餘人。官軍繼至，顯達不能抗，退走至西州後烏榜村。

騎官趙潭注稍刺落馬，斬之籬側，血涌湔籬，似淳于伯之被刑。時年七十三。

顯達在江州遇疾，不療之而差，意甚不悅。是時連冬大雪，梟首朱雀而雪不集，諸子皆伏誅。

張敬兒，南陽冠軍人也。父醜，爲郡將軍，官至節府參軍。敬兒年少便弓馬，有膽氣，好射猛獸，發無不中。南陽新野風俗出騎射，而敬兒尤多膂力。稍官至寧蠻行參軍，隨郡人劉胡伐襄陽諸山蠻，深入險阻，所向皆破。又擊胡陽蠻，官軍引退，敬兒單馬在後，賊不能抗。

山陽王休祐鎮壽陽，求善騎射士，敬兒及襄陽俞湛應選。泰始初，隨府轉驃騎參軍，署中兵，領軍討義嘉賊，與劉胡相拒於鵲尾洲，啓明帝乞本郡。事平，除南陽太守。

敬兒之爲襄陽府將也，家貧，每休假輒傭賃自給。嘗爲城東吳泰家擔水，通泰所愛婢。事發，將被泰殺，逃賣棺材中，以蓋加上，乃免。及在鵲尾洲，啓明帝云：「泰以絲助雍州刺史袁顗爲弩弦，黨同爲逆，[四]若事平之日，乞其家財。」帝許之。至是收籍吳氏，唯家人保身得出，僮役財貨直數千萬，敬兒皆有之。先所通婢，即以爲妾。

後爲越騎校尉，桂陽王事起，隸齊高帝頓新亭。賊矢石旣交，休範白服乘輿勞樓下。敬兒與黃回白高帝求詐降以取之。高帝曰：「卿若辦事，當以本州相賞。」敬兒相與出城南，休範喜，召至輿側。回陽致高帝密意，休範信之。回目敬兒，敬兒奪取放仗走，大呼稱降。休範憙，召至輿側。回陽致高帝密意，休範信之。回目敬兒，敬兒奪取

休範防身刀斬之，其左右百人皆散。敬兒持首歸新亭。除驍騎將軍，加輔國將軍。高帝置酒謂敬兒曰：「非卿之功無今日。」

敬兒求之不已，乃微動高帝曰：「沈攸之在荊州，公知其欲何所作，不出敬兒以防之，恐非公之利也。」帝笑而無言，乃除雍州刺史，加都督，封襄陽縣侯。部伍泊沔口，[一六]敬兒乘舴艋過江，詣晉熙王燮。中江遇風船覆，左右丁壯者各泅水走，餘二小史沒船下求敬兒救，敬兒兩掖挾之，隨船仰得在水上，如此翻覆行數十里，方得迎接。失所持節，更給之。

高帝以敬兒人位既輕，不欲使便爲襄陽重鎮，[一五]敬兒疑攸之當因此起兵，密問攘兵，攘兵無所言，[一七]寄敬兒馬鐙一隻。敬兒乃爲備。及蒼梧廢，敬兒厚結攸之，得其事迹，密白高帝，終無二心。又與攸之司馬劉攘兵情款。

至鎮，偵攸之下，當襲江陵。[一八]敬兒告變使至，高帝大喜，進號鎮軍將軍，改督部曲。昇明元年冬，攸之反，遣使報敬兒。[一八]勞接周至，爲設食訖，列仗於聽事前斬之。集攸之至郢城敗走，其子元琰與兼長史江乂、別駕傅宣等還江陵。敬兒軍至白水，元琰聞城外鶴唳，謂是叫聲，恐懼欲走。其夜，乂宣開門出奔，城潰，元琰奔寵洲見殺。敬兒至江陵，誅攸之親黨，沒入其財物數千萬，善者悉以入私，送臺者百不一焉。攸之於湯渚村自經死，居人送首荊州。敬兒使楯擎之，蓋以青繖，徇諸市郭，乃送建鄴。進爵爲公。

敬兒在雍州貪殘，人間一物堪用，莫不奪取。於襄陽城西起宅，聚物貨，宅大小殆侔襄陽。又欲移羊叔子墮淚碑，於其處置臺。綱紀諫曰：「此羊太傅遺德，不宜遷動。」敬兒曰：

「太傅是誰，我不識。」

及齊受禪，轉侍中、中軍將軍，遷散騎常侍、車騎將軍，置佐史。於家竊泣曰：「官家大老天子可惜，太子年少，向我所不及也。」及拜，王敬則戲之，同三司。敬兒曰：「我馬上所得，終不能作華林閤勳也。」敬則甚恨焉。

初，敬兒微時，有妻毛氏，生子道門，[二〇]而鄉里尚氏女有色貌，敬兒悅之，遂棄毛氏而納尚氏為室。及居三司，尚氏猶居襄陽宅。慮不復外出，乃迎家口悉下至都，啟武帝，不蒙勞問。敬兒心自疑。及垣崇祖死，愈恐懼。性好卜術，信夢尤甚，初征荊州，每見諸將帥，不邊有餘計，唯敍夢云：「未貴時，夢居村中，社樹欻高數十丈。及在雍州，又夢社樹直上至天。」以此誘說部曲，自云貴不可言。由是不自測量，無知。又使於鄉里為謠言，使小兒輩歌曰：「天子在何處？宅在赤谷口，天子是阿誰？非豬如是狗。」敬兒家在冠軍，宅前有地名赤谷。既得開府，又望班劍，語人曰：「我車邊猶少班蘭物。」

夢一手熱如火，而君得南陽郡；元徽中，夢一髀熱如火，君得本州；建元中，夢半體熱，尋得敬兒長自荒遠，少習武事，既從容都下，又四方寧靖，益不得志。其妻尚氏亦曰：「吾昔

開府，今復舉體熱矣。」以告所親，言其妻初夢次夢，又言「今舉體熱矣」。閣人聞其言說之，

事達武帝。敬兒又遣使與蠻中交關，武帝疑有異志，永明元年，敕朝臣華林八關齋，於坐收

敬兒。初，左右雷仲顯常以盈滿誡敬兒，不能從，至是知有變，抱敬兒泣，敬兒脫冠貂投地

曰：「用此物誤我。」及子道門、道暢、道休並伏誅，少子道慶宥。後數年，上與豫章王嶷三

曰曲水內宴，舻艦船流至御坐前覆沒，上由是言及敬兒，悔殺之。

敬兒始不識書，及爲方伯，乃習學讀孝經、論語。初徵爲護軍，乃潛於密室中屏人學揖

讓答對，空中俯仰，妾侍竊窺笑焉。將拜三司，謂其妻嫂曰：「我拜後府開黃閣。」〔三〕因口自

爲鼓聲。初得鼓吹，羞便奏之。又於新林慈姥廟爲妾祈子祝神，〔三〕口自稱三公，其鄙俚

如此。

始其母於田中臥，夢犬子有角舐之，已而有娠而生敬兒，故初名苟兒。又生一子，因苟

兒之名復名猪兒。宋明帝嫌苟兒名鄙，改爲敬兒，故猪兒亦改爲恭兒，位正員郎，謝病歸本

縣，常居上保村，不肯出仕，與居人不異。與敬兒愛友甚篤。及聞敬兒敗，走入蠻。後首

出，原其罪。

崔慧景字君山，清河東武城人也。祖構，奉朝請。父系之，州別駕。

慧景少有志業，仕宋為長水校尉。齊高帝在淮陰，慧景與宗人祖思同時自結。及高帝受禪，封樂安縣子，為都督、梁南秦二州刺史。母喪，詔起復本任。

慧景每罷州，輒傾資獻奉，動數百萬。武帝以此嘉之。十年，為都督、豫州刺史。明帝輔政，遣梁武帝至壽春安慰之。慧景密啟送誠勸進。

鬱林即位，慧景以少主新立，密與魏通，朝廷疑之。

東昏即位，為護軍。時輔國將軍徐世標專權號令，慧景備員而已。帝既誅戮將相，舊臣皆盡。慧景自以年宿位重，轉不自安。及裴叔業以壽陽降魏，即授慧景平西將軍，假節、侍中、護軍如故。率軍水路征壽陽。軍頓白下將發，帝長圍屏除，出琅邪城送之。帝戎服坐樓上，召慧景騎進圍內，無一人自隨，裁交數言，拜辭而去。慧景出至白下甚喜，曰：「顛非復小豎等所折也。」子覺為直閤將軍，慧景密與之期。

時江夏王寶玄鎮京口，聞慧景北行，遣左右余文興說之曰：「朝廷任用羣小，猜害忠賢，江、劉、徐、沈，君之所見，身雖魯、衞，亦不知滅亡何時。君今段之舉，有功亦死，無功亦死，欲何求所免。機不可失，今擁強兵，北取廣陵，收吳，楚勁卒，身舉州以相應，取大功如反掌耳。」慧景常不自安，聞言響應。

于時廬陵王長史蕭寅、司馬崔恭祖守廣陵城，慧景以寶玄事告恭祖。恭祖先無宿契，

口雖相和，心實不同。還以事告寅，共為閉城計。寅心謂恭祖與慧景同，謂曰：「廢昏立明，

人情所樂，寧可違拒。」恭祖猶執不同。俄而慧景至，恭祖閉門不敢出。慧景知其異己，泣

數行而去。

中兵參軍張慶延、明巖卿等勸慧景襲取廣陵，及密遣軍主劉靈運間行突入。慧景俄係

至，遂據其城。子覺至，仍使領兵襲京口。寶玄本謂大軍併來，及見人少，極失所望，拒覺，

擊走之。恭祖及覺精兵八千濟江。恭祖心本不同反，至蒜山，欲斬覺以軍降京口，事既不

果而止。

覺等軍器精嚴，柳憕、沈佚之等謂寶玄曰：[三]「崔護軍威名既重，乃誠可見，既已脣齒，

忽中道立異。彼以樂歸之衆，亂江而濟，誰能拒之。」於是登北固樓，並千蠟燭為烽火，舉以

應覺。帝聞變，以右衞將軍左興盛假節、督都下水陸衆軍。慧景停二日，便率大衆一時俱

濟江，趣京口，寶玄仍以覺為前鋒，恭祖次之，慧景領大都督為衆軍節度。東府、石頭、白

下、新亭諸城皆潰，左興盛走，不得入宮，逃淮渚荻船中，慧景禽殺之。慧景稱宣德皇后令，

廢帝為吳王。

時柳憕別推寶玄，恭祖為寶玄羽翼，不復承奉，慧景嫌之。巴陵王昭冑先逃人間，出投

慧景，意更向之，故猶像未知所立，此聲頗泄。憕、恭祖始貳於慧景。又恭祖勸慧景射火箭

燒北掖樓，慧景以大事垂定，後若更造，費用功多，不從其計。性好談義，兼解佛理，頓法輪

寺，對客高談，恭祖深懷怨望。

先是，衞尉蕭懿爲豫州刺史，自歷陽步道征壽陽，帝遣密使告之。懿率軍主胡松、李居

士等自采石濟岸，頓越城舉火，臺城中鼓叫稱慶。恭祖先勸慧景遣二千人斷西岸軍，令不

得度，慧景以城且夕降，外救自然應散，不許。恭祖請擊義師，又不許。乃遣子覺將精甲數

千人度南岸，義師昧旦進戰，覺大敗。慧景人情離沮。

恭祖頓軍興皇寺，於東宮掠得女妓，覺來逼奪，由是忿恨。其夜，崔恭祖與驍將劉靈運

詣城降。慧景乃將腹心數人潛去，欲北度江，城北諸軍不知，猶爲拒戰。城內出盪，殺數百

人，慧景餘衆皆奔。

慧景圍城凡十二日，軍旅散在都下，不爲營壘。及走，衆於道稍散，單馬至蟹浦，投漁

人太叔榮之。榮之故爲慧景門人，時爲蟹浦戍，謂之曰：「吾以樂賜汝，汝爲吾覓酒。」既而

爲榮之所斬，以頭內鰌籃中擔送都。

恭祖者，慧景宗人，驍果便馬矟，氣力絕人，頻經軍陣。討王敬則，與左興盛軍容袁文

曠爭敬則首，訴明帝曰：「恭祖禿馬絳衫，手刺倒敬則，故文曠得斬其首。以死易勳而見枉

奪。若失此勳，要當刺殺左興盛。」帝以其勇健，謂興盛曰：「何容令恭祖與文曠爭功。」慧景

平後，恭祖繫尚方，少時殺之。

覺弟偃，年十八便身長八尺，博涉書記，善蟲篆，爲始安內史，藏竄得免。和帝西臺立，以爲寧朔將軍。中興元年，詣公車尚書申冤，言多指斥，尋下獄死。

先是，東陽女子婁逞變服詐爲丈夫，粗知圍棊，解文義，徧游公卿，仕至揚州議曹從事。事發，明帝驅令還東。逞始作婦人服而去，歎曰：「如此之伎，還爲老嫗〔三四〕豈不惜哉。」此人妖也。陰而欲爲陽，事不果故泄，敬則、遙光、顯達、慧景之應也。舊史裴叔業有傳，事終于魏，今略之云。

論曰：光武功臣所以能終身名者，豈唯不任職事，亦以繼奉章、明，心存正嫡。王、陳拔迹奮飛，則建元、永明之運，身極鼎將，則建武、永元之朝。勳非往時，位躋昔等，禮授雖重，情分不交。加以主猜政亂，危亡慮及，舉手扞頭，人思自免。干戈既用，誠淪犯上之跡，敵國起於同舟，況又疎於此也。敬兒挾震主之勇，當鳥盡之運，內惑邪夢，跡涉覬覦，其至殲亡，亦其理也。慧景以亂濟亂，能無及乎。

校勘記

〔一〕 船須臾去 「去」字各本並脫，據南齊書補。

〔二〕 乃戎服入宮至承明門 「乃」上據南齊書當有「高帝」二字。「承明門」各本作「永明門」，「承」、「永」形近而譌，據南齊書改正。

〔三〕 材官薦易太極殿柱順帝欲避上不肯出宮遜位 「避上」各本作「避土」，惟大德本作「避上」。張元濟南史校勘記：「按上疑指齊高帝，下文『又逃宮內』，南齊書王敬則傳作『土』。」今按封建迷信之說，動土有忌，或「避土」之意指此。今兩存，以備參考。

〔四〕 悉評斂爲錢送臺庫以爲便宜 「評」通典食貨典作「課」。按南齊書此下載竟陵王子良啓曰：「今郡通課此直，悉以還臺。」疑作「課」是。

〔五〕 臣幾落此奴度內 「內」字各本並脫，據南齊書補。

〔六〕 下教判決 「判」各本作「制」，據南齊書改。

〔七〕 後遣蕭坦之將齋仗五百人行晉陵 「晉陵」南齊書作「武進陵」，是。

〔八〕 遣敬則世子仲雄入東 李慈銘南史札記：「『世』字衍。據南齊書言敬則長子元遜，則仲雄是次子，且敬則安得有世子？其下收敬則子有員外郎世雄而無仲雄。通鑑注云『此即敬則世子仲

雄也。仲世二字必有一誤」。今以敬則諸子之名推之，自以元、仲、季、幼、少爲次，不當有世雄，

且南史避世字。」

〔九〕敬則不作聲 「作」字各本並脫，據南齊書補。

〔一0〕封豐城侯 「豐城」各本作「彭城」，據南齊書改。宋書州郡志，江州豫章太守領豐城侯相。

〔一一〕後以太尉封鄱陽郡公爲三公事而職典連率 「封」各本作「判」，據通志改。

〔一二〕上欲悉除高武子孫 「子」各本作「諸」，今從李慈銘南史札記訂正。

〔一三〕數人擔之出泃水口 「泃」各本作「均」，今從王鳴盛十七史商榷六三校改。

〔一四〕黨同爲逆 「爲」字各本並脫，據通志補。

〔一五〕高帝以敬兒人位既輕不欲使便爲襄陽重鎮 「高帝」各本作「安帝」，今改正。

〔一六〕封襄陽縣侯部伍泊洄口 「縣」字「伍」字各本並脫，據南齊書補。

〔一七〕攘兵無所言 「攘兵無」三字各本並脫，據南齊書補。

〔一八〕攸之反遣使報敬兒 「反」各本作「乃」，惟南監本作「下」，據南齊書改。

〔一九〕偵攸之下當襲江陵 「偵」各本作「頓」，據通鑑改。

〔二0〕生子道門 「道門」南齊書作「道文」。

〔二一〕謂其妻嫂曰我拜後府開黃閣 「妻嫂」南齊書作「妓妾」。「府」南齊書作「應」。

〔二二〕 又於新林慈姥廟爲妾祈子祝神　「慈」字各本並脱，據南齊書補。

〔二三〕 柳憕沈佚之等謂寶玄曰　「憕」各本作「燈」，「之」各本並脱，據南齊書江夏王寶玄傳及通鑑改補。

〔二四〕 如此之伎還爲老嫗　「之」各本在「還」字下，據通志乙正。

南史卷四十六

列傳第三十六

李安人 子元履　戴僧靜　桓康　焦度　曹武 子世宗

呂安國　周山圖　周盤龍 子奉叔　王廣之 子珍國　張齊

李安人，蘭陵承人也。〔一〕祖嶷，衛軍參軍。〔二〕父欽之，辟令。

安人少有大志，常拊髀歎曰：「大丈夫處世，富貴不可希，取三將五校，何難之有。」隨父在縣，宋元嘉中，縣被魏剋，安人尋率部曲自拔南歸。

明帝時，稍遷武衛將軍，領水軍討晉安王子勛，所向剋捷。事平，明帝大會新亭樓，勞諸軍主。撝蒱官賭，安人五擲皆盧。帝大驚，目安人曰：「卿面方如田，封侯相也。」安人少時貧，有一人從門過，相之。曰：「君後當大富貴，與天子交手共戲。」至是，安人尋此人，不

知所在。

後為廣陵太守，行南兗州事。齊高帝在淮陰，安人遙相結事。元徽初，除司州刺史，領義陽太守。及桂陽王休範起事，安人遣軍援都。建平王景素起兵，安人破其軍於葛橋。景素誅，留安人行南徐州事。城局參軍王回素為安人所親，〔二〕盜絹二四。安人流涕謂曰：「我與卿契闊備嘗，今日犯王法，乃卿負我也。」於軍門斬之，厚為斂祭，軍府皆震服。轉東中郎司馬，行會稽郡事。時蒼梧縱虐，齊高帝憂迫無計。安人白高帝，欲於東奉江夏王躋起兵。高帝不許，乃止。

高帝即位，為中領軍，封康樂侯。自宋泰始以來，內外頻有賊寇，將帥以下，各募部曲，屯聚都下。安人上表，以為自非淮北常備，其外餘軍悉皆輸遣，若親近宜立隨身者，聽限人數。上納之，故詔斷衆募。時王敬則以勳誠見親，至於家國密事，上唯與安人論議。謂曰：「署事有卿名，我便不復細覽也。」

尋為領軍將軍。魏攻壽春至馬頭，詔安人禦之，魏軍退，安人沿淮進壽春。先是宋時亡命王元初聚黨六合山，僭大號。自云垂手過膝。州郡討不能禽，積十餘年。安人生禽之，斬建康市。

高帝崩，遺詔加侍中。武帝即位，為丹陽尹，遷尚書左僕射。安人時屢啟密謀見賞，又

善結尚書令王儉，故世傳儉啓有此授。尋上表，以年疾求退，爲吳興太守。於家載米往郡，時服其清。

吳興有項羽神護郡聽事，太守到郡，必須祀以軛下牛。屧上聽事，又於聽上八關齋。俄而牛死葬廟側，今呼爲李公牛冢。安人奉佛法，不與神牛，著展上聽事。安人尋卒，世以神爲祟。

謚肅侯。

子元履，幼有操業，甚閑政體，爲司徒竟陵王子良法曹參軍。與王融游狎，及王融誅，鬱林敕元履隨右衛將軍王廣之北征，密令於北殺之。廣之先爲安人所厚，又知元履無過，甚擁護之。會鬱林敗死，元履拜謝廣之，曰：「二十二載，父母之年，自此以外，丈人之賜也。」仕梁爲吳郡太守，度支尚書，衡、廣、青、冀四州刺史。

戴僧靜，會稽永興人也。少有膽力，便弓馬。事刺史沈文秀，俱被魏虜，後將家屬叛還淮陰。齊高帝撫畜，常在左右。後於都私齎錦出，事發，繫南兗州獄。高帝遣薛深餉僧靜酒食，〔四〕以刀子置魚腹中。僧靜與獄吏飲酒及醉，以刀刻械，手自折鎖，發屋而出，歸高帝。帝匿之齋內，以其家貧，年給穀千斛。

壯侯。

惶懼，無所不至。臣不敢奉敕。」上不答而心善之。

少，長史司馬捉之太急，忿不思難故耳。天子兒過誤殺人，有何大罪，今急遣軍西上，人情

永明八年，巴東王子響殺僚佐，武帝召僧靜使領軍向江陵。僧靜面啓上曰：「巴東王年

耕種，甚得荒情。後除南中郎司馬、淮南太守。武帝踐阼，出為北徐州刺史。買牛給貧人令

高帝即位，封建昌縣侯，位太子左衞率。

前軍將軍、寧朔將軍。

自亥至丑，有流星赤色照地墜城中，僧靜率力攻倉門，手斬粲於東門，外軍燒門入。以功除

曇瓘驍勇善戰，每盜一合，輒大殺傷，官軍死者百餘人。軍主王天生殊死拒戰，故得相持。

射書與烈，夜縋入城。粲登城西南門，列燭火坐，臺軍至射之，火乃滅。回登東門，其黨孫

沈攸之事起，高帝入朝堂，遣僧靜將腹心先至石頭經略袁粲。時蘇烈據倉城門，僧靜

街三頭，拍浮而還。

會魏軍至，僧靜應募出戰，單刀直前。魏軍奔退，又追斬三級。時天寒甚，乃脫衣，口

桓康，北蘭陵承人也。勇果驍悍。宋大明中，隨齊高帝爲軍容，從武帝在贛縣。泰始

初，武帝起義，爲郡所繫，衆皆散。康裝擔，一頭貯穆后，一頭貯文惠太子及竟陵王子良，自

負置山中。與門客蕭欣祖等四十餘人相結，破郡獄，出武帝。郡追兵急，康等死戰破之。隨

武帝起兵，摧堅陷陣，膂力絕人。所經村邑，恣行暴害，江南人畏之，以其名怖小兒，畫其形

於寺中。病瘧者寫形帖著牀壁，無不立愈。

後除襄賁令。桂陽王休範事起，康棄縣還都就高帝。會事已平，除員外郎。

元徽五年七月六日夜，少帝微行至領軍府，帝左右人曰：「一府皆眠，何不緣牆入？」帝

曰：「我今夕欲一處作適，待明日夜。」康與高帝所養健兒盧荒、向黑於門間聽得其語。明

旦，王敬則將帝首至，扣府門。康謂是變，與荒、黑拔白刃欲出，仍隨高帝入宮。

高帝鎮東府，除武陵王中兵、寧朔將軍，帶蘭陵太守，常衛左右。高帝誅黃回，回時爲

南兗州，部曲數千，欲收恐爲亂，召入東府，停外齋，使康數回罪，然後殺之。時人爲之語

曰：「欲俛張，問桓康。」除後軍將軍、直閣將軍、南濮陽太守。

建元元年，封吳平縣侯。高帝謂康曰：「卿隨我日久，未得方伯，亦當未解我意，正欲與

卿先共滅虜耳。」三年，魏軍動，康大破魏軍於淮陽。武帝即位，卒於驍騎將軍。

焦度字文績，〔五〕南安氐也。祖文珪，避難居仇池。宋元嘉中，裴方明平楊難當，度父

明與千餘家隨居襄陽，乃立天水郡略陽縣以居之。

度少有氣幹，便弓馬。孝武初，青州刺史顏師伯出鎮，臺差度領幢主送之，〔六〕與魏豹

皮公遇，交槊鬬，豹皮公憚地，禽其具裝馬，手殺數十人。師伯啟孝武，稱度氣力弓馬並絕

人，帝召還充左右。見度形狀，謂師伯曰：「此真健人也。」

補晉安王子勛夾轂隊主，隨鎮江州。子勛起兵，以度為龍驤將軍。為前鋒，所向無不

勝。事敗，逃宮亭湖為賊。朝廷聞其勇，甚患之。使江州刺史王景文誘降之。景文以為己

鎮南參軍，領中軍直兵，厚待之。

隨景文還都，常在府州內。景文被害夕，度大怒，勸景文拒命，景文不從，明帝不知也。

以度武勇，補晉熙王燮防閤，隨鎮夏口。武陵王贊代燮為郢州，度仍留鎮，為贊前軍參軍。

沈攸之事起，轉度中直兵。齊高帝又使假度輔國將軍、屯騎校尉，轉右將軍。

度容貌壯醜，皮膚若漆，質直木訥，口不能出言。晉熙王夾轂主周彥與度俱在郢州，彥

有左右人與度父同名，彥常呼其名使役之。度積忿，呵責彥曰：「汝知我諱『明』，而恒呼『明』

何也！」

及在郢城，尤爲沈攸之所忿。

樓上肆言罵辱攸之，至自發露形體穢辱之，故攸之怒，改計攻城。度親力戰，攸之衆蒙楯將

登，度令投以穢器，賊衆不能冒，後呼此樓爲焦度樓。事寧，度功居多，封東昌縣子、東宮直

閤將軍。還都，爲貴戚追斂郢城時襄露穢褻之事，其戇如此。

爲人朴澀，欲就高帝求州，比及見。帝以其不閑政事，竟不用。後求竟陵

郡，不知所以置辭，親人授之辭百餘言，度習誦數日，皆得上口。會高帝履行石頭城，度於

大衆中欲自陳，臨時卒忘所教，乃大言曰：「度啓公，度啓公，度無食。」帝笑曰：「卿何憂無

食。」即賜米百斛。建元四年，乃除淮陵太守。[七]性好酒，醉輒暴怒，上常使人節之。年雖

老而氣力如故，除游擊將軍，卒。

曹武字士威，[六]下邳人也。本名虎頭。齊高帝鎮東府，使武與戴僧靜各領白直三百

人。後爲屯騎校尉，帶南城令。石頭平，封羅江縣男。及高帝受禪，改封監利縣。武帝即

位，累遷驍騎將軍。帝以虎頭名鄙，敕改之。鬱林即位，進號前將軍。隆昌元年，爲雍州刺

史。建武二年，進爵爲侯。東昏即位，爲前將軍、鎮軍司馬。永元元年，始安王遙光反，武

領軍屯青溪大橋，事寧，轉散騎常侍、右衞將軍。

武形幹甚毅，善於誘納。晚節在雍州，致見錢七千萬，皆厚輪大郭，他物稱是，馬八百

僕妾蔬食，膳無膏腴。嘗爲梅蟲兒、茹法珍設女伎，金翠曜眼，器服精華，蟲兒等因是

四。

欲誣而奪之。

人傳武每好風景，輒開庫招拍張武戲。[六]帝疑武舊將領，兼利其財，新除未及拜，遇

及收兵至，歎曰：「諸人知我無異意，所以殺我，政欲取吾財貨伎女耳。恨令衆輩見

誅。」諸子長成者皆見誅，唯子世宗兄弟三人未冠，繫尚方，梁武帝兵至得免。

武雖武士，頗有知人鑒。梁武及崔慧景之在襄陽，于時崔方貴盛，武性儉嗇，無所餉

遺，獨饋梁武，謂曰：「卿必大貴，我當不及見，今以弱子相託。」每密送錢物幷好馬。時帝在

戎多乏，就武換借，未嘗不得，遂至十七萬。及帝即位，忘其惠。天監二年，帝忽夢如田塍

下行，兩邊水深無底，夢中甚懼。忽見武來負，武帝得過，曰：「卿今爲天下主，乃爾忘我顧

託之言邪？我兒飢寒無依，[一○]昔所換十七萬，可還其市宅。」帝覺，卽使主書送錢還之，使

用市宅。子世澄、世宗並蒙抽擢，三二年間，迭爲大郡。歷位太子左衞率，卒，贈左散騎常侍、左衞將

世宗性嚴明，頗識兵勢，末逐封侯富顯。

軍，謚曰壯侯。

呂安國，廣陵人也。宋大明末，以將領重見任，隱重有幹局，爲劉勔所稱。泰始二年，爲勔軍副，征殷琰，以功封鍾武縣男。累遷兗州刺史。及沈攸之事起，齊高帝以安國爲湘州刺史。建元元年，進爵爲侯，轉右衛將軍，加給事中。後改封湘鄉侯。武帝卽位，累遷光祿大夫，加散騎常侍。

安國欣有文授，謂其子曰：「汝後勿袴褶驅使，單衣猶恨不稱，當爲朱衣官也。」歷都官尚書，太子左率，領軍將軍。安國累居將率，在朝以宿舊見遇。尋遷散騎常侍、金紫光祿大夫，給扶。永明八年卒，諡肅侯。

周山圖，字季寂，義興義鄉人也。家世寒賤，年十五六，氣力絕衆，食噉恒兼數人。鄉里獵戲集聚，常爲主帥，指麾處分皆見從。不事產業，恒願爲將，雖勇健而不閑弓馬。於書題甚拙，謹直少言，不嘗說人短長。與人周旋，皆白首不異。

宋元嘉二十七年，魏軍至瓜步，臺符取健兒，山圖應募，領白衣隊主。軍功除員外郎，

加振武將軍。及鎮軍將軍張永侵魏，山圖領二千人迎運至武原〔二〕為魏軍所追，合戰多傷殺，魏軍稱其勇，呼為武原將。及永軍大敗，山圖收散卒，守下邳城。還除給事中、冗從僕射、直閤將軍。

山圖好酒多失，明帝數加怒誚，後遂自改。累遷淮南太守。時盜發桓溫家，大獲寶物，客竊取以遺山圖。山圖不受，簿以還官。遷左中郎將。

齊高帝輔政，山圖密啟沈攸之久有異圖，宜為之備。帝笑而納之。攸之事起，武帝為西討都督，啟山圖為軍副。攸之攻郢城，武帝令山圖量其形勢。山圖曰：「攸之為人，性度險刻，無以結固士心。如頓兵堅城之下，適所以為離散之漸耳。」及攸之敗，高帝謂曰：「周公前言，可謂明於見事矣。」

建元元年，封晉興縣男。武帝踐阼，遷竟陵王鎮北司馬，帶南平昌太守。以盆城之舊，出入殿省，甚見親信。義鄉縣長風廟神姓鄧，先經為縣令，死遂發靈，山圖啟乞加神位輔國將軍。上答曰：「足狗肉便了事，何用階級為。」

轉黃門郎，領羽林監四廂直衛。山圖於新林立墅舍，晨夜往還。上謂曰：「卿罷萬人都督而輕行郊外，自今往墅可以仗身自隨，以備不虞。」及疾，上手敕問疾。尋卒，年六十四。

周盤龍，北蘭陵人也。膽氣過人，尤便弓馬。宋泰始中，以軍功封晉安子。元徽二年，

桂陽構難，盤龍時為冗從僕射，隨齊高帝頓新亭。稍至驍騎將軍，改封沌陽侯。

高帝即位，進號右將軍。建元元年，魏攻壽春，以盤龍為軍主、假節，助豫州刺史垣崇

祖拒魏，大破之。上聞之喜，下詔稱美，送金釵以二十枚與其愛妾杜氏。手敕曰：「餉周公

阿杜。」

明年，魏攻淮陽，圍角城。先是，上遣軍主成買戍角城，辭於王儉曰：「今段之行，必以

死報。衡門蓬戶，不朱斯白。小人弱息當得一子。」儉問其故，答曰：「若不殺賊，便為賊殺。

弱息不為世子，便為孝子，孝子則門加素堊，世子則門施丹赭。」至是買被圍，上遣領軍將軍

李安人救之，敕盤龍率馬步下淮陽就李安人。[三] 買與魏拒戰，手所傷殺無數。晨起手中

忽有數升血，其日遂戰死。首見斬，猶尸據鞍奔還軍然後僵。

盤龍子奉叔單馬率二百餘人陷陣，魏軍萬餘騎張左右翼圍之。一騎走還報奉叔已沒，

盤龍方食，棄筯。馳馬奮矟，直奔魏陣，自稱「周公來」。魏人素畏盤龍驍名，莫不披靡。時

奉叔已大殺魏軍，得出在外，盤龍不知，乃東西觸擊，魏軍莫敢當。奉叔見其父久不出，復

躍馬入陣，父子兩騎縈攪數萬人，魏軍大敗。盤龍父子由是名播北國。形甚羸而臨軍勇

呆,諸將莫逮。

永明五年,為大司馬,〔三〕加征虜將軍、濟陽太守。武帝數講武,嘗令盤龍領馬軍,校騎驍猍。後以疾,為光祿大夫。

尋出為兗州刺史,進爵為侯。角城戍將張蒲與魏潛通,因大霧乘船入清中採樵,載魏人直向城東門,坐為有司所奏,詔白衣領職。八坐尋奏復位,加領東平太守。盤龍表年老才弱,不可鎮邊,求解職,見許。

還為散騎常侍,光祿大夫。武帝戲之曰:「卿著貂蟬,何如兜鍪?」盤龍曰:「此貂蟬從兜鍪中生耳。」尋病卒,年七十九。

子奉叔,勇力絕人,少隨盤龍征討,所在暴掠。為東宮直閤將軍。鬱林在西州,奉叔密得自進,及卽位,與直閤將軍曹道剛為心膂。奉叔善騎馬,帝從其學騎,尤見親寵,得入內,無所忌憚。陵轢朝士,就司空王敬則換米二百斛,敬則以百斛與之,不受。敬則大懼,乃更餉二百斛幷金鈴等物。〔四〕敬則有一內妓,帝令奉叔求。奉叔不通逕前,從者執單刀皆半拔,敬則跣走入內。既而自計不免,乃出,遙呼奉叔曰:「弟那忽能顧?」奉叔宣旨求妓意,乃得釋。與綦母珍、曹道剛、朱隆之共相脣齒,煽弄威權。奉叔常翼單刀二十口,出入禁闥,

既無別詔，門衞莫敢訶。每語人云：「周郎刀不識君。」求武帝御角及輿，幷求御仗以給左右。事無不從。又求黃門郎，明帝作輔，固執不能得，乃令蕭諶、蕭坦之說帝出奉叔爲外鎭，樹腹心。又說奉叔以方伯之重，奉叔納其言。隆昌元年，出爲青、冀二州刺史。奉叔就帝求千戶侯，帝許之。明帝以爲不可。忽謂蕭諶曰：「若不能見與千戶侯，不復應減五百戶，不爾，周郎當就刀頭取辦耳。」既而封曲江縣男，奉叔大怒，於衆中攘刀，厲目切齒。明帝說諭乃受。及將之鎭，明帝慮其不可復制，因其早入，引往後堂，執送廷尉盡之。

王廣之字士林，一字林之，沛郡相人也。少好弓馬，便捷有勇力。初爲馬隊主，隨劉勔征殷琰。兵既盛而合肥戍又阻兵爲寇。勔宣令軍中求征合肥者，以大郡賞之。廣之曰：「若得將軍所乘馬，刣能制之。」勔幢主皇甫肅謂勔曰：「廣之敢奪節下馬，可斬。」勔曰：「觀其意必能立功。」即推鞍下馬與之。及行，合肥果拔，勔大賞之，即擢爲軍主。廣之於勔前謂肅曰：「節下若從卿言，非唯斬壯士，亦自無以平賊。卿不賞才乃至此邪！」廣之由此知名。初封蒲圻子。肅有學術，善舉止，廣之亦雅相推慕。勔亡後，肅更依廣之，廣之盛相賞接，啓武帝以爲東海太守，不念舊惡如此。

廣之後以征伐功，位給事中、冠軍將軍，改封寧都縣子。齊高帝廢蒼梧，出廣之為徐州刺史、鍾離太守。沈攸之事起，廣之留都下，豫平石頭，仍從高帝頓新亭。高帝誅黃回，回弟驅及從弟馬、兄子奴亡逸。高帝與廣之書曰：「黃回雖有微勳，而罪過轉不可容。近逐啟請御大小二與為刺史服飾，吾乃不惜為其啟聞，政恐得興復求畫輪車。此外罪不可勝數，弟自悉之。今啟依法。」令廣之於江西搜捕驅等。

建元元年，進爵為侯。武帝即位，累遷右衛將軍，散騎常侍，前軍將軍。延興元年，為豫州刺史，豫廢鬱林。後拜鎮南將軍、江州刺史，進應城縣公。建武中，位侍中、鎮軍將軍，給扶。後卒，贈車騎將軍，諡壯公。[一五]

子珍國字德重，仕齊為南譙太守，有能名。時郡境苦饑，乃發米散財以振窮乏。高帝手敕云：「卿愛人活國，甚副吾意。」

永明初，遷桂陽內史，討捕賊盜，境內肅清。罷任還都，路經江州，刺史柳世隆臨渚餞別，見珍國還裝輕素，歎曰：「此真良二千石也。」還為大司馬中兵參軍。武帝雅相知賞，謂其父廣之曰：「珍國應堪大用，卿可謂老蚌也。」廣之曰：「臣不敢辭。」帝大笑。帝每歎曰：「晚代將家子弟如珍國者少矣。」累遷游擊將軍，父憂去職。

建武末，魏軍圍司州，明帝使徐州刺史裴叔業攻拔渦陽，以爲聲援，起珍國爲輔國將軍

助焉。魏將楊大眼大衆奄至，叔業懼，棄軍走。珍國率其衆殿，故不至大敗。及會稽太守

王敬則反，珍國又率衆拒之。永元中，爲北徐州刺史，將軍如故。

梁武起兵，東昏召珍國以衆還都，使出屯朱雀門，爲王茂所敗。乃入城，密遣郗纂奉明

鏡獻誠於梁武帝，帝斷金以報之。時侍中、衞尉張稷都督衆軍，珍國潛結稷腹心張齊要

稷，稷許之。十二月丙寅旦，珍國引稷於衞尉府勒兵入自雲龍門，殺東昏於內殿，與稷會尚

書僕射王亮等於西鍾下，使國子博士范雲等奉東昏首歸梁武。

後因侍宴，帝曰：「卿明鏡尚存，昔金何在？」珍國曰：「黃金謹在臣肘，不敢失墜。」歷位

左衞將軍，加散騎常侍，封灄陽侯。遷都官尚書。初，珍國自以廢殺東昏，意望台鼎。先是

出爲梁、秦二州刺史，心常鬱快，酒後於坐啓云：「臣近入梁山便哭。」帝大驚曰：「卿若哭東

昏則已晚，若哭我，我復未死。」珍國起拜謝，竟不答，坐卽散，因此疎退，久方有此進。

天監五年，魏任城王澄攻鍾離，帝遣珍國爲援，因問討賊方略。對曰：「臣常患魏衆少，

不苦其多。」武帝壯其言，乃假節與衆軍同赴。魏軍退，班師。又出爲南秦、梁二州刺史，會

梁州長史夏侯道遷以州降魏，珍國步道出魏興，將襲之，不果，遂留鎮焉。改封宜陽縣侯，

累遷丹陽尹。卒，贈車騎將軍，諡曰威。子僧度嗣。

張齊字子嶋，馮翊郡人。少有膽氣。初事荊州司馬垣歷生，歷生酗酒，遇下嚴酷，不禮之。及吳郡張稷爲荊府司馬，齊復從之，甚見重，以爲腹心。齊盡心事稷，稷爲南兗州，擢爲府中兵參軍。

梁武帝起兵，東昏徵稷歸，都督宮城諸軍事。齊夜引珍國就稷，齊手殺焉。武帝受禪，封齊安昌侯，位歷陽太守。齊手不知書，目不識字，在郡清整，吏事甚修。

天監四年，魏將王足攻蜀，圍巴西，帝以齊爲輔國將軍救蜀，未至，足退。齊進戍南安，遷巴西太守。〔二六〕

初，南鄭沒于魏，乃於益州西置南梁州。州鎮草創，皆仰益州取足。齊上夷獠義租，得米二十萬斛。

十一年，進假節，督益州外水諸軍。齊在益部累年，討擊蠻獠，身無寧歲。其居軍中，能身親勞辱，與士卒同勤苦，自頓舍城壘皆委曲得其便。調給衣糧資用，人無困乏。既爲物情所歸，蠻獠亦不敢犯，是以威名行於庸蜀。

巴西郡居益州之牛，又當東道衝要，刺史經過，軍府遠涉多窮匱。齊緣路聚糧食，種蔬

榮，行者皆取給焉。歷南梁州刺史。遷信武將軍、征西鄱陽王司馬、新興永寧二郡太守，未發卒，諡曰壯。

論曰：宋氏將季，亂離日兆，家懷逐鹿，人有異圖。高帝觀釁深視，將符興運。李安人、戴僧靜、桓康、焦度、曹武、呂安國、周山圖、周盤龍、王廣之等，或早見誠款，或備盡心力，或受委方面，或功成麾下，其所以自致榮寵，夫豈徒然，蓋亦驗人心之有歸，樂推之非妄也。語云：「勇而無禮則亂。」觀夫奉叔取進之道，不亦幾於亂乎。其致屠戮，亦其宜矣。珍國明鏡雖在，而斷金莫驗，報罵之義，理則宜然，台輔之冀，其何爽也。張齊人位本下，志望易充，績宣所莅，其殆優也。

校勘記

〔一〕李安人蘭陵承人也　「安人」本字「安民」，此避唐諱改，南齊書有李安民傳。

〔二〕祖疑衛軍參軍　「參軍」各本作「將軍」，據南齊書改。

〔三〕城局參軍王回素爲安人所親　「王回素」南齊書作「王迴素」，太平御覽二九六引、册府元龜四

○一皆作「王迴素」。

〔四〕高帝遣薛深餉僧靜酒食 「薛深」即「薛淵」，此避唐諱改。

〔五〕焦度字文績 「文績」南齊書作「文續」。

〔六〕青州刺史顏師伯出鎮臺差度領幢主送之 「臺差」各本作「滑臺」，據南齊書改。

〔七〕乃除淮陵太守 「淮陵」各本作「淮陽」。據南齊書改。按州郡志南徐州領郡無「淮陽」，有「淮陵」。

〔八〕曹武字士威 「武」本字「虎」，此避唐諱改。南齊書有曹虎傳。

〔九〕輒開庫招拍張武戲 南齊書作「輒開庫拍張向之」。

〔10〕我兒飢寒無依 「依」各本作「衣」，據冊府元龜八九三改。

〔一一〕山圖領二千人迎運至武原 「運」南齊書同。太平御覽四三五引、冊府元龜三九二、三九五並作「軍」。疑作「軍」是。

〔一二〕至是買被圍上遣領軍將軍李安人救之敕盤龍率馬步下淮陽就李安人 「淮陽」南齊書作「淮陰」，是。按時魏軍攻淮陽，圍角城，而李安民大軍則在淮陰也。淮陽、角城在淮水北，淮陰在淮水南。

〔一三〕為大司馬 「大司馬」下當有脫文，蓋為大司馬府僚。時豫章王嶷為大司馬。參錢大昕廿二

史考異。

〔一四〕乃更餉二百斛幷金鈴等物　「金鈴」通志作「金鈴」。

〔一五〕諡壯公　「壯公」南齊書作「莊公」。

〔一六〕遷巴西太守　「巴西」各本作「巴郡」，據梁書改。按下云「巴西郡居益州之半」，明此「巴郡」爲誤。

列傳第三十七

荀伯玉　崔祖思 祖思叔父景眞　景眞子元祖　祖思宗人文仲

蘇侃　虞悰　胡諧之 范柏年　虞玩之　劉休

江祏 劉暄

荀伯玉字弄璋，廣陵人也。祖永，南譙太守。父闡之，給事中。伯玉仕宋為晉安王子勛鎮軍行參軍。泰始初，隨子勛舉事。及事敗還都，賣卜自業。伯玉為高帝冠軍刑獄參軍。高帝為宋明帝所疑，被徵為黃門郎，深懷憂慮，見平澤有羣鶴，仍命筆詠之曰：「八風儛遙翮，九野弄清音，一摧雲間志，為君苑中禽。」以示伯玉深指，伯玉勸高帝遣數十騎入魏界，安置標榜。魏果遣游騎數百履行界上，高

齊高帝鎮淮陰，

帝以聞。猶懼不得留，令伯玉占。伯玉言不成行，而帝卒復本任。由是見親待。高帝有故

吏東莞竺景秀嘗以過繫作部，高帝謂伯玉：「卿比看景秀不。」答曰：「數往候之，備加責誚，

云『若許某自新，必吞刀刮腸，飲灰洗胃』。」帝善其答，卽釋之，卒爲忠信士。

後隨高帝還都，除奉朝請。高帝使主家事。武帝罷廣興還，立別宅，遣人於大宅掘樹數

株，伯玉不與，馳以聞。高帝善之。

高帝爲南兗州，伯玉從轉鎮軍中兵參軍，帶廣陵令。初，高帝在淮陰，伯玉假還廣陵，

夢上廣陵城南樓，上有二青衣小兒語伯玉云：「草中肅，九五相追逐。」伯玉視城下人頭皆有

草。泰始七年，又夢高帝乘船在廣陵北渚，兩腋下有翅不舒。伯玉問何當舒，帝曰：「却後

三年。」伯玉夢中自謂是呪師，凡六唾呪之，有六龍出，兩腋下翅皆舒，還復斂。元徽二年，

而高帝破桂陽，威名大震，五年而廢蒼梧，謂伯玉曰：「卿夢今且效矣。」

昇明初，[一]仍爲高帝驃騎中兵參軍，帶濟陽太守。霸業旣建，伯玉忠勤盡心，常衞左

右，加前將軍，大見委信。齊建元元年，封南豐縣子，爲豫章王司空諮議，太守如故。

時武帝在東宮，自以年長，與高帝同創大業，朝事大小悉皆專斷，多違制度。左右張景

眞偏見任遇，又多僭侈。武帝拜陵還，景眞白服乘畫舼，坐胡牀。觀者咸疑是太子，內外

祇畏，莫敢有言者。驍騎將軍陳胤叔先已陳景眞及太子前後得失，伯玉因武帝拜陵之後，

密啓之，上大怒。

豫章王嶷素有寵，政以武帝長嫡，又南郡王兄弟並列，故武帝爲太子，至是有改易之意。武帝東還，遣文惠太子、聞喜公子良宣敕詰責，[二]并示以景眞罪狀，使以太子令收景眞殺之。胤叔因白武帝，皆言伯玉以聞。武帝憂懼，稱疾月餘日。上怒不解，晝臥太陽殿，王敬則直入叩頭，啓請往東宮以慰太子。高帝無言，敬則因大聲宣旨往東宮，命裝束。又敕太官設饌，密遣人報武帝，令奉迎。因呼左右索輿，高帝了無動意。敬則索衣以衣高帝，仍牽上輿。遂幸東宮，召諸王宴飲，因游玄圃園。長沙王晃捉華蓋，臨川王映執雉尾扇，聞喜公子良持酒鎗，南郡王行酒，武帝與豫章王嶷及敬則自捧肴饌。高帝飲，賜武帝以下酒，並大醉盡歡，日暮乃去。是日微敬則，則東宮殆廢。

高帝重伯玉盡心，愈見信任，使掌軍國密事，[三]權動朝右。每暫休外，軒蓋塡門。嘗遭母憂，成服日，左率蕭景先、侍中王晏共載弔之。五更便巾車，[四]未到伯玉宅二里許，王侯朝士已盈巷，至下鼓尚未得前，司徒褚彥回、衞軍王儉俱進繼後方得前，又倚聽事久之。中詔遣中書舍人徐希秀斷哭止客，久方得弔。比出，二人飢乏，氣息惙然，切齒形于聲貌。明日入宮，言便云：「臣等所見二宮門及齋閣方荀伯玉宅，政可設雀羅。」續復言：「外論云，千敕萬令，不如荀公一命。」

武帝深怨伯玉，高帝臨崩，指伯玉以屬武帝。[五]武帝卽位，伯玉憂懼。上聞之，以其與

垣崇祖善，崇祖田業在江西，慮相扇爲亂，加意撫之，伯玉乃安。永明元年，與崇祖並見誣

伏誅，而胤叔父爲太子左率。呂文顯歎曰：「伯玉能謀太祖而不能自謀，豈非天哉。」

初，伯玉微時，有善相墓者謂其父曰：「君墓當出暴貴者，但不得久耳，又出失行女子。」

伯玉聞之曰：「朝聞道，夕死可矣。」頃之，伯玉姊當嫁，明日應行，今夕逃隨人去，家尋求不

能得。後遂出家爲尼。伯玉卒敗亡。

秀才。

崔祖思字敬元，清河東武城人，魏中尉琰七世孫也。祖諲，宋冀州刺史。父僧護，州

坐。護之曰：「唐堯聖人而與蘇侯神共坐，今欲正之何如」？祖思曰：「使君若清蕩此坐，則是

堯廟重去四凶。」由是諸雜神並除。

祖思少有志氣，好讀書。年十八，爲都昌令，隨青州刺史垣護之入堯廟，廟有蘇侯神偶

齊高帝在淮陰，祖思聞風自結，爲上輔國主簿，甚見親待，參豫謀議。宋朝初議封高帝

爲梁公，祖思啓高帝曰：「讖云『金刀利刃齊刈之』。今宜稱齊，實應天命。」從之。自相國從

事中郎遷齊國內史。

高帝既為齊王，置酒為樂，羹膾既至，祖思曰：「此味故為南北所推。」侍中沈文季曰：

「羹膾吳食，非祖思所解。」祖思曰：「炰鱉鱠鯉，似非句吳之詩。」文季曰：「千里蓴羹，豈關

魯、衞。」帝甚悅，曰：「蓴羹故應還沈。」

帝之輔政，衆議將加九錫，內外皆贊成之，祖思獨曰：「公以仁恕匡社稷，執股肱之義。

君子愛人以德，不宜如此。」帝聞而非之，曰：「祖思遠同荀令，豈孤所望也。」由此不復處任

職之官，而禮見甚重。垣崇祖受密旨參訪朝臣，光祿大夫垣閎曰：「身受宋氏厚恩，復蒙明

公眷接，進不敢同，退不敢異。」祖思又曰：「公退讓誠節，故宜受之以禮。」次問冠軍將軍崔

文仲，文仲問崇祖曰：「卿意云何？」對曰：「聖人云『知幾其神』。」又云『見幾而作』。」文仲撫髀

曰：「政與吾意同。」崇祖具說之。及帝受禪，闓存故爵，文仲、崇祖皆封侯，祖思加官而已。

除給事中、黃門侍郎。

武帝即位，祖思啓陳政事，以為：「自古開物成務，必以教學為先。宜太廟之南，弘修文

序，司農以北，廣開武校。」又曰：「劉備取帳鉤銅鑄錢，以充國用；〔六〕魏武遣女卓帳，婢十

人；東阿婦以繡衣賜死，王景興以折米見誚；宋武節儉過人，張妃房唯碧綃蚊幬、三齊茈席、

五盞盤桃花米飯，殷仲文勸令畜伎，答云：『我不解聲。』仲文曰：『但畜自解。』又答：『畏解

故不畜。』歷觀帝王，未嘗不以約素興侈麗亡也。伏惟陛下體唐成儉，踵虞為樸，寢殿則素

木卑構，膳器則陶瓢充御。瓊簪玉笏，碎以爲塵，珍裘繡服，焚之如草。宜察朝士有柴車蓬館，高以殊等，馳禽荒色，長違清編，則調風變俗，不俟終日。」又曰：「憲律之重，由來尚矣。實宜清置廷尉，茂簡三官。漢來習律有家，子孫並傳其業。今廷尉律生，乃令史門戶，刑之不厝，抑此之由。」又曰：「案前漢編戶千萬，太樂伶官方八百二十九人，孔光等奏罷不合經法者四百四十一人，正樂定員唯置三百八十八人。今戶口不能百萬，而太樂雅鄭，元徽時校試千有餘人，後堂雜伎不在其數。廢費力役，傷敗風俗。今欲撥邪歸道，莫若罷雜伎，王庭唯置鍾簴羽戚登歌而已」。上詔報答。

後爲青、冀二州刺史，在政清勤，而謙卑下士，言議未嘗及時事，上更以敬重之。未幾卒，上深加歎惜。

立祠。

祖思叔父景真，位平昌太守，有惠政，常懸一蒲鞭而未嘗用。去任之日，土人思之爲

子元祖有學行，好屬文，仕至射聲校尉。武帝取爲延昌主帥。從駕至何美人墓，上爲悼亡詩，特詔元祖使和，稱以爲善。

永明九年，魏使李道固及蔣少游至。元祖言臣甥少游有班、倕之功，今來必令模寫宮掖，未可令反。上不從。少游果圖畫而歸。

元祖歷位驍騎將軍，出為東海太守。上每思之，時節恒賜手敕，賞賜有加。時青州刺史張沖啓：「淮北頻歲不熟，今秋始稔。此境鄰接戎寇，彌須沃實，乞權斷穀過淮南。」而徐、兗、豫、司諸州又各私斷穀米，不聽出境，自是江北荒儉，有流亡之弊。元祖乃上書，謂宜豐儉均之。書奏見從。

祖思宗人文仲，位徐州刺史，封建陽縣子，在政為百姓所懼。除黃門侍郎，領越騎校尉，徙封隨縣。嘗獻高帝纏鬚繩一枚，上納受。後卒於汝陰太守，贈徐州刺史，諡襄子。

蘇侃字休烈，武邑人也。祖護，本郡太守。父端，州中從事。

侃涉獵書傳，薛安都反，引侃為其府參軍，使掌書記。侃自拔南歸，齊高帝在淮上，便自委結。高帝鎮淮陰，取為冠軍錄事參軍。

時高帝在兵久見疑，乃作塞客吟以喻志曰：

寶緯裄宗，神經淡序，[七]德晦河、晉，曆宣江、楚。[八]雲雷兆壯，天山縣武。直髮

指秦關，凝精越漢渚。秋風起，塞草衰，鵾鴻思，邊馬悲。平原千里顧，但見轉蓬飛。星

嚴海淨，月澈河明，清暉映幕，素液凝庭。金笳夜厲，羽轡晨征。幹晴潭而悵泗，[九]柑

松洲而悼情。蘭涵風而寫豔，菊籠泉而散英。曲繞首燕之歡，吹輘絕越之聲。欻園琴

之孤弄，想庭藿之餘馨。青關望斷，白日西斜，恬源靚霧，壟首暉霞。戒旋鵾，躍還波。

情縣縣而方遠，思裊裊而逾多。粵擊秦中之筑，因爲塞上之歌。歌曰：朝發兮江泉，日

夕兮陵山。驚颮兮澗汨，淮流兮潺湲。胡埃兮雲聚，楚旆兮星懸。愁墉兮思宇，惻愴

兮何言。定寰中之逸鑒，審雕陵之迷泉。悟樊籠之或累，恨退心以栖玄。

倪達高帝此旨，更自勤厲，遂見委以府事。[一〇]深被知待。後爲帝太尉諮議。侃事高帝既久，備悉起居，乃與丘

軍主，從頓新亭，使分金銀賦賜將士。桂陽之難，帝以侃爲平南錄事，領

巨源撰蕭太尉記，載帝征伐之功。封新建縣侯。

齊臺建，爲黃門郎，領射聲校尉，任以心膂。帝即位，侃撰聖皇瑞命記一卷，奏之。建

元元年卒，上惜之甚至，諡質侯。

虞悰字景豫，會稽餘姚人也。祖嘯父，晉左戶尚書。父秀之，黃門郎。

悰少以孝聞，父病不欲見人，雖子弟亦不得前，時悰年十二三，晝夜伏戶外間內豎消息。問未知，轉鳴咽流涕，如此者百餘日。及亡，終喪日唯食麥䬣二枚。仕宋位黃門郎。宋明帝誅山陽王休祐，至葬日，寒雪厚三尺，故人無至者，唯悰一人來赴。齊建元初，為太子中庶子，累遷豫章內史。

初，齊武帝始從宦，家尚貧薄，悰數相分遺。每行必呼帝同載，帝甚德之。

悰家富於財而善為滋味，豫章王嶷盛饌享賓，謂悰曰：「肴羞有所遺不？」悰曰：「何曾食疏有黃頷臛，恨無之。」累遷太子右率。永明八年大水，百官戎服救太廟，悰朱衣乘車鹵簿，於宣陽門外入行馬內驅逐人，被奏見原。上以悰布衣之舊，從容謂悰曰：「我當令卿復祖業。」轉侍中，朝廷咸驚其美。遷祠部尚書。武帝幸芳林園就悰求味，悰獻粣及雜肴數十輿，太官鼎味不及也。上就悰求諸飲食方，悰祕不出。上醉後體不快，悰乃獻醒酒鯖鮓一方而已。

鬱林王立，兼大匠卿，起休安陵，於陵所受局下牛酒，坐免官。隆昌元年，以白衣領職。鬱林廢，悰竊歎曰：「王、徐遂縛袴廢天子，天下豈有此理耶？」延興元年，領右軍。明帝立，悰稱疾不陪位。帝使尚書令王晏齎廢立事示悰，以悰舊人，引參佐命。悰謂晏曰：「主上聖

明，公卿勠力，寧假朽老以匡贊惟新乎，不敢聞命。」衆議乃止。

曰：「此亦古之遺直。」衆議乃止。

惊稱疾篤還東，詔賜假百日。轉給事中、光祿大夫，尋加正員常侍，卒。惊性敦實，與

人知識，必相存訪，親疏皆有終始，世以此稱之。

胡諧之，豫章南昌人也。祖廉之，書侍御史。父翼之，州辟不就。

諧之仕宋爲邵陵王左軍諮議。齊武帝爲江州，以諧之爲別駕，委以事任。

建元二年，爲給事中、驍騎將軍。上方欲獎以貴族盛姻，以諧之家人語僕音不正，乃遣

宮內四五人往諧之家教子女語。二年後，帝問曰：「卿家人語音已正未？」諧之答曰：「宮人

少，臣家人多，非唯不能得正音，遂使宮人頓成僕語。」帝大笑，偏向朝臣說之。

永明五年，爲左衛將軍，加給事中。諧之風采璪潤，善自居處，兼以舊恩見遇，朝士多

與交游。六年，遷都官尚書。上欲遷諧之，嘗從容謂曰：「江州有幾侍中邪？」答曰：「近世唯

程道惠一人而已」。上曰：「當令有二」。後以語尚書令王儉，儉意更異，乃以爲太子中庶子，

領左衛率。

諧之有識具,每朝廷官缺及應遷代,密量上所用人,皆如其言。虞悰以此稱服之。既居權要,多所徵求。就梁州刺史范柏年求佳馬,柏年患之,謂使曰:「馬非狗子,那可得為應無極之求。」接使人薄,使人致恨歸,謂諧之曰:「柏年云,胡諧是何傒狗,無厭之求。」諧之切齒致忿。時王玄邈代柏年,柏年稱疾推遷不時還。諧之言於帝曰:「柏年恃其山川險固,聚衆欲擅一州。」及柏年下,帝欲不問,諧之又言:「見獸格得而放上山。」於是賜死。

十年,諧之轉度支尚書,領衛尉。明年卒,諡肅侯。

柏年本梓潼人,土斷屬梁州華陽郡。初為州將,劉亮使出都諮事,見宋明帝。帝言次及廣州貪泉,因問柏年:「卿州復有此水不。」答曰:「梁州唯有文川、武鄉、廉泉、讓水。」又問:「卿宅在何處?」曰:「臣所居廉讓之間。」帝嗟其善答,因見知。歷位內外,終於梁州刺史。

虞玩之字茂瑤,會稽餘姚人也。祖宗,晉尚書庫部郎。父玫,通直常侍。玩之少閑刀筆,汎涉書史。仕宋為烏程令。路太后外親朱仁彌犯罪,玩之依法案之。太后怨訴孝武,坐免官。

元徽中，為尚書右丞。齊高帝參政，與玩之書曰：「張華為度支尚書，事不徒然。今漕藏有闕，吾賢居右丞，已覺金粟可積也。」玩之上表，陳府庫錢帛，器械役力，所懸轉多，興用漸廣，慮不支歲月。〔二〕朝議優報之。高帝鎮東府，朝廷致敬，玩之為少府，猶躡屐造席。高帝取屐親視之，訛黑斜銳，蔆斷以芒接之，著已三十年。〔三〕貧士竟不辦易。問曰：「卿此屐已幾載？」玩之曰：「初釋褐拜征北行佐買之，著已三十年。〔三〕貧士竟不辦易。」高帝咨嗟，因賜以新屐。玩之不受。帝問其故，答曰：「今日之賜，恩華俱重，但著簪弊席，復不可遺，所以不敢當。」帝善之。拜驃騎諮議參軍。〔三〕霸府初開，賓客輻湊，高帝留意簡接。玩之與樂安任遐俱以應對有席上之美，齊名見遇。玩之遷黃門郎。

先時，宋世人籍欺巧，及高帝卽位，敕玩之與驍騎將軍傅堅意檢定之。〔四〕建元二年，詔朝臣曰：「黃籍人之大綱，國之政端。自頃氓俗巧偽，乃至竊注爵位，盜易年月，增損三狀，貿襲萬端。或戶存而文書已絕，或人在而反託死叛，停私而云襍役，身強而稱六疾。此皆政之巨蠹，敎之深疵。若約之以刑，則人偽已遠，若綏之以德，則勝殘未易。諸賢並深明政體，各獻嘉謀。」玩之表言便宜，多見采納。於是朝廷乃別置校籍官，置令史，限人一日得數巧，以防懈怠。

既連年不已，貨賄潛通，百姓怨望。

富陽人唐寓之僑居桐廬，父祖相傳圖墓為業。寓之自云其家墓有王氣。山中得金印，

轉相誑惑。

永明二年冬，寓之聚黨，遂陷富陽。至錢唐僭號，置太子。賊遂據郡，又遣偽會

稽太守孫泓取山陰。時會稽太守王敬則朝正，故寓之謂可乘虛而襲。泓至浦陽江，而郡丞

張思祖遣淡口戍主楊休武拒戰，大破之。朝廷遣禁兵東討，至錢唐，一戰便散，禽斬寓之。

進兵平諸郡縣，臺軍乘勝，百姓頗被強奪。軍還，上聞之，收軍主、前軍將軍陳天福棄市。天

福善馬稍，爲諸將法，上寵將也。既伏誅，內外莫不震肅。

玩之以久宦羸疾，上表告退，許之。玩之於人物好臧否，宋末，王儉舉員外郎孔逿使

魏，玩之言論不相饒，逿、儉並恨之。至是，玩之東歸，儉不出送，朝廷無祖餞者。中丞劉休

與親知書曰：「虞公散髮海隅，同古人之美，而東都之送，殊不藹藹。」

玩之歸家數年卒，其後員外郎孔瑄就儉求會稽五官。儉方盥，投卓箕於地曰：「卿鄉俗

惡，虞玩之至死煩人。」

劉休字弘明，沛郡相人也。初爲駙馬都尉，宋明帝居藩，休爲湘東國常侍，不爲帝所

知。襲祖封南鄉侯。〔二三〕友人陳郡謝儼同丞相義宣反，休坐匿之，被繫尚方。孝武崩乃

得出。

泰始初，諸州反，休素能筮，知明帝當勝，靜處不預異謀。休之繫尚方也，尚方令吳喜

愛其才，後投吳喜，爲喜輔師府錄事參軍。喜進之明帝，得在左右，板桂陽王征北參軍。

帝頗有好尚，尤嗜飲食。休多藝能，爰至鼎味，莫不閑解，遂見親賞，長直殿內。後宮

孕者，帝使筮其男女，無不如占。帝憎婦人妬，尚書右丞榮彥遠以善棊見親，婦妬傷其面，

帝曰：「我爲卿斷之，何如？」彥遠率爾從旨。其夕，遂賜藥殺其妻。休妻王氏亦妬，帝聞之，

賜休妾，敕與王氏二十杖。令休於宅後開小店，使王氏親賣卓荄掃箒，以此辱之。其見親

如此。

尋除員外郎，領輔國司馬，中書通事舍人，帶南城令。後爲都水使者，南康相。善談政

體，而在郡無異績。齊建元初，爲御史中丞。頃之啓言：「宋世載祀六十，歷斯任者五十有

三，校其年月，不過盈歲。於臣叨濫，宜請骸骨。」四年，出爲豫章內史，卒。

宋末，造指南車，高帝以休有思理，使與王僧虔對共監試。又元嘉中，羊欣重王子敬正

隸書，世共寶之，右軍之體微輕，不復見貴。及休始好右軍法，因此大行云。

江祏字弘業，濟陽考城人也。祖邁，寧朔參軍。父德驎，司徒右長史。〔二八〕

祐姑爲齊高帝兄始安貞王道生妃，追諡景皇后，生齊明帝。祐少爲明帝所親，恩如兄弟。

明帝爲吳興，以祐爲郡丞。後除通直郎，補南徐州別駕。明帝輔政，委以腹心，引爲驃騎諮議參軍，領南平昌太守。

時新立海陵，人情未服，祐每說明帝以君臣大節，明帝轉顧而不言。晉壽太守王洪範罷任還，上祖示之曰：「人皆謂此是日月相，卿幸無泄之。」洪範曰：「公日月在軀，如何可隱？轉當言之公卿。」上大悅。會直後張伯、尹瓚等屢謀竊發，祐憂虞無計，每夕輒託事外出。及明帝入纂議定，加祐寧朔將軍。

明帝爲宣城王，太史密奏圖緯云：「一號當得十四年。」祐入，帝喜以示祐曰：「得此復何所望。」及卽位，遷守衛尉，安陸縣侯。祐祖遵以父贈金紫光祿大夫，父德鄰以帝舅亦贈光祿。

建武二年遷左衛將軍，掌甲仗廉察。四年，轉太子詹事。祐以外戚親要，權冠當時。魏軍南伐，明帝欲以劉暄爲雍州。暄時方希內職，不願遠役，投於祐。祐謂明帝曰：「昔人相暄得一州便躓，今爲雍州，儻相中乎！」上默然。俄召梁武帝謂曰：「今使卿爲雍州，閫外一以相委。」祐既見任，遂遠致餉遺，或取諸王名書好物，然家行甚睦，待子姪有恩。

永泰元年，明帝寢疾，轉祐侍中、中書令，出入殿省。及崩，遺詔轉尚書左僕射，祐弟衛

尉祏爲侍中，皇后弟劉暄爲衞尉，與始安王遙光、徐孝嗣、蕭坦之等輔政。誡東昏曰：「五年

中汝勿厝意，過此自覽，勿復委人。」及即位，祏參掌選事。明帝雖顧命羣臣，而意寄多在祏

兄弟，至是更直殿內，動止關諮。

永元元年，領太子詹事，劉暄遷散騎常侍、右衞將軍。帝稍欲行意，徐孝嗣不能奪。蕭

坦之雖時有異同，而祏堅意執制，帝深忌之。孝嗣謂祏曰：「主上稍有異同，詎可爲相乖

反？」祏曰：「但以見付，必無所憂。」左右小人會稽茹法珍、吳興梅蟲兒、東海祝靈勇、東治軍

人愈靈韻、右衞軍人豐勇之等，並爲帝所委任。祏常裁折之，羣小切齒。

帝失德既彰，祏議欲立江夏王寶玄。劉暄初爲寶玄郢州行事，執事過刻。有人獻馬，

寶玄欲看之，暄曰：「馬何用看。」妃索煮肫，帳下諸暄曰：「且已煮鵝，不煩復此。」寶玄恚

曰：「舅殊無渭陽之情。」暄聞之亦不悅。至是不同祏議，欲立建安王寶寅。密謀於遙光，遙

光自以年長，屬當鼎命，微旨動祏。祏弟祀以少主難保，勸祏立遙光。暄以遙光若立，已失

元舅之望，不肯同。故祏遲疑久不決。遙光大怒，遣左右黃曇慶於青溪橋道中刺殺暄。曇

慶見暄部伍人多，不敢發。事覺，暄告祏謀，帝處分收祏兄弟。祏時直在殿內，疑有異，遣

信報祏曰：「劉暄似有謀，今作何計？」祏曰：「政當靜以鎮之。」俄而召祏入見，停中書省。先

是，直齋袁文曠以王敬則勳當封，祏執不與。帝使文曠取祏，以刀環築其心，曰：「復能奪我

封不」？祐、祀同日見殺。祐任寄雖重，而不忘財利，論者以此少之。

祐等既誅，帝恣意遊走，單騎奔馳，謂左右曰：「祐常禁吾騎馬，小子若在，吾豈能得

此。」因問祐親親餘誰，答曰：「江祥今猶在治。」乃於馬上作敕，賜祥死。

祀字景昌，歷位晉安王鎮北長史、南東海太守，行府州事。祀弟禧，早卒。有子廞字偉

卿，年十二，聞收至，謂家人曰：「伯既如此，無心獨存。」赴井死。

劉暄字士穆，彭城人。及聞祐等戮，眠中大驚，投出戶外。問左右：「收至未」？良久意

定，還坐，大悲曰：「不念江，行自痛也。」

遙光事起，以討暄為名。事平，暄還領軍將軍，封平都縣侯。其年，茹法珍、梅蟲兒、徐

世標譖暄有異志。帝曰：「領軍是我舅，豈應有此」？世標曰：「明帝是武帝同堂，恩遇如此，

尚滅害都盡，舅復焉可信」？乃誅之。

暄為人性軟弱，當軸居政，每事讓江祐，羣弟不得進官。死之日，皆怨之。

和帝中興元年，贈祐衛將軍，暄散騎常侍、撫軍將軍，並開府儀同三司，祀散騎常侍、太

常卿。

論曰：「君老不事太子」，義烈之遺訓也，欲夫專心所奉，在節無二。伯玉始遵其事，旋

及誅夷，有以驗「行之惟艱」，且知齊武之非弘量矣。高帝作牧淮、兗，將興霸業，崔、蘇睹微

知著，自同奔走。虞悰筍餌之恩，諧之心腹之寄，並得攀光日月，亦各時運之所躋乎。玩之

臧否之尤，著在懸車之日，是知嗣宗所誡，蓋亦遠有致乎。江祏立辟非時，竟蹈龍逢之血，

「人之多僻」，〔七〕蓋詩人所深懼也。

校勘記

〔一〕 昇明初　「昇明」各本譌「昇平」。按宋順帝改元徽五年爲昇明元年，今改正。

〔二〕 遣文惠太子聞喜公子良宣敕詰責　南齊書於「遣」上有「上」字。

〔三〕 愈見信任使掌軍國密事　「任」字各本並脫，據通志補。

〔四〕 五更便巾車　「便」各本作「使」，據通志改。

〔五〕 高帝臨崩指伯玉以屬武帝　「武帝」二字各本並脫，據通志補。

〔六〕 劉備取帳鉤銅鑄錢以充國用　「帳鉤」各本作「帳搆」，據南齊書改。

〔七〕 神經淡序　「淡」南齊書作「越」。

〔八〕　歷宣江楚　「歷」南齊書作「力」。

〔九〕　榦晴潭而悵泗　「榦晴潭」各本作「榦精潭」，據南齊書改。

〔一〇〕　遂見委以府事　「以府」各本作「付」，據南齊書改。

〔一一〕　所縣轉多興用漸廣慮不支歲月　「所縣」各本作「州縣」；「慮」各本脫去，據南齊書改補。按「縣」「縣」古今字，「州」「所」形近易譌。

〔一二〕　初釋褐拜征北行佐買之著已三十年　「三十」南齊書作「二十」，其告退表云：「宋元嘉二十八年，爲王府行佐。」又據齊高帝紀：「元徽五年七月，帝移鎮東府。」自元嘉二十八年至元徽五年四五一——四七七，爲二十七年。

〔一三〕　拜驃騎諮議參軍　「驃」各本作「驍」，據南齊書改。按驃騎將軍得置諮議參軍，驍騎則不得置。

〔一四〕　敕玩之與驍騎將軍傅堅意檢定之　「驍」各本作「驃」，據南齊書改。

〔一五〕　襲祖封南鄉侯　「封」字各本並脫，據南齊書補。

〔一六〕　父德驎司徒右長史　「德驎」南齊書作「德鄰」。

〔一七〕　人之多僻　詩大雅生民板「民之多僻」，此避唐諱作「人」。

南史卷四十八

列傳第三十八

陸澄　陸慧曉 子僴　孫繕　兄子閑　閑子絳　絳弟厥　厥弟襄

襄兄子雲公　雲公子瓊　瓊子從典　瓊從父弟琰　琰弟瑜　瑜從兄玠　從弟琛

陸杲 子罩

陸澄字彥深，〔一〕吳郡吳人也。祖劭，臨海太守。父瓌，州從事。澄少好學，博覽無所不知，行坐眠食，手不釋卷。宋泰始初，為尚書殿中郎，議皇后諱班下應依舊稱姓。左丞徐爰案司馬孚議皇后不稱姓，〔二〕春秋逆王后于齊，並不言姓。澄以意立議，坐免官，白衣領職。郎官舊坐杖，有名無實，澄在官積前後罰凡至千數。後兼左丞。

泰始六年，詔皇太子朝服衰冕九章，澄與儀曹郎丘仲起議：「服冕以朝，實著經文，秦除六冕，漢明還備。魏、晉以來，不欲令臣下服衰冕，故位公者加侍官。今皇太子禮絕羣后，宜遵聖王盛典，革近代之制。」累遷御史中丞。

齊建元元年，驃騎諮議沈憲等家奴客爲劫，子弟被劾，憲等晏然。左丞任遐奏澄不糾，請免澄官。上表自理，言舊例無左丞糾免官者甚衆，奏澄「謏聞膚見，貽撓後昆，上掩皇明，下籠朝議。請以見事免澄所居官」。詔澄以白衣領職。

永明元年，累遷度支尚書，尋領國子博士。尚書令王儉謂之曰：「昔曹志、繆悅爲此官，以君係之，始無慚德。」儉嘗問澄曰：「崇禮門有鼓而未嘗鳴，其義安在？」答曰：「江左草創，崇禮闈皆是茅茨，故設鼓，有火則扣以集衆，相傳至今。」又與儉書陳：「王弼注易，玄學之所宗。今若弘儒，鄭注不可廢。」并言左氏杜學之長。《穀梁》舊有麋信，近益以范甯，不足兩立。世有一孝經，題爲鄭玄注，觀其用辭，不與注書相類。案玄自序所注衆書，亦無孝經。且爲小學之類，不宜列在帝典。」儉答曰：「易體微遠，實貫羣籍，豈可專據小王便爲該備，依舊存鄭，高同來說。元凱注傳，超邁前儒，《穀梁》小書，無俟兩注。存麋略范，率由舊式。凡此諸議，並同雅論。疑孝經非鄭所注，僕以此書明百行之首，實人倫所先，七略、藝文並陳之六

藝，不與蒼頡、凡將之流也。

儉自以博聞多識，讀書過澄。澄謂曰：「僕少來無事，唯以讀書為業，且年位已高。令君少便執掌王務，〔三〕雖復一覽便諳，然見卷軸未必多僕。」儉乃歎服。儉在尚書省出巾箱几案雜服飾，令學士隸事事多者與之，人人各得一兩物。澄後來，更出諸人所不知事，復各數條，幷舊物奪將去。

轉散騎常侍，祕書監，吳郡中正，光祿大夫，加散騎常侍，尋領國子祭酒。竟陵王子良得古器，小口方腹，而底平可容七八升，以問澄。澄曰：「此名服匿，單于以與蘇武。」子良詳視器底有字，彷彿可識，如澄所言。

隆昌元年，以老疾，轉光祿大夫，加給事中，未拜，卒，謚靜子。

澄當世稱為碩學，讀易三年不解文義，欲撰宋書竟不成。王儉戲之曰：「陸公，書厨也。」家多墳籍，人所罕見，撰地理書及雜傳，死後乃出。

澄弟鮮，得罪宋世，當死。澄於路見舍人王道隆叩頭流血，以此見原。揚州主簿顧測以兩奴就鮮質錢，鮮死，子暉誣為買券。澄為中丞，測遂為澄所抑，世以此少之。

陸慧曉字叔明，吳郡吳人，晉太尉玩之玄孫也。自玩至慧曉祖萬載，世爲侍中，皆有名行。

慧曉伯父仲元，又爲侍中，時人方之金、張二族。

父子眞，仕宋爲海陵太守。

當請發人修橋，又以妨農不許。時中書舍人秋當見幸，家在海陵，假還葬父，子眞不與相聞。

彭城王義康聞而賞之。王僧達貴公子孫，以才傲物，爲吳郡太守，入昌門曰：「彼有人焉。」顧琛一公兩掾，英英門戶；陸子眞五世內侍，我之流亞。子眞自臨海太守眼疾歸，爲中散大夫，卒。

慧曉清介正立，不雜交游，同郡張緒稱之曰：「江東裴、樂也。」[三]初應州郡辟，舉秀才，歷諸府行參軍，以母老還家侍養，十餘年不仕。

齊高帝輔政，除爲尚書殿中郎。鄰族來相賀，慧曉舉酒曰：「陸慧曉年踰三十，婦父領選，始作尚書郎，卿輩乃復以爲慶邪？」

高帝表禁奢侈，慧曉撰答詔草，爲帝所賞，引爲太傅東閣祭酒。齊建元初，遷太子洗馬。

盧江何點常稱「慧曉心如照鏡，遇形觸物，無不朗然。王思遠恒如懷冰，暑月亦有霜氣」。當時以爲實錄。

慧曉與張融並宅，其間有池，池上有二株楊柳。點歎曰：「此池便是醴泉，此木便是交

讓。」及武陵王曄守會稽，上爲精選僚吏，以慧曉爲征虜功曹，與府參軍沛國劉璡同從述職。璡清介士也，行至吳，謂人曰：「吾聞張融與慧曉並宅，其間有水，此必有異味。」故命駕往酌而飲之。曰：「飲此水，則鄙吝之萌盡矣。」

何點薦慧曉於豫章王嶷，補司空掾，加以恩禮。累遷安西諮議、領冠軍錄事參軍。

武帝第三子廬陵王子卿爲南豫州刺史，帝稱其小名謂司徒竟陵王子良曰：「烏熊癡如熊，不得天下第一人爲行事，無以壓一州。」既而曰：「吾思得人矣。」乃使慧曉爲長史、行事。別帝，問曰：「卿何以輔持廬陵？」答曰：「靜以修身，儉以養性。靜則人不擾，儉則人不煩。」上大悅。

後爲司徒右長史。時陳郡謝朏爲左長史，府公竟陵王子良謂王融曰：「我府前世誰比？」融曰：「明公二上佐，天下英奇，古來少見其比。」子良西邸抄書，令慧曉參知其事。尋遷西陽王征虜、巴陵王後軍、臨汝公輔國三府長史，行府州事。復爲西陽王左軍長史，領會稽郡丞，行郡事。隆昌元年，徙爲晉熙王冠軍長史、江夏內史，行郢州事。慧曉歷輔五政，立身清肅，僚佐以下造詣，必起送之。或謂慧曉曰：「長史貴重，不宜妄自謙屈。」答曰：「我性惡人無禮，不容不以禮處人。」未嘗卿士大夫，或問其故，慧曉曰：「貴人不可卿，而賤者乃可卿，人生何容立輕重於懷抱。」終身常呼人位。

建武初,除西中郎長史,行事、內史如故。俄徵黃門郎,未拜,遷吏部郎。尚書令王晏選門生補內外要局,慧曉爲用數人而止。晏恨之。送女妓一人,欲與申好,慧曉不納。吏曹都令史歷政來諮執選事,〔六〕慧曉任己獨行,未嘗與語。帝遣主書單景儁謂曰:「都令史諳悉舊貫,可共參懷。」慧曉謂景儁曰:「六十之年,不復能諳都令史爲吏部郎也。上若謂身不堪,便當拂衣而退。」帝甚憚之。後欲用爲侍中,以形短小乃止。

出爲晉安王鎮北司馬、征北長史、東海太守,行府州事。崔慧景事平,領右軍將軍。出監南徐州。朝議又欲以爲侍中,王亮曰:「濟、河須人,今且就朝廷借之,以鎮南兗州。」王瑩、王志皆曰:「侍中彌須英華,方鎮猶應有選者。」亮曰:「角其二者,則貂璫緩,拒寇切。當今朝廷甚弱,宜從切者。」乃以爲輔國將軍、南兗州刺史,加督。至鎮,俄爾以疾歸。卒,贈太常。

三子:憕、任、偃並有美名,時人謂之三陸。初授慧曉兗州,三子依次第各作一讓表,辭並雅麗,時人歎伏。憕學涉子史,長於微言。美姿容,鬚眉如畫。位西昌侯長史、蜀郡太守。

偃字佐公,少勤學,善屬文。於宅內起兩茅屋,杜絕往來,晝夜讀書,如此者數歲。所

讀一徧，必誦於口。嘗借人漢書，失五行志四卷，乃暗寫還之，略無遺脫。幼爲外祖張岱所異。岱嘗謂諸子曰：「此兒，汝家陽元也。」十七，舉本州秀才。刺史竟陵王子良開西邸，延英俊，倕預焉。

梁天監初，爲右軍安成王主簿，與樂安任昉友，爲感知己賦以贈昉，昉因此名以報之。及昉爲中丞，簪裾輻湊，預其讌者，殷芸、到溉、劉苞、劉孺、劉顯、劉孝綽及倕而已，號曰「龍門之游。」雖貴公子孫不得預也。遷臨川王東曹掾。

梁武帝雅愛倕才，乃敕撰新漏刻銘，其文甚美。遷太子中舍人，又詔爲石闕銘，敕褒美之，賜絹三十四。累遷太常卿，卒。子纘早慧，七歲通經，爲童子郎，卒。次緬，有似於倕，一看殆不能別。

纘字士纘，〔七〕倕兄子也。父任，御史中丞。纘幼有志尚，〔八〕以雅正知名。梁承聖中，爲中書侍郎，掌東宮管記。魏平江陵，纘微服遁還建鄴。紹泰元年，除司徒右長史、御史中丞，以父任所終，固辭。陳武帝作輔，爲司徒司馬。及受命，位侍中。出爲新安太守。文帝嗣位，徵爲中庶子，領步兵校尉，掌東宮管記。纘儀表端麗，進退閑雅，趨步躡屨，文帝使太子諸王咸取則焉。

後復拜御史中丞，猶以父所終，固辭，不許，乃權換廨宇，徙以居之。太建中，歷度支尚

書，侍中，太子詹事，尚書右僕射。尋遷左僕射，參掌選事。別敕與徐陵等七人參議政事。

卒，贈特進，謚曰安子。以繕東宮舊臣，特賜祖奠。

繕子辯慧，年數歲，詔引入殿內，進止有父風，宣帝因賜名辯慧字敬仁。繕兄子見賢亦

方雅，位少府卿，卒。

閑字退業，慧曉兄子也。有風概，與人交不苟合，少為同郡張緒所知。仕至揚州別駕。

齊明帝崩，閑謂所親人曰：「宮車晏駕，百司將聽冢宰。主王地重才弱，[九]必不能振，難將

至矣。」乃感心疾，不復預州事。

永元末，刺史始安王遙光據東府作亂，或勸去之。閑曰：「吾為人吏，何可逃死。」臺軍

攻陷城，閑以綱佐被收，至杜姥宅，尚書令徐孝嗣啟閑不預逆謀。未及報，徐世標命殺之。

閑四子：厥、絳、完、襄也。

絳字魏卿，時隨閑，抱頸求代死，不獲，遂以身蔽刀刃，行刑者俱

害之。

厥字韓卿，少有風概，好屬文。齊永明九年，詔百官舉士，同郡司徒左西曹掾顧暠之表

薦厥，州舉秀才。

時盛爲文章，吳興沈約、陳郡謝朓、琅邪王融以氣類相推轂，汝南周顒善識聲韻。約等
文皆用宮商，將平上去入四聲，以此制韻，有平頭、上尾、蠭腰、鶴膝。五字之中，音韻悉異，
兩句之內，角徵不同，不可增減。世呼爲「永明體」。沈約〈宋書謝靈運傳〉後又論其事，厥與約
書曰：

范詹事自序：「性別宮商，識清濁，特能適輕重，濟艱難。古今文人多不全了斯處，
縱有會此者，不必從根本中來。」尚書亦云：「自靈均以來，此祕未覩。或暗與理合，匪
由思至。」張、蔡、曹、王曾無先覺，潘、陸、顏、謝去之彌遠。大旨欲「宮商相變，低昂舛
節，若前有浮聲，則後須切響，一簡之內，音韻盡殊，兩句之中，輕重悉異」。辭既美矣，
理又善焉，但觀歷代衆賢似不都闇此處，而云「此祕未覩」，近於誣乎。案范云「不從根
本中來」，尚書云「匪由思至」，斯則揣情謬於玄黃，摘句著其音律也。[10]范又云「時有
會此者」，尚書云「或暗與理合」。則美詠清謳，有辭章調韻者，雖有差謬，亦有會焉。推
此以往，可得而言。夫思有合離，前哲同所不免，文有開塞，卽事不得無之。子建所以
好人譏彈，士衡所以遺恨終篇。既曰遺恨，非盡美之作。理可詆訶，君子執其詆訶，便
謂合理爲闇，豈如指其合理，而寄詆訶爲遺恨邪。

自魏文屬論，深以清濁爲言，劉楨奏書，大明體勢之致。鯫齬妥怗之談，操末續巔之說，興玄黃於律呂，比五色之相宣。苟此祕未覩，茲論爲何所指邪？愚謂前英已早識宮徵，但未屈曲指的，若今論所申。至於掩瑕藏疾，合少謬多，則臨淄所云「人之著述，不能無病」者也。非知之而不改，謂不改則不知，斯曹、陸又稱「竭情多悔，不可力強」者也。今許以有病有悔爲言，則必自知無悔無病之地。引其不了不合爲闇，何獨誣其一合一了之明乎？[二]意者亦質文時異，今古好殊，將急在情物，而緩於章句。情物，文之所急，美惡猶且相半；章句，意之所緩，故合少而謬多。義兼於斯，必非不知明矣。長門、上林，殆非一家之賦，洛神、池雁，便成二體之作。孟堅精正，詠史無虧於東主，平子恢富，羽獵不累於憑虛。王粲初征，他文未能稱是，楊脩敏捷，暑賦彌日不獻。率意寡尤，則事促乎一日，翳翳愈伏，而理賒於七步。一人之思，遲速天懸，一家之文，工拙壞隔，何獨宮商律呂必責其如一邪？論者乃可言未窮其致，不得言曾無先覺也。

約答曰：

宮商之聲有五，文字之別累萬。以累萬之繁，配五聲之約，高下低昂，非思力所學，又非止若斯而已。十字之文，顛倒相配，字不過十，巧歷已不能盡，何況復過於此者乎？靈均以來，未經用之於懷抱，固無從得其髣髴矣。若斯之妙，而聖人不尙，何

耶？此蓋曲折聲韻之巧，無當於訓義，非聖哲玄言之所急也，是以子雲譬之「雕蟲篆刻」，云「壯夫不爲」。自古辭人豈不知宮羽之殊，商徵之別。以此而推，則知前世文士，便未悟此處。若以文章之音韻，同絃管之聲曲，美惡妍蚩，不得頓相乖反，譬猶子野操曲，安得忽有闡緩失調之聲。以洛神比陳思他賦，有似異手之作，故知天機啓，則律呂自調，六情滯，則音律頓舛也。士衡雖云煥若縟錦，寧有濯色江波，其中復有一片是衞文之服。韻與不韻，復有精粗，輪扁不能言之，老夫亦不盡

此則陸生之言，卽復不盡者矣。

辯此。

約論四聲，妙有詮辯，而諸賦亦往往與聲韻乖。

時有王斌者，不知何許人。著四聲論行於時。斌初爲道人，博涉經籍，雅有才辯，善屬文，能唱導而不修容儀。〔三〕嘗弊衣於瓦官寺聽雲法師講成實論，無復坐處，唯僧正慧超尚空席，斌直坐其側。慧超不能平，乃罵曰：「那得此道人，祿蕨似隊父唐突人。」因命驅之。斌笑曰：「既有敕勳僧正，何爲無隊父道人。」不爲動。而撫機問難，辭理清舉，四座皆屬目。

後還俗，以詩樂自樂，人莫能名之。

永元元年，始安王遙光反，慧父闓被誅，慧坐繫尚方。尋有赦，慧感慟而卒，年二十八。

文集行於世。

時有會稽虞炎以文學與沈約俱為文惠太子所遇，意眄殊常，官至驍騎將軍。

襄字師卿，厥第四弟也。本名襄字趙卿，有奏事者誤字為襄，梁武帝乃改為襄字師卿。

天監三年，都官尚書范岫表薦襄，起家著作佐郎。後昭明太子統聞襄業行，啓武帝引與遊處。自廬陵王記室除太子洗馬，遷中舍人，並掌管記。出為揚州中從事，以父終此官，固辭。武帝不許，聽與府司馬換廨居之。

昭明太子敬耆老，襄母年將八十，與蕭琛、傅昭、陸杲每月常遣存問，加賜珍羞衣服。襄母嘗卒患心痛，醫方須三升粟漿。時冬月，日又逼暮，求索無所，忽有老人詣門貨漿量如方劑。始欲酬直，無何失之，時以襄孝感所致。

後為太子家令，復掌管記，母憂去職。襄年已五十，毀頓過禮，太子憂之，日遣使誡喻。

中大通七年，[一三]為鄱陽內史。先是郡人鮮于琮服食修道法，[一四]常入山采藥，拾得五色幡毦，又於地中得石璽，竊怪之。琮先與妻別室，望琮所處常有異氣，益以為神。大同元年，遂結門徒殺廣晉令王筠，號上願元年，署置官屬。其黨轉相誑惑，有眾萬餘人，將出攻郡。襄先已率人吏修城隍為備，及賊至破之，生獲琮。時鄰郡豫章、安成等守宰案其黨與，

因求貨賄，皆不得其實。或有善人盡室罹禍，唯襄郡枉直無濫。人作歌曰：「鮮于抄後善惡分，人無橫死賴陸君。」

又有彭、李二家，先因忿爭，遂相誣告。襄引入內室，不加責誚，但和言解喻之。二人感恩，深自悔咎。乃為設酒食令其盡歡，酒罷同載而還，因相親厚。人又歌曰：「陸君政，無怨家。鬭既罷，讎共車。」在政六年，郡中大寧。郡人李睍等四百二十人詣闕拜表，陳襄德化，求於郡立碑，降敕許之。又表乞留襄，襄固乞還。

太清元年，為度支尚書。侯景圍臺城，以襄直侍中省。城陷，襄逃還吳。景將宋子仙進攻錢唐，會海鹽人陸黯舉義襲郡，殺偽太守蘇單于，推襄行郡事。時淮南太守文成侯蕭寧逃賊入吳，襄遣迎寧為盟主，遣黯及兄子映公帥眾躡子仙，與戰，黯敗走，吳下軍聞之亦散。襄匿于墓下，一夜憂卒。

襄弱冠遭家禍，釋服猶若居憂，終身蔬食布衣，不聽音樂，口不言殺害五十年。侯景平，元帝贈侍中，追封餘干縣侯。

雲公字子龍，襄兄完子也。完位寧遠長史、琅邪彭城二郡丞。

雲公五歲誦論語、毛詩，九歲讀漢書，略能記憶。從祖倕與沛國劉顯質問十事，雲公對

無所失，顯歎異之。及長，好學，有才思，為平西湘東王繹行參軍。雲公先製太伯廟碑，吳

興太守張纘罷郡經途，讀其文歎曰：「今之蔡伯喈也。」纘至都掌選，言之武帝，召為尚書儀

曹郎，入直壽光省，以本官知著作郎事。累遷中書黃門郎，兼掌著作。

雲公善弈棊，嘗夜侍坐，武冠觸燭火。帝笑謂曰：「燭燒卿貂。」帝將用為侍中，故以此

戲之。時天泉池新製鯿魚舟，形闊而短，[一三]帝暇日常泛此舟，朝中唯引太常劉之遴、國子

祭酒到溉、右衞朱异，雲公時年位尚輕亦預焉。

太清元年卒，張纘時為湘州，與雲公叔襄兄晏子書曰：「都信至，承賢兄子賢弟黃門殞

逝，非唯貴門喪寶，實有識同悲。」其為士流稱重如此。

雲公從父兄才子，亦有才名，位太子中庶子、廷尉，與雲公並有文集行於世。

雲公子瓊字伯玉，幼聰慧，有思理。六歲為五言詩，頗有詞采。大同末，雲公受梁武帝

詔校定棊品，到溉、朱异以下並集。瓊時年八歲，於客前覆局，由是都下號曰神童。异言之

武帝，召見，瓊風神警亮，進退詳審，帝甚異之。

十一，丁父憂，毀瘠有至性，從祖襄歎曰：「此兒必荷門基，所謂一不為少。」及侯景作

逆，攜母避地于縣之西鄉，勤苦讀書，晝夜無怠，遂博學善屬文。

陳天嘉中，以文學累遷尚書殿中郎。瓊素有令名，深爲陳文帝所賞。及討周迪、陳寶

應等，都官符及諸大手筆，並中敕付瓊。　遷新安王文學，掌東宮管記。

及宣帝爲司徒，妙簡僚佐，吏部尚書徐陵薦瓊於宣帝，言瓊「識具優敏，文史足用，進居

郎署，歲月過淹，左西掾缺，允膺茲選，雖階次小踰，其屈滯已積」。乃除司徒左西掾。尋兼

通直散騎常侍，聘齊。

　太建中爲給事黃門侍郎，轉中庶子，領大著作，撰國史。　後主即位，直中書省，掌詔誥。

至德元年，除度支尚書，參選事，掌詔誥，并判廷尉、建康二獄事。初，瓊父雲公奉梁武敕撰

嘉瑞記，瓊述其旨而續焉，自永定訖于至德，勒成一家之言。遷吏部尚書，著作如故。瓊詳

練譜牒，雅有識鑑。　先是吏部尚書宗元饒卒，尚書右僕射袁憲舉瓊，[一八]宣帝未之用，至是

居之，號爲稱職。

　瓊性謙儉，不自封植，雖位望日隆，而執志逾下。園池室宇，無所改作，車馬衣服，不尚

鮮華，四時祿俸，皆散之宗族，家無餘財。　暮年深懷止足，思避權要，恒謝疾不視事。

　俄丁母憂。初瓊之侍東宮，母隨在官舍，及喪還鄉，詔加賵贈，[一七]後主自制誌銘，朝野

榮之。　瓊哀慕過毀，以至德四年卒。有集二十卷行於世。

子從典，字由儀，幼聰敏。年八歲，讀《沈約集》，見《回文研銘》，援筆擬之，便有佳致。十二作《柳賦》，其詞甚美。從父瑒特所賞愛。及瑒將終，命家中墳籍皆付之，從典乃集瑒文為十卷，仍製集序，其文甚工。

從典篤好學業，博涉羣書，位太子洗馬、司徒左西掾。陳亡入隋，位著作佐郎。尚書右僕射楊素奏從典續司馬遷《史記》迄于隋，其書未就，坐弟受漢王諒職免。後卒於南陽縣主簿。

琰字溫玉，瓊之從父弟也。父令公，梁中軍宣城王記室參軍。

琰幼孤，好學，有志操，州舉秀才。累遷宣惠始興王外兵參軍，直嘉德殿學士。陳文帝聽覽餘暇，頗留心史籍，以琰博學，善占誦，引置左右。嘗使製刀銘，琰援筆即成，無所點竄，帝嗟賞久之，賜衣一襲。俄兼通直散騎常侍，副琅邪王厚聘齊，至鄴而厚卒，琰為使主。時年二十餘，風氣韶亮，占對閑敏，齊士大夫甚傾心焉。太建初，為武陵王明威府功曹史，兼東宮管記。丁母憂去官，卒。至德二年，追贈司農卿。

琰寡慾，鮮於競，遊心經籍，晏如也。所製文筆，多不存本，後主求其遺文，撰成二卷。

弟瑜字幹玉，少篤學，美詞藻，州舉秀才。再遷軍師晉安王外兵參軍，東宮學士。兄琰

時爲管記，並以才學娛侍左右，時人比之二應。

太建中，累遷太子洗馬，中舍人。瑜聰敏強記，常受莊、老於汝南周弘正，學成實論於

僧滔法師，並通大旨。時皇太子好學，欲博覽羣書，以子集繁多，命瑜抄撰，未就而卒。太

子爲之流涕，親製祭文，仍與詹事江總論述其美，詞甚傷切。至德二年，追贈光祿卿。有集

十卷。瑜有從兄玠，從父弟琛。

玠字潤玉，梁大匠卿晏子之子也。弘雅有識度，好學能屬文。後主在東宮，徵爲管記，

仍兼中舍人。尋以疾失明。將還鄉里，太子解衣贈之，爲之流涕。太建八年卒，至德二年，

追贈少府卿。有集十卷。

琛字潔玉，宣毅臨川王長史丘公之子也。少警俊，事後母以孝聞。後主嗣位，爲給事

黃門侍郎、中書舍人，參掌機密。琛性頗疎，坐漏泄禁中語，詔賜死。

陸杲字明霞，吳郡吳人也。祖徽字休猷，宋補建康令，清平無私，爲文帝所善。元嘉十五年，除平越中郎將、廣州刺史，加督、清名亞王鎭之，爲士庶所愛詠。二十三年，爲益州刺史，亦加督，卹隱有方，威惠兼著，寇盜靜息，人物殷阜，蜀土安之。卒於官，身亡之日，家無餘財，文帝甚痛惜之，諡曰簡子。父叡，揚州中從事。

杲少好學，工書畫，舅張融有高名，杲風韻舉止頗類，時稱曰「無對日下，唯舅與甥」。爲尙書殿中曹郎，拜日，八坐丞郎並到上省交禮，而杲至晚，不及時刻，坐免官。後爲司徒從事中郎。梁臺建，爲相國西曹掾。

天監五年，位御史中丞。性婞直，無所顧望。時山陰令虞肩在任贓汙數百萬，杲奏收劾之。中書舍人黃睦之以肩事託杲，杲不答。梁武聞之以問杲，杲答曰：「有之。」帝曰：「識睦之不？」答曰：「臣不識其人。」時睦之在御側，上指示曰：「此人是也。」杲謂曰：「君小人，何敢以罪人屬南司。」睦之失色。領軍將軍張稷是杲從舅，杲嘗以公事彈稷，稷因侍宴訴帝曰：「陸杲是臣親通，小事彈臣不貸。」帝曰：「杲職司其事，卿何得爲嫌。」杲在臺，號不畏强禦。

爲義興太守，在郡寬惠，爲下所稱。歷左戶尙書，太常卿。出爲臨川內史，將發，辭武帝，於坐通啓，求募部曲。帝問何不付所由呈聞。杲答所由不爲受。帝頗怪之，以其臨路

不答問。後入爲金紫光祿大夫、特進。卒，諡質子。

杲素信佛法，持戒甚精，著沙門傳三十卷。

弟煦，學涉有思理，位太子家令，撰晉書未就。又著陸史十五卷，陸氏驪泉志一卷，並行於時。

子罩字洞元，少篤學，多所該覽，善屬文。簡文居蕃，爲記室參軍，撰帝集序。稍遷太子中庶子，掌管記，禮遇甚厚。大同七年，以母老求去，公卿以下祖道於征虜亭，皇太子賜黃金五十斤，時人方之疎廣。母終，後位終光祿卿。

初，簡文在雍州，撰法寶聯璧，罩與羣賢並抄掇區分者數歲。中大通六年而書成，命湘東王爲序。其作者有侍中國子祭酒南蘭陵蕭子顯等三十人，以比王象、劉邵之皇覽焉。

論曰：陸澄學稱博古，而用不合今。夫干將見重於時，貴其所以立斷，於事未能周務，書厨得所譏矣。叔明持身有檢，殆爲人望，雅道相傳，可謂載德者也。杲諒直見稱，罩文以取達，亦足美乎。舊陸徽著傳，事迹蓋寡，今以附孫杲上云。

校勘記

〔一〕陸澄字彥深 「彥深」南齊書作「彥淵」，此避唐諱改。

〔二〕左丞徐爰案司馬孚議皇后不稱姓 「不稱姓」三字各本並脫，據南齊書補。

〔三〕令君少便執掌王務 「令」各本作「今」，據南齊書改。按王儉爲尙書令　故稱令君。

〔四〕然後談所遺漏數百十條 「十」各本作「千」，據通志改。

〔五〕同郡張緒稱之曰江東裴樂也 「同郡」上各本有「會稽內史」四字。王懋竑讀書記疑、王鳴盛十七史商榷六二並云係衍文。按南齊書云：「會稽內史同郡張暢見慧曉童幼，便嘉異之。」張緒稱之曰：『江東裴、樂也。』」此刪張暢語而以張緒亦吳郡吳人，遂幷「會稽內史同郡」歸之，誤。今刪正。

〔六〕吏曹都令史歷政來諮執選事 「都」各本作「郎」，據南齊書改。

〔七〕繕字士繡 「繡」各本作「儒」，據陳書改。

〔八〕繕幼有志尙 「繕」字各本並脫，據陳書補。

〔九〕主王地重才弱 「主王」各本作「主上」。按上「仕至揚州別駕」，據梁書陸襄傳，揚州謂揚州刺史始安王遙光。　時州朝佐史稱所佐之王爲「主王」，今改正。

〔一〇〕斯則揣情謬於玄黃摘句著其音律也　「著」南齊書作「差」。

〔一一〕引其不了不合爲闇何獨誣其一合一了之明乎　「明」各本作「地」。按「明」與「闇」爲對文，據南
齊書改。

〔一二〕能唱導而不修容儀　「唱」各本作「昌」，「不」各本脫，並據通志改補。

〔一三〕中大通七年　「中」字各本並脫，據梁書補。按大通盡三年，其年十月改元中大通。然中大通盡
六年，不得有七年，疑「七」字譌。

〔一四〕先是郡人鮮于琮服食修道法　「琮」梁書、通鑑並作「琛」。

〔一五〕時天泉池新製鯿魚舟形闊而短　「天泉池」即「天淵池」，此避唐諱改。「闊」各本作「狹」，與鯿魚
形不類，據梁書改。

〔一六〕尚書右僕射袁憲舉瓊　「右」各本作「左」，據陳書改。按陳書及本書袁憲傳並作「右」。

〔一七〕詔加賻贈　「賻」字各本並脫，據陳書補。

南史卷四十九

列傳第三十九

庾杲之 叔父蓽 王諶 從叔摛 何憲 孔逖 孔珪

劉懷珍 子靈哲 從父弟峻 劉沼 懷珍從子懷慰 懷慰子霽

杳 歆 懷珍從孫訏 懷珍族弟善明

庾杲之字景行，新野人也。祖深之，位義興太守，[一]以善政聞。父粲爲宋南郡王義宣丞相城局參軍，王舉兵，見殺。

杲之幼有孝行，宋司空劉勔見而奇之，謂曰：「見卿足使江漢崇望，杞梓發聲。」解褐奉朝請，稍遷尚書駕部郎。清貧自業，食唯有韭葅瀹韭生韭雜菜。任昉嘗戲之曰：「誰謂庾郎貧，食鮭嘗有二十七種。」

累遷尚書左丞。王儉謂人曰：「昔袁公作衛軍，欲用我為長史，雖不獲就，要是意向如此。今亦應須如我輩人也。」乃用杲之為衛將軍長史。安陸侯蕭緬與儉書曰：「盛府元僚，實難其選。庾景行汎淥水，依芙蓉，何其麗也。」時人以入儉府為蓮花池，故緬書美之。

歷位黃門吏部郎，御史中丞，參大選。美容質，善言笑。嘗兼侍中夾侍，柳世隆在御坐，謂齊武帝曰：「庾杲之為蟬冕所映，彌有華采，陛下故當與其郎眞。」上甚悅。王儉仍曰：「國家以杲之清美，所以許其假職。若以其郎眞，當在胡諧之後。」

武帝嘗與朝臣商略，酒後謂羣臣曰：「我後當得何諡？」羣臣莫有答者。王儉因目杲之，從容曰：「陛下壽等南山，方與日月齊明，千載之後，豈是臣子輕所仰量？」時人雅歎其辯答。

杲之嘗兼主客郎對魏使，使問杲之曰：「百姓那得家家題門帖賣宅？」答曰：「朝廷既欲掃蕩京洛，剋復神州，所以家家賣宅耳。」魏使縮鼻而不答。

時諸王年少，不得妄稱接人，敕杲之及濟陽江淹五日一詣諸王，使申遊好。再遷尚書吏部郎，參大選事，太子右衛率，加通直常侍。九年卒，上甚惜之，諡曰貞子。

蓽字休野，杲之叔父也。仕齊為驃騎功曹史。博涉羣書，有口辯。永明中與魏和親，以蓽兼散騎常侍，報使還，拜散騎侍郎、知東宮管記事。

後為荊州別駕，前後紀綱皆致富饒，華再為之，清身率下，杜絕請託，布被蔬食，妻子不免飢寒。

齊明帝聞而嘉焉，手敕褒美，州里榮之。初，梁州人益州刺史鄧元起功勳甚著，名地卑瑣，願名挂士流。時始興忠武王憺為州將，元起位已高，而解巾不先州官，則不為鄉里所悉，元起乞上籍出身州從事，憺命華用之，華不從。憺大怒，召華責之曰：「元起已經我府，卿何為苟惜從事？」華曰：「府是尊府，州是華州，宜須品藻。」憺不能折，遂止。華撫循累遷會稽郡丞，行郡府事。時承彫弊之後，百姓凶荒，米斗至數千，人多流散。華甚有理，唯守公祿，清節愈厲，至有經日不舉火。太守永陽王聞而饋之，華謝不受。

天監元年卒，停屍無以斂，柩不能歸。梁武帝聞之，詔賜絹百疋，穀五百斛。

初，華為西楚望族，兄子杲之又有寵於齊武帝，華早歷顯官，素與華不平，互相陵競。華事齊豫章王嶷，嶷薨，華仕不得志，自步兵校尉求助戍歸荊州。時華為州別駕，益忽講。及梁武帝踐阼，華以西朝勳，為御史中丞，華始得會稽行事，既恥之矣，會職事微有譴，帝以講其鄉人也，使宣旨誨之。華大憤，故發病卒。

子喬復仕為荊州別駕，時元帝為荊州刺史，而州人范興話以寒賤仕叨九流，選為州主簿，又皇太子令及之，故元帝勒喬聽興話到職。及屬元日，府州朝賀，喬不肯就列，曰：「庚喬忝為端右，不能與小人范興話為雁行。」元帝聞，乃進喬而停興話。興話羞慚還家憤卒。

世以喬爲不墜家風。

喬子夐少聰慧，家富於財，好賓客，食必列鼎。又狀貌豐美，頤頰開張，人皆謂夐必爲方伯，無餒乏之慮。及魏尅江陵，卒致餓死。時又有水軍都督褚蘿面甚尖危，有從理入口，竟保衣食而終。

王諶字仲和，東海郯人，晉少傅雅玄孫也。祖慶，員外常侍。父元閔，護軍司馬。宋大明中，沈曇慶爲徐州，辟諶爲迎主簿，又爲州迎從事，湘東王或國常侍，鎮北行參軍。及或卽帝位，是爲明帝，除司徒參軍，帶薛令，兼中書舍人。諶有學義，見親遇，常在左右。帝所行慘僻，諶屢諫不從，請退，坐此繫尙方。

後拜中書侍郎。明帝好圍棊，置圍棊州邑，以建安王休仁爲圍棊州都大中正，諶與太子右率沈勃、尙書水部郎庾珪之、彭城丞王抗四人爲小中正，朝請褚思莊、傅楚之爲清定訪問。後爲尙書左丞，領東觀祭酒，卽明帝所置總明觀也。遷黃門郎。

齊永明初，累遷豫章王太尉司馬。武帝與諶相遇於宋明之世，甚委任之。歷黃門郎，領驍騎將軍，太子中庶子。

讖貞正和謹，朝廷稱為善人，多與之厚。八年，轉冠軍將軍、長沙王車騎長史，徙廬江

王中軍長史，又徙西陽王子明征虜長史，行南兗府州事。讖少貧，常自紡績，及通貴後，每

為人說之，世稱其達。九年卒。

讖從叔摛，以博學見知。尚書令王儉嘗集才學之士，總校虛實，類物隸之，謂之隸事，

自此始也。儉嘗使賓客隸事多者賞之，事皆窮，唯廬江何憲為勝，乃賞以五花簟、白團扇。

坐簟執扇，容氣甚自得。摛後至，儉以所隸示之，曰：「卿能奪之乎？」摛操筆便成，文章既

奧，辭亦華美，舉坐擊賞。摛乃命左右抽憲簟，手自掣取扇，登車而去。儉笑曰：「所謂大力

者負之而趨。」竟陵王子良校試諸學士，唯摛問無不對。

為秣陵令，清直，請謁不行。羽林隊主潘敞有寵二宮，勢傾人主。婦弟犯法，敞為之請

摛，摛投書於地，更鞭四十。敞怒譖之，明日而見代。

永明八年，天忽黃色照地，眾莫能解。司徒法曹王融上金天頌。摛曰：「是非金天，所

謂榮光。」武帝大悅，用為永陽郡。後卒於尚書左丞。

何憲字子思，廬江灊人。博涉該通，羣籍畢覽，天閣寶祕，人間散逸，無遺漏焉。任昉、

劉瓛共執祕閣四部書，試問其所知，自甲至丁，書說一事，幷敍述作之體，連日累夜，莫見所遺。宗人何遁，退讓士也，見而美之，願與爲友。

憲位本州別駕，國子博士。永明十年使于魏。

時又有孔逷字世遠，會稽山陰人也。好典故學，與王儉至交。昇明中爲齊臺尚書儀曹郎，屢箋闕禮，多見信納。上謂王儉曰：「逷眞所謂儀曹，不忝厥職也。」儉爲宰相，逷常謀議幄帳，每及選用，頗失鄉曲情。儉從容啓上曰：「臣有孔逷，猶陛下之有臣。」永明中爲太子家令卒。時人呼孔逷何憲爲王儉三公。及卒，儉惜之，爲撰祭文。

孔珪字德璋，[三]會稽山陰人也。祖道隆，位侍中。父靈產，泰始中，晉安太守，有隱遁之志。於禹井山立館，事道精篤。吉日於靜屋四向朝拜，涕泣滂沱。東出過錢唐北郭，輒於舟中遙拜杜子恭墓。自此至都，東向坐，不敢背側。元徽中，爲中散大夫，好術數。齊高帝輔政，沈攸之起兵，靈產白高帝曰：「攸之兵衆雖強，以天時冥數而觀，無能爲也。」高帝驗其言，擢遷光祿大夫，以籠盛靈產上靈臺，令其占候。餉靈產白羽扇、素隱几，

曰：「君有古人之風，故贈君古人之服。」當世榮之。

珪少學涉有美譽，太守王僧虔見而重之，引為主簿。舉秀才，再遷殿中郎。高帝為驃騎，取為記室參軍，與江淹對掌辭筆。為尚書左丞，父憂去官。與兄仲智還居父山舍。仲智妾李氏驕妬無禮，珪白太守王敬則殺之。

永明中，歷位黃門郎，太子中庶子，廷尉。江左承用晉時張、杜律二十卷，武帝留心法令，數訊囚徒，詔獄官詳正舊注。先是尚書刪定郎王植撰定律，奏之，削其煩害，錄其允衷，取張斐注七百三十一條，杜預注七百九十一條，或二家兩釋於義乃備者，又取一百七條，其注相同者取一百三條，集為一書，凡一千七百三十二條，[二]為二十卷。請付外詳校，擿其違謬。詔從之。於是公卿八座參議，考正舊注，有輕重處，竟陵王子良下意多使從輕。其中朝議不能斷者，則制旨平決。至九年，珪表上律文二十卷，錄序一卷，又立律學助教，依五經例，詔報從之。事竟不行。轉御史中丞。

建武初，為平西長史、南郡太守。珪以魏連歲南伐，百姓死傷，乃上表陳通和之策，帝不從。徵侍中，不行，留本任。

珪風韻清疏，好文詠，飲酒七八斗。與外兄張融情趣相得，又與琅邪王思遠、廬江何點、點弟胤並款交，不樂世務。居宅盛營山水，憑几獨酌，傍無雜事。門庭之內，草萊不翦。

中有蛙鳴，或問之曰：「欲為陳蕃乎？」珪笑答曰：「我以此當兩部鼓吹，何必效蕃。」王晏嘗鳴鼓吹候之，聞羣蛙鳴，曰：「此殊聒人耳。」珪曰：「我聽鼓吹，殆不及此。」晏甚有慚色。

永元元年，為都官尚書，遷太子詹事，加散騎常侍。三年，珪疾，東昏屏除，以牀舁之走，因此疾甚，遂卒。贈金紫光祿大夫。

劉懷珍字道玉，平原人，漢膠東康王寄之後也。其先劉植為平原太守，因家焉。祖昶，從慕容德南度河，因家于北海都昌。宋武帝平齊，以為青州中從事，位至員外常侍。伯父奉伯，宋世位至陳南頓二郡太守。

懷珍幼隨奉伯至壽陽，豫州刺史趙伯符出獵，百姓聚觀，懷珍獨避不視，奉伯異之，曰：「此兒方興吾家。」本州辟主簿。

元嘉二十八年，亡命司馬順則聚黨東陽，州遣懷珍將數千人討平之。宋文帝問破賊事，懷珍讓功不肯當，親人怪問焉，懷珍曰：「昔國子尼恥陳河間之級，吾豈能論邦域之捷哉。」時人稱之。

江夏王義恭出鎮盱眙，道遇懷珍，以應對見重，取為驃騎長史兼墨曹行參軍。[四]孝建

初，爲義恭大司馬參軍、直閣將軍，隨府轉太宰參軍。

大明二年，以軍功拜樂陵河間二郡太守，賜爵廣晉縣侯。司空竟陵王誕反，郡人王弱

門族甚盛，勸懷珍起兵助誕，懷珍殺之。帝嘉其誠，除豫章王子尚車騎參軍，母憂去職。服

闋，見江夏王義恭，義恭曰：「別子多年，那得不老？」對曰：「公恩未報，何敢便老。」義恭善

其對。

累遷黃門郎，領虎賁中郎將。桂陽王休範反，加懷珍前將軍，守石頭。出爲豫州刺史，

加督。建平王景素反，懷珍遣子靈哲領兵赴建鄴。沈攸之在荊楚，遣使人許天保說結懷

珍，斬之，送首於齊高帝，封中宿縣侯，進平南將軍，增督二州。

初，宋孝武世，齊高帝爲舍人，懷珍爲直閣，相遇早舊。懷珍假還青州，高帝有白驄馬，

騶人，不可騎，送與懷珍別。懷珍報上百匹絹。或謂懷珍曰：「蕭公此馬不中騎，是以與君

耳。君報百匹，不亦多乎」？懷珍曰：「蕭君局量堂堂，寧應負人此絹。吾方欲以身名託之，

豈計錢物多少。」

高帝輔政，以懷珍內資未多，徵爲都官尚書，領前將軍。以第四子晃代爲豫州刺史。

或疑懷珍不受代，高帝曰：「我布衣時，懷珍便推投款，況在今日，寧當有異。」晃發經日，

疑論不止，上乃遣軍主房靈人領百騎進送晃。〔五〕謂靈人曰：「論者謂懷珍必有異同，我期之

有素，必不應爾。卿是其鄉里，故遣卿行，非唯衞新，亦以迎故。」懷珍還，乃授相國右司馬。

及齊臺建，朝士人人爭爲臣吏，以懷珍爲宋臺右衞

故，豈以臣篤於本乎。」齊建元元年，轉左衞將軍，加給事中，改封霄城侯。

懷珍年老，以禁旅辛勤，求爲閑職，轉光祿大夫，卒。遺言薄葬。贈雍州刺史，諡敬侯。

子靈哲字文明，位齊郡太守，前軍將軍。靈哲所生母嘗病，靈哲躬自祈禱，夢見黃衣老

公與藥曰：「可取此食之，疾立可愈。」靈哲驚覺，於枕間得之，如言而疾愈。藥似竹根，於齊

前種，葉似蒉茈。

嫡母崔氏及兄子景煥，泰始中爲魏所獲。靈哲爲布衣，不聽樂。及懷珍卒，當襲爵，靈

哲固辭，以兄子在魏，存亡未測，無容越當茅土。朝廷義之。

靈哲傾產贖嫡母及景煥，累年不能得。武帝哀之，令北使者請之，魏人送以還南，襲懷

珍封爵。靈哲位兗州刺史，隆昌元年卒。

峻字孝標，本名法武，懷珍從父弟也。父琁之，〔八〕仕宋爲始興內史。

峻生朞月而琁之卒，其母許氏攜峻及其兄法鳳還鄉里。宋泰始初，魏剋青州，峻時年

八歲，爲人所略爲奴至中山。中山富人劉寶愍峻，以束帛贖之，教以書學。魏人聞其江南

有戚屬，更徙之代都。居貧不自立，與母並出家爲尼僧，既而還俗。峻好學，寄人廡下，自

課讀書，常燃麻炬，從夕達旦。時或昏睡，爇其鬚髮，及覺復讀，其精力如此。時魏孝文選

盡物望，江南人士才學之徒，咸見申擢，峻兄弟不蒙選拔。

齊永明中，俱奔江南，更改名峻字孝標。自以少時未開悟，晚更厲精，明慧過人。苦所

見不博，聞有異書，必往祈借。清河崔慰祖謂之「書淫」。於是博極羣書，文藻秀出。故其

自序云：「嘗中濟濟皆升堂，亦有愚者解衣裳。」言其少年魯鈍也。時竟陵王子良招學士，峻

因人求爲子良國職。吏部尚書徐孝嗣抑而不許，用爲南海王侍郎，不就。至齊明帝時，蕭

遙欣爲豫州，引爲府刑獄，禮遇甚厚。遙欣尋卒，久不調。

梁天監初，召入西省，與學士賀蹤典校祕閣。峻兄孝慶時爲青州刺史，峻請假省之，坐

私載禁物，爲有司所奏免官。安成王秀雅重峻，及安成王遷荊州，引爲戶曹參軍，給其書

籍，使撰類苑。未及成，復以疾去，因遊東陽紫巖山，築室居焉。爲山栖志，其文甚美。

初，梁武帝招文學之士，有高才者多被引進，擢以不次。峻率性而動，不能隨衆沉浮。

武帝每集文士策經史事，時范雲、沈約之徒皆引短推長，帝乃悅，加其賞賚。會策錦被事，

咸言已罄，〔七〕帝試呼問峻，峻時貧悴冗散，忽請紙筆，疏十餘事，坐客皆驚，帝不覺失色。

自是惡之，不復引見。及峻類苑成，凡一百二十卷，帝卽命諸學士撰華林徧略以高之，竟不見用。

乃著辯命論以寄其懷。論成，中山劉沼致書以難之，凡再反，峻並爲申析以答之。

會沼卒，不見峻後報者，峻乃爲書以序其事。其文論並多不載。

峻又嘗爲自序，其略云：

余自比馮敬通，而有同之者三，異之者四。何則？敬通雄才冠世，志剛金石，余雖不及之，而節亮慷慨。此一同也。敬通逢中興明君，而終不試用，余逢命世英主，亦擯斥當年。此二同也。敬通有忌妻，至於身操井臼，余有悍室，亦令家道轗軻。此三同也。敬通當更始世，手握兵符，躍馬肉食，余自少迄長，戚戚無歡。此一異也。敬通有子仲文，官成名立；余禍同伯道，永無血胤。此二異也。敬通雖芝殘蕙焚，終塡溝壑，而爲名賢所慕，其風流郁烈芬芳，久而彌盛；余聲塵寂莫，世不吾知，魂魄一去，將同秋草。此四異也。所以力自爲序，遺之好事云。

峻本將門，兄法鳳自北歸，改名孝慶字仲昌。早有幹略，齊末爲兗州刺史，舉兵應梁武，封餘干男，歷官顯重。峻獨篤志好學，居東陽，吳、會人士多從其學。普通三年卒，年六十。〔八〕門人謚曰玄靖先生。

劉沼字明信，中山魏昌人。六世祖輿，晉驃騎將軍。沼幼善屬文，及長博學，位終秣陵令。

懷慰字彥泰，懷珍從子也。祖奉伯，宋元嘉中為冠軍長史。父乘人，冀州刺史，〔九〕死於義嘉事。懷慰持喪不食醯醬，冬日不用絮衣，養孤弟妹，事寡叔母，皆有恩義。仕宋為尚書駕部郎。懷慰宗從善明等為齊高帝心腹，懷慰亦預焉。

齊國建，上欲置齊郡於都下。議者以江右土沃，流人所歸，乃置於瓜步，以懷慰為輔國將軍、齊郡太守。上謂懷慰曰：「齊邦是王業所基，吾方欲以為顯任，經理之事，一以委卿。」

又手敕曰：「有文事必有武備，今賜卿玉環刀一口。」

懷慰至郡，修城郭，安集居人，墾廢田二百頃，決沉湖灌溉。不受禮謁，人有餉其新米一斛者，懷慰出所食麥飯示之曰：「食有餘，幸不煩此。」因著廉吏論以達其意。高帝聞之，手敕褒賞。進督秦、沛二郡，妻子在都，賜米三百石。兗州刺史柳世隆與懷慰書曰：「膠東流化，潁川致美，以今方古，曾何足云。」

懷慰本名聞慰，武帝即位，以與舅氏名同，敕改之。後兼安陸王北中郎司馬，卒。明帝

卽位，謂僕射徐孝嗣曰：「劉懷慰若在，朝廷不憂無淸吏也。」子霽、杳、歈。

霽字士洹，〔10〕九歲能誦左氏傳。十四居父憂，有至性，每哭輒嘔血。家貧，與弟杳、歈勵志勤學。及長，博涉多通。梁天監中，歷位西昌相，尙書主客侍郎，海鹽令。霽前後宰二邑，並以和理稱。後除建康令，不拜。

母明氏寢疾，霽年已五十，衣不解帶者七旬，誦觀世音經數萬遍。夜中感夢，見一僧謂曰：「夫人筭盡，君精誠篤志，當相爲申延。」後六十餘日乃亡。霽廬于墓，哀慟過禮，常有雙白鶴循翔廬側，處士阮孝緒致書抑譬焉。霽思慕不已，未終喪而卒。著釋俗語八卷，文集十卷。

杳字士深，年數歲，徵士明僧紹見之，撫而言曰：「此兒實千里之駒。」十三丁父憂，每哭，哀感行路。梁天監中，爲宣惠豫章王行參軍。

杳博綜羣書，沈約、任昉以下每有遺忘，皆訪問焉。嘗於約坐語及宗廟犧樽，約云：「鄭玄答張逸謂爲畫鳳皇尾婆娑然。今無復此器，則不依古。」杳曰：「此言未必可安。古者樽彝皆刻木爲鳥獸，鑿頂及背以出內酒。魏時魯郡地中得齊大夫子尾送女器，有犧樽作犧牛

形。晉永嘉中，賊曹嶷於青州發齊景公冢又得二樽，形亦爲牛象。二處皆古之遺器，知非

虛也。」約大以爲然。約又云：「何承天纂文奇博，其書載張仲師及長頸王事，此何所出？」

杳曰：「仲師長尺二寸，唯出論衡。〔二〕長頸是毗騫王，朱建安扶南以南記云：『古來至今不

死』。」約卽取二書尋檢，一如杳言。約郊居宅時新構閣齋，杳爲贊二首，幷以所撰文章呈

約，約卽命工書人題其贊於壁。仍報杳書，共相歎美。又在任昉坐，有人餉昉樗酒而作槭

字，昉問杳此字是不，杳曰：「葛洪字苑作木旁者。」昉大驚曰：「酒有千日醉，當是虛言。」杳

曰：「桂陽程鄉有千里酒，飲之至家而醉。亦其例。」昉又問杳：「桓譚新論云：『太史三代世表旁

云：『出楊元鳳所撰置郡事。元鳳是魏代人，此書仍載其賦『三重五品，商溪摮里』。」昉卽檢

楊記，言皆不差。王僧孺被使撰譜，訪杳血脈所因。杳云：「

行邪上，並効周譜。』以此而推，當起周代。」僧孺歎曰：「可謂得所未聞。」周捨又問杳尚書著

紫荷囊，相傳云挈囊，竟何所出？」杳曰：「張安世傳云〔三〕『持橐簪筆，事孝武皇帝數十年。』

韋昭、張晏注並曰：『橐，囊也。簪筆以待顧問。』」范岫撰字書音訓又訪杳焉。尋佐周捨撰

國史。

出爲臨津令，有善績，秩滿，縣三百餘人詣闕請留，敕許焉。後詹事徐勉舉杳及顧協等

五人入華林撰徧略，書成，以晉安王府參軍兼廷尉正，以足疾解。因著林庭賦，王僧孺見而

歊曰：「郊居以後，無復此作。」累遷尚書儀曹郎，僕射徐勉以臺閣文議專委杳焉。出為餘姚令，在縣清潔。湘東王繹發敎褒美之。

大通元年，為步兵校尉，兼東宮通事舍人。昭明太子謂曰：「酒非卿所好，而為酒厨之職，政為卿不愧古人耳。」太子有瓠食器，因以賜焉，曰：「卿有古人之風，故遺卿古人之器。」僕射何俄有敕代裴子野知著作郎事。昭明太子薨，新宮建，舊人例無停者，敕特留杳焉。敬容奏轉杳王府諮議，武帝曰：「劉杳須先經中書。」仍除中書侍郎。尋為平西湘東諮議參軍，兼舍人、著作如故。遷尙書左丞，卒。

杳清儉無所嗜好，自居母憂，便長斷腥羶，持齋蔬食。臨終遺命：「斂以法服，載以露車，還葬舊墓，隨得一地，容棺而已。不得設靈筵及祭醊。」其子遵行之。

撰要雅五卷，楚辭草木疏一卷，高士傳二卷，東宮新舊記三十卷，古今四部書目五卷，文集十五卷，並行於世。

歙字士光，生夕有香氣，氛氳滿室。幼有識慧，四歲喪父，與羣兒同處，獨不戲弄。六歲誦論語、毛詩，意所不解，便能問難。十二讀莊子逍遙篇曰：「此可解耳。」客問之，隨問而答，皆有情理，家人每異之，謂為神童。及長，博學有文才，不娶不仕，與族弟訏並隱居求

志，遨遊林澤，以山水書籍相娛而已。

奉母兄以孝悌稱，寢食不離左右。母意有所須，口未及言，歂已先知，手自營辦，狼狽供奉。母每疾病，夢歂進藥，及翌日轉有間効，其誠感如此。性重興樂，尤愛山水，登危履巘，必盡幽遐，人莫能及，皆歂其有濟勝之具。常欲避人世，以母老不忍違。每隨兄齎、杳從宦。

少時好施，務周人之急，人或遺之，亦不拒也。久而歎曰：「受人者必報；不則有愧於人。吾固無以報人，豈可常有愧乎。」

天監十七年，忽著革終論。以爲：

形者無知之質，神者有知之性。有知不獨存，依無知以自立，故形之於神，逆旅之館耳。及其死也，神去此館，速朽得理。是以子羽沈川，漢伯方壙，文楚黃壤，士安麻索：此四子者得理也。若從四子而遊，則平生之志得矣。然積習生常，難卒改革，一朝肆志，儻不見從。今欲翦截煩厚，務存儉易，進不裸尸，退異常俗，〔二三〕不傷存者之念，有合至人之道。且張奐止用幅巾，王肅唯盥手足，范冉斂畢便葬，爰珍無設筵几，〔二四〕文度故舟爲棺，子廉牛車載柩，叔起誠絕墳隴，康成使無卜吉。此數公者，尚或如之，況爲吾人，而尚華泰。今欲髡髮翦景行，以爲軌則。氣絕不須復魂，盥漱而斂。以一千

錢市成棺，單故裙衫，衣巾枕履。此外送往之具，棺中常物，一不得有所施。世多信李、彭之言，可謂惑矣。余以孔、釋為師，差無此惑。斂訖，載以露車，歸於舊山，隨得一地，地足為坎，坎足容棺。不須塼甓，不勞封樹，勿設祭饗，勿置几筵。其蒸嘗繼嗣，言象所絕，事止余身，無傷世教。

初，訏之疾，歆盡心救療，及卒哀傷，為之誄，又著悲友賦以序哀情。忽有老人無因而至，謂曰：「君心力堅猛，必破死生，但運會所至，不得久留一方耳。」彈指而去。歆心知其異，試遣尋之，莫知其所。於是信心彌篤。既而寢疾，恐貽母憂，乃自言笑，勉進湯藥。謂兄霽、杳曰：「兩兄祿仕，足伸供養。歆之歸泉，復何所憾。願深割無益之悲。」十八年，年三十二卒。

始沙門釋寶誌遇歆於興皇寺，驚起曰：「隱居學道，清淨登仙。」如此三說。歆未死之春，有人為其庭中栽柿，歆謂兄子弇曰：「吾不見此實，爾其勿言。」至秋而亡，人以為知命。

先是有太中大夫琅邪王敬胤以天監八年卒，遺命：「不得設復魄旌旐，一蘆藉下，一枚覆上。吾氣絕便沐浴，籃輿載尸，還忠侯大夫塋中。若不行此，則戮吾尸於九泉。」敬胤親故誄其行迹，諡曰貞節處士。

外甥許慧詔因阮研以聞。詔曰：「敬胤令其息崇素，氣絕便沐浴，藉以二蘆蘧，鑿地周身，歸

葬忠侯。此達生之格言，賢夫玉匣石槨遠矣。然子於父命，亦有所從有所不從。今崇素若

信遺意，土周淺薄，屬辟不施，一朝見侵狐鼠，毀屍已甚。父可以訓子，子亦不可行之。外

內易棺，此自奉親之情，藉土而葬，亦通人之意。宜兩捨兩取，以達父子之志。棺周於身，

土周於槨，去其牲奠，斂以時服。一可以申情，二可以稱家。禮教無違，生死無辱，此故當

為安也。」

訏字彥度，懷珍從孫也。祖承宗，宋太宰參軍。父靈真，齊鎮西諮議、武昌太守。

訏幼稱純孝，數歲父母繼卒，訏居喪哭泣孺慕，幾至滅性，赴弔者莫不傷焉。後為伯父

所養，事伯母及昆姊孝友篤至，為宗族所稱。自傷早孤，人有誤觸其諱者，未嘗不感結流

涕。

長兄絜為娉妻，尅日成婚，訏聞而逃匿，事息乃還。

本州刺史張稷辟為主簿，主者檄召訏，乃挂檄於樹而逃。陳留阮孝緒博學隱居，不交

當世，恒居一鹿牀，環植竹木，寢處其中，時人造之，未嘗見也。訏經一造，孝緒卽顧以神

交。

訏族兄歆又履高操，三人日夕招攜，故都下謂之三隱。

訏善玄言，尤精意釋典，曾與歆聽講鍾山諸寺，因共卜築宋熙寺東澗，有終焉之志。尚

書郎何炯嘗遇之於路，曰：「此人風神穎俊，蓋荀奉倩、衛叔寶之流也。」命駕造門，拒而不

見。族祖孝標與書稱之曰：「訏超超越俗，如半天朱霞。歆矯矯出塵，如雲中白鶴。皆儉歲之粱稷，寒年之纖纊。」

訏嘗著穀皮巾，披納衣，每遊山澤，輒留連忘返。神理閑正，姿貌甚華，在林谷之間，意氣彌遠，或有遇之者，皆謂神人。家甚貧苦，併日而食，隆冬之月，或無薀絮，訏處之晏然，人不覺其飢寒也。自少至長，無喜慍之色。每於可競之地，輒以不競勝之。或有加陵之者，莫不退而愧服，由是衆論咸歸重焉。

天監十七年，卒於歆舍。[二五]臨終執歆手曰：「氣絕便斂，斂畢卽埋，靈筵一不須立。勿設饗祀，無求繼嗣。」歆從而行之。宗人至友，相與刊石立銘，謚曰玄貞處士。

善明，懷珍族弟也。父懷人，仕宋爲齊、北海二郡太守。元嘉末，青州饑荒，人相食。善明家有積粟，躬食饘粥，開倉以救，鄉里多獲全濟，百姓呼其家田爲續命田。善明少而靜處讀書，刺史杜驥聞名候之，辭不相見。年四十，刺史劉道隆辟爲中從事。懷人謂善明曰：「我已知汝立身，復欲見汝立官也。」善明應辟，仍舉秀才。宋孝武見其策強直，甚異之。

泰始初，徐州刺史薛安都反，青州刺史沈文秀應之。時州居東陽城，善明家在郭內，不

能自拔。伯父彌之詭說文秀求自効，文秀使領軍主張靈慶等五千人援安都。彌之出門，密

謂部曲曰：「始免禍坑矣。」行至下邳，乃背文秀，善明從伯懷恭爲北海太守，據郡相應。〔一六〕而

明密契，收集門宗部曲，得三千人。夜斬關奔北海。族兄乘人又聚衆勃海以應朝廷。〔一六〕而善

彌之尋爲薛安都所殺，明帝贈青州刺史。以乘人爲冀州刺史，善明爲北海太守，除尚書金

部郎。乘人病卒，〔一七〕仍以善明爲冀州刺史。文秀既降，除善明海陵太守，郡境邊海，無樹

木，善明課人種榆檟雜果，遂獲其利。還爲直閤將軍。

五年，魏剋青州，善明母在焉，移置代郡。善明布衣蔬食，哀戚如持喪，明帝每見，爲之

歎息。轉巴西梓潼二郡太守。善明以母在魏，不願西行，泣涕固請，見許。朝廷多哀善明

心事，元徽初遣北使，朝議令善明舉人。善明舉州鄉北平田惠紹使魏，贖母還。

時宋後廢帝新立，羣臣執政，善明獨事齊高帝，委身歸誠。出爲西海太守，行青冀二州

刺史。善明從弟僧副與善明俱知名於鄉里，泰始初，魏攻淮北，僧副將部曲二千人東依海

島。齊高帝在淮陰，壯其所爲，召與相見，引爲安成王撫軍參軍。後廢帝肆暴，高帝憂恐，

常令僧副微行，伺察聲論。使密告善明及東海太守垣崇祖，使動魏兵。善明勸靜以待之，

高帝納焉。

廢帝見殺，善明爲高帝驃騎諮議、南東海太守，行南徐州事。沈攸之反，高帝深以爲

憂。

善明獻計曰：「沈攸之控引八州，縱情蓄斂，苞藏賊志，於焉十年。性既險躁，才非持重，起逆累旬，遲迴不進，豈應有所待也？一則閫於兵機，二則人情離怨，三則有掣肘之患，四則天奪其魄。本疑其輕速，掩襲未備，今六師齊奮，諸侯同舉，此已籠之鳥耳。」事平，高帝召善明還都，謂曰：「卿策沈攸之，雖張良、陳平適如此耳。」仍遷太尉右司馬。

齊臺建，為右衛將軍，辭疾不拜。司空褚彥回謂善明曰：「高尚之事，乃卿從來素意，今朝廷方相委待，詎得便學松、喬邪。」善明答曰：「我本無宦情，既逢知己，所以勠力驅馳。天地廓清，朝廷濟濟，鄙存既申，〔二○〕不敢昧於富貴矣。」

高帝踐阼，以善明勳誠，欲與之祿，召謂曰：「淮南近畿，國之形勝，非親賢不居，卿與我臥理之。」乃代明帝為淮南宣城二郡太守。遣使拜授，封新淦伯。〔一九〕善明至郡，上表陳事凡十一條：其一以為「天地開創，宜存問遠方，廣宣慈澤」。其二以為「京都遠近所歸，宜遣醫藥，問其疾苦，年九十以上及六疾不能自存者，隨宜量賜」。其三以為「宋氏敕令，蒙原者寡。愚謂今下赦書，宜令事實相副」。其四以為「劉昶猶存，容能送死境上，諸城宜應嚴備」。其五以為「宜除宋氏大明以來苛政細制，以崇簡易」。其六以為「凡諸土木之費，且可權停」。其七以為「帝子王女，宜崇儉約」。其八以為「宜詔百官及府州郡縣，各貢讜言，以弘廣唐、虞之美」。其九以為「忠貞孝悌，宜擢以殊階；清儉苦節，應授以政務」。其十以為「革命惟始，宜

擇才北使」。其十一以為「交州險夐，要荒之表，宋末政苛，遂至怨叛。今宜懷以恩德，未應

遠勞將士，搖動邊甿」。又撰賢聖雜語奏之，託以諷諫。上優詔答之。

又諫起宣陽門，表陳：「宜明守宰賞罰，立學校，制齊禮，開賓館以接鄰國」。上答曰：「夫

賞罰以懲守宰，飾館以待遐荒，皆古之善政，吾所宜勉。更撰新禮，或非易制。國學之美，已

敕公卿。宣陽門今敕停。寡德多闕，思復有聞。」

善明身長七尺九寸，質素不好聲色，所居茅齋，斧木而已。牀楊几案，不加劃削。少立

節行，常云：「在家當孝，為吏當清，子孫楷杖足矣。」及累為州郡，頗纊財賄，崔祖思怪而問

之，答曰：「管子云，鮑叔知我。」[二〇]因流涕曰：「方寸亂矣，豈暇為廉。」所得金錢皆以贖母。

及母至，清節方峻。所歷之職，廉簡不煩，俸祿散之親友。

與崔祖思友善，祖思出為青冀二州，善明遺書敘舊，因相勗以忠概。及聞祖思死，慟

哭，仍得病。建元二年卒，遺命薄殯。贈左將軍、豫州刺史，諡烈伯。子滌嗣。

善明家無遺儲，唯有書八千卷。高帝聞其清貧，賜滌家葛塘屯穀五百斛，曰：「葛屯亦

吾之垣下，令後世知其見異。」

善明從弟僧副字士雲，位前將軍，封豐陽男，卒於巴西、梓潼二郡太守。上圖功臣像

讚，僧副亦在焉。

兄法護字士伯，有學業，位濟陰太守。

論曰：詩稱「抑抑威儀，惟人之則。」又云：「其儀不忒，正是四國。」觀夫杲之風流所得，休野行己之度，蓋其有焉。仲和性履所遵，德璋業尚所守，殆人望也。懷珍宗族文質斌斌，自宋至梁，時移三代，或以隱節取高，或以文雅見重。古人云立言立德，斯門其有之乎。

校勘記

〔一〕祖深之位義興太守　張森楷南史校勘記：「南齊書作『祖深之』，雍州刺史」。梁書庾華傳作『深之，應州刺史』。宋書孝武紀有大明五年庾深之爲豫州刺史文；海陵王休茂傳稱深之轉海陵王司馬見害，贈雍州刺史。不云爲義興太守，即守義興，亦非終於其官也。當以南齊書爲是。」

〔二〕孔珪字德璋　「孔珪」南齊書作「孔稚珪」，有傳。此避唐高宗小名而省。

〔三〕凡一千七百三十二條　「七」各本作「五」，據上所舉數核之，「五」爲「七」之誤，今改正。

〔四〕取爲驍騎長史兼墨曹行參軍　「史」字疑衍文。按宋、齊官制，諸曹有「署正參軍」，有「署行參軍」，其行參軍無署者爲「長兼員」。此不當有「史」字。

〔五〕　上乃遣軍主房靈人領百騎進送晃　「靈人」南齊書作「靈民」，此避唐諱改。

〔六〕　父琁之　「琁之」梁書作「斑」。

〔七〕　會築錦被事咸言已罄　「會」各本作「曾」，據册府元龜二一八改。

〔八〕　普通三年卒年六十　按梁書及宋本册府元龜五九五作「普通二年卒，年六十一」。據上文「宋泰始初『青州陷魏，峻年八歲』，則峻生於宋大明二年，至梁普通二年應爲六十五歲。卒於普通三年，則應爲六十六歲。疑「六十」下脱「五」字或「六」字。

〔九〕　父乘人冀州刺史　「乘人」南齊書作「乘民」，此避唐諱改。後劉善明傳「父懷人」同。

〔一〇〕　霖字士湮　「士湮」梁書作「士烜」。按古人名與字相應，梁書是。

〔一一〕　仲師長尺二寸唯出論衡　檢今本論衡作「潁川張仲師長一丈二寸」，殆誤。按太平御覽三七八引何承天纂文作「潁川張仲師長二尺二寸」，見漢書。「一尺二寸」與「二尺二寸」未知孰是。

〔一二〕　張安世傳云　當作「趙充國傳云」，見漢書。

〔一三〕　進不裸尸退異常俗　「異」各本作「畢」，據梁書改。

〔一四〕　爰珍無設筵几　「爰珍」梁書作「奚珍」，未知孰是。

〔一五〕　天監十七年卒於歆舍　「十」字各本並脱，據梁書補。按上云「本州刺史張稷辟爲主簿」。據梁書本傳「劉訏平原人」，平原屬冀州，又據武帝紀，張稷爲青冀二州刺史在天監十年，可證劉訏

之死必在十年以後。

〔一六〕 族兄乘人又聚衆勃海以應朝廷 「衆」字各本並脫，據南齊書補。

〔一七〕 乘人病卒 錢大昕廿二史考異：「按劉懷慰傳云 父乘民死於義嘉事難，與此互異，當有一誤。」

〔一八〕 鄙客旣申 「鄙客」南齊書作「鄙懷」。

〔一九〕 封新淦伯 「新淦」各本作「新塗」，據通志改。

〔二〇〕 管子云鮑叔知我 「鮑叔」各本作「夷吾」，據册府元龜七五三改。 按史記管晏列傳 管仲夷吾者，少時嘗與鮑叔牙游。管仲曰：『生我者父母，知我者鮑子也。』

南史卷五十

列傳第四十

劉瓛　弟璡　族子顯　轂　明僧紹　子山賓　庾易　子黔婁　於陵　肩吾

劉虯　子之遴　之亨　虯從弟坦

劉瓛字子珪，沛郡相人，晉丹陽尹惔六世孫也。祖弘之，給事中。父惠，臨賀太守。

瓛篤志好學，博通訓義。年五歲，聞舅孔熙先讀管寧傳，欣然欲讀，舅更為說之，精意聽受，曰：「此可及也。」宋大明四年，舉秀才，兄璲亦有名，先應州舉，至是別駕東海王元會與瓛父惠書曰：「比歲賢子充秀，州閭可謂得人。」[一]

除奉朝請不就，兄弟三人共處蓬室一間，為風所倒，無以葺之。怡然自樂，習業不廢。聚徒教授，常有數十。丹陽尹袁粲於後堂夜集，聞而請之，指聽事前古柳樹謂瓛曰：「人謂

此是劉尹時樹,每想高風,今復見卿清德,可謂不衰矣。」薦爲祕書郎,不見用。

後拜安成王撫軍行參軍,公事免。瓛素無宦情,自此不復仕。袁粲誅,瓛微服往哭,并致賻助。

齊高帝踐阼,召瓛入華林園談語,問以政道。答曰:「政在孝經。宋氏所以亡,陛下所以得之是也。」帝咨嗟曰:「儒者之言,可寶萬世。」又謂瓛曰:「吾應天革命,物議以爲何如?」瓛曰:「陛下戒前軌之失,加之以寬厚,雖危可安,若循其覆轍,雖安必危。」及出,帝謂司徒褚彥回曰:「方直乃爾。學士故自過人。」敕瓛使數入,而瓛自非詔見,未嘗到宮門。

上欲用瓛爲中書郎,使吏部尙書何戩喩旨。戩謂瓛曰:「上意欲以鳳池相處,恨君資輕,可且就前除。少日當轉國子博士,便卽所授。」瓛笑曰:「平生無榮進意,今聞得中書郎而拜記室,豈本心哉。」

後以母老闕養,拜彭城郡丞,司徒褚彥回宣旨喩之,答曰:「自省無廊廟才,所願唯彭城丞耳。」上又以瓛兼總明觀祭酒,除豫章王驃騎記室參軍,丞如故。瓛終不就。武陵王曄爲會稽太守,上又欲令瓛爲曄講,除會稽郡丞。學徒從之者轉衆。

永明初,竟陵王子良請爲征北司徒記室,瓛與張融、王思遠書曰:

奉敎使恭召,會當停公事;但念生平素抱,有乖恩顧。吾性拙人間,不習仕進,昔

嘗為行佐，便以不能及公事兗黜，此睿者所共知也。量已審分，不敢期榮，夙嬰貧困，加以疎懶，衣裳容髮，有足駭者。中以親老供養，褰裳徒步，脫爾逮今，二代一紀。先朝使其更自修正，勉勵於階級之次，見其縕縷，或復賜以衣裳。袁、褚諸公，咸加勸勵，終於不能自反也。一不復為，安可重為哉。昔人有以冠一兗，不重加於首，每謂此得進止之儀。又上下年尊，益不願居官次廢晨昏也。[二]先朝為此，曲申從許，故得連年不拜。既習此歲久，又齒長疾侵，豈宜攝齋河間之聽，厠迹東平之僚？本無俗之操，亦非能偃蹇為高，此又聽覽所當深察者也。近初奉教，便自希得託迹客游之末，而固辭榮級，其故何邪？以古之王侯大人，或以此延四方之士，有追申、白而入楚，羨鄒、枚而游梁，吾非敢叨夫曩賢，庶欲從九九之遺迹，既於聞道集泮不殊，而幸無職司拘礙，可得奉溫凊，展私計，志在此耳。

除步兵校尉，不拜。

瓛姿狀纖小，儒業冠於當時，都下士子貴游，莫不下席受業，當世推其大儒，以比古之曹、鄭。性謙率，不以高名自居，之詣於人，[三]唯一門生持胡牀隨後。主人未通，便坐門待答。

住在檀橋，瓦屋數間，上皆穿漏，學徒敬慕，不敢指斥，呼為青溪焉。

竟陵王子良親往脩謁。七年，表武帝為瓛立館，以楊烈橋故主第給之，生徒皆賀。瓛

曰：「室美豈為人哉，[四]此華宇豈吾宅邪？幸可詔作講堂，猶恐見害也。」未及徙居，遇疾。

子良遣從瓛學者彭城劉繪、順陽范縝將廚於瓛宅營齋。及卒，門人受學者並弔服臨送。

瓛有至性，祖母病疽經年，手持膏藥，漬指為爛。母孔氏甚嚴明，謂親戚曰：「阿稱便是

今世曾子。」稱，瓛小名也。年四十餘，未有婚對。建元中，高帝與司徒褚彥回為瓛娶王氏

女。王氏穿壁挂履，土落孔氏牀上，孔氏不悅。瓛即出其妻。及居母憂，住墓下不出廬，足

為之屈，杖不能起。此山常有鵂鶹鳥，瓛在山三年不敢來，服釋還家，此鳥乃至。

梁武帝少時嘗經伏瓛，及天監元年下詔為瓛立碑，諡曰貞簡先生。所著文集行於世。

初，瓛講月令畢，謂學生嚴植之曰：「江左以來，陰陽律數之學廢矣，吾今講此，曾不得

其彷彿。」學者美其退讓。時濟陽蔡仲熊禮學博聞，謂人曰：「五音本在中土，故氣韻調平。

今既東南土氣偏詖，故不能感動木石。」瓛亦以為然。仲熊執經議論，往往與時宰不合，亦

終不改操求同，故坎壈不進，歷年方至尚書左丞，當時恨其不遇。

又東陽裴幼瑜字季玉，著禮捃拾三十卷。

瓛弟璡字子覜，方軌正直，儒雅不及瓛而文采過之。宋泰豫中，為明帝挽郎。齊建元

初，為武陵王曄冠軍征虜參軍。曄與僚佐飲，自割鵝炙。瓛曰：「應刃落俎，是膳夫之事。」

殿下親執鸞刀，下官未敢安席。」因起請退。與友人會稽孔逷同舟入東，於塘上遇一女子，逷目送曰：「美而豔。」瓛曰：「斯豈君子所宜言乎，非吾友也。」於是解裳自隔。或曰：「與友孔徹同舟入東，徹留目觀岸上女子。瓛舉席自隔，不復同坐。兄瓛夜隔壁呼瓛，瓛不答，方下牀著衣立，然後應。瓛怪其久，瓛曰：「向束帶未竟。」其立操如此。

文惠太子召瓛入侍東宮，每上事輒削草。尋署射聲校尉，卒於官。

時濟陽江重欣亦清介，雖處闇室，如對嚴賓，而不及瓛也。重欣位至射聲校尉。

顯字嗣芳，瓛族子也。父戭字仲翔，博識強正，名行自居。幼為外祖臧質所鞠養。質既富盛，恒有音樂。戭每聞絲竹之聲，未嘗不歔欷流涕。梁天監初，終於晉安內史。

顯幼而聰敏，六歲能誦呂相絕秦、賈誼過秦。質亡後，母沒十許年，童。族伯瓛儒學有重名，卒無嗣，齊武帝詔顯為後，時年八歲。本名頤，齊武以字難識，改名顯。琅邪王思遠、吳國張融見而稱賞，號曰神童。

天監初，舉秀才，解褐中軍臨川王行參軍，俄署法曹。

顯博涉多通。任昉嘗得一篇缺簡，文字零落，示諸人莫能識者，顯見云是古文尚書所刪逸篇。昉檢周書，果如其說。昉因大相賞異。丁母憂，服闋，尚書令沈約時領太子少傅，

引為少傅五官。

約為丹陽尹，命駕造焉。於坐策顯經史十事，顯對其九。約曰：「老夫昏忘，

不可受策，雖然，聊試數事，不可至十。」顯問其五，約對其二。陸倕聞之擊席喜曰：「劉郎子

可謂差人，雖吾家平原詣張壯武，王粲謁伯喈，必無此對。」其為名流推賞如此。

五兵尚書傅昭掌著作，撰國史，顯自兼廷尉正，被引為佐。及革選尚書五都，〔吾〕顯以

法曹兼吏部郎。後為尚書儀曹郎。嘗為上朝詩，沈約見而美之，命工書人題之於郊居宅

壁。後兼中書通事舍人，再遷驃騎鄱陽王記室，兼中書舍人。後為中書郎，舍人如故。

顯與河東裴子野、南陽劉之遴、吳郡顧協連職禁中，遞相師友，人莫不慕之。顯博聞強

記，過於裴、顧。時波斯獻生師子，帝問曰：「師子有何色」？顯曰：「黃師子超不及白師子

超。」魏人送古器，有隱起字無識者，顯案文讀之無滯，考校年月，一字不差。武帝甚嘉焉。

遷尚書左丞，除國子博士。時有沙門訟田，帝大署曰「貞」。有司未辯，偏問莫知。顯

曰：「貞字文為與上人。」帝因忌其能，出之。後為雲麾邵陵王長史、尋陽太守。魏使李諧至

聞之，恨不相識。歎曰：「梁德衰矣。善人國之紀也，而出之，無乃不可乎。」王遷鎮郢州，除

平西府諮議參軍，久在府不得志。大同九年終于夏口，時年六十三。

凡佐兩府，並事驕王，人為之憂，而反見禮重。友人劉之遴啟皇太子為之銘誌，葬於秣

陵縣劉真長舊塋。

子蕚、恬、臻。臻早有名，載北史。

顯從弟殼字仲寶。形貌短小，儒雅博洽，善辭翰，隨湘東王在蕃十餘年，寵寄甚深。當

時文檄皆其所為。位吏部尚書、國子祭酒。魏剋江陵，入長安。

明僧紹字休烈，平原鬲人，一字承烈。其先吳太伯之裔，百里奚子孟明，以名為姓，其

後也。祖玩，州中從事。父略，給事中。僧紹明經有儒術，宋元嘉中，再舉秀才，永光中，鎮

北府辟功曹，並不就。隱長廣郡嶗山，聚徒立學。魏剋淮北，乃度江。〔六〕

昇明中，齊高帝為太傅，教辟僧紹及顧歡、臧榮緒，以旌幣之禮，徵為記室參軍，不至。

僧紹弟慶符為青州，僧紹乏糧食，隨慶符之鬱洲，住弇榆山，栖雲精舍，欣玩水石，竟不一入

州城。

泰始季年，岷、益有山崩，淮水竭齊郡，僧紹竊謂其弟曰：「夫天地之氣，不失其序，若夫

陽伏而不泄，陰迫而不蒸，於是乎有山崩川竭之變。昔伊、洛竭而夏亡，河竭而殷亡，三川

竭岐山崩而周亡，五山崩而漢亡。〔七〕夫有國必依山川而為固，山川作變，不亡何待？今宋

德如四代之季，爾誌吾言而勿泄也。」竟如其言。

齊建元元年冬，徵爲正員郎，稱疾不就。其後帝與崔祖思書，令僧紹與慶符俱歸。帝

又曰：「〔八〕「不食周粟而食周薇，古猶發議，在今寧得息談邪？聊以爲笑。」

慶符罷任，僧紹隨歸住江乘攝山。僧紹聞沙門釋僧遠風德，往候定林寺。高帝欲出寺

見之，僧遠問僧紹曰：「天子若來，居士若爲相對？」僧紹曰：「山藪之人，政當鑿坏以遁，若辭

不獲命，便當依戴公故事。」既而遁還攝山、建栖霞寺而居之，高帝甚以爲恨。昔戴顒高臥

牖下，以山人之服加其身，僧紹故云。

高帝後謂慶符曰：「卿兄高尙其事，亦堯之外臣。朕夢幽人，固已勤矣。所謂『巡路

絕，風雲通』。」仍賜竹根如意、筍籜冠，隱者以爲榮焉。勃海封延伯者，高行士也，聞之歎曰：

「明居士身彌後而名彌先，亦宋、齊之儒仲也。」永明中，徵國子博士不就，卒。

僧紹長兄僧胤能言玄，仕宋爲江夏王義恭參軍，王別爲立榻，比之徐孺子。位冀州刺

史。子慧照，元徽中，爲齊高帝平南主簿，從拒桂陽，累至驃騎中兵參軍，與荀伯玉對領直。

建元元年，爲巴州刺史，綏懷蠻蜒，上許爲益州刺史，未遷卒。

僧胤次弟僧嵩亦好學，宋大明中再使魏，于時新誅司空劉誕。孝武謂曰：「若問廣陵之

事，何以答之？」對曰：「周之管、蔡，漢之淮南。」帝大悅。及至魏，魏問曰：「卿銜此命，當緣

上國無相蹤者邪?」答曰:「聰明特達,舉袂成帷,比屋之甿,又無下僕。晏子所謂『看國善惡。』故再辱此庭。」位至青州刺史。

僧紹子元琳、仲璋、山賓並傳家業,山賓最知名。

山賓字孝若,七歲能言名理。[九]十三,博通經傳,居喪盡禮。起家奉朝請。兄仲璋癭疾,家道屢空,山賓乃行干祿,後爲廣陽令,頃之去官。會詔使公卿舉士,左衞將軍江祏上書薦山賓才堪理劇。齊明帝不重學,謂祏曰:「聞山賓談書不輟,何堪官邪。」遂不用。歷中書侍郎,梁臺建,累遷右軍記室參軍,掌吉禮。時初置《五經》博士,山賓首應其選。除中書侍郎,國子博士,太子率更令,中庶子。天監十五年,出爲持節、都督緣淮諸軍事、北兗州刺史。四年,爲散騎普通二年,徵爲太子右衞率,加給事中。遷御史中丞,以公事左遷黃門侍郎。常侍。東宮新置學士,又以山賓居之。俄以本官兼國子祭酒。

初,山賓在州,所部平陸縣不稔,啓出倉米以振百姓。後刺史檢州曹,失簿,以山賓爲耗損。有司追責,籍其宅入官。山賓不自理,更市地造宅。昭明太子聞築室不就,有令曰:「明祭酒雖出撫大蕃,擁旍推轂,[一0]珥金拖紫,而恒事屢空。聞構宇未成,今送薄助。」并詩曰:「平仲古稱奇,夷吾昔擅美,[一一]令則挺伊賢,東秦固多士。築室非道傍,置宅歸仁里。

列傳第四十 明僧紹

一二四三

庚桑方有係，原生今易擬。必來三徑人，將招五經士。」

山賓性篤實，家中嘗乏困，貨所乘牛。既售受錢，乃謂買主曰：「此牛經患漏蹄，療差已久，恐後脫發，無容不相語。」買主遽追取錢。處士阮孝緒聞之，歎曰：「此言足使還淳反朴，激薄停澆矣。」

五年，又假節攝北兗州事，後卒官，贈侍中，諡曰質子。山賓累居學官，甚有訓導之益，然性頗疏通，接於諸生多狎比，人皆愛之。所著吉禮儀注二百二十四卷，禮儀二十卷，孝經喪服義十五卷。

子震字興道，亦傳父業，位太子舍人，尚書祠部郎，餘姚令。

山賓弟少退字處默，亦知名，位都官尚書。簡文謂人曰：「我不喜明得尚書，更喜朝廷得人。」後拜青州刺史。太清之亂奔魏，仕北齊，卒於太子中庶子。子琘，司空記室。

明氏南度雖晚，並有名位，自宋至梁為刺史者六人。

庚易字幼簡，新野人也，徙居江陵。祖玫，巴郡太守。父道驥，安西參軍。

易志性恬靜，不交外物，齊臨川王映臨州，表薦之，餉麥百斛。易謂使人曰：「走樵採麋

鹿之伍，終其解毛之衣，[三二]馳騁日月之車，得保自耕之祿，於大王之恩亦已深矣。」辭不受，

以文義自樂。安西長史袁象欽其風，贈以鹿角書格、蚌盤、蚌研、白象牙筆。并贈詩曰：「白

日清明，青雲遼亮，昔聞巢、許，今覩臺、尚。」易以連理几、竹翹書格報之。

建武三年，詔徵為司空主簿，[三三]不就，卒。子黔婁。[三四]

黔婁字子貞，一字貞正。少好學，多所講誦。性至孝，不曾失色於人。南陽高士劉虬、

宗測並歎異之。仕齊為編令，政有異績。先是縣境多猛獸暴，黔婁至，猛獸皆度往臨沮界，

時以為仁化所感。

徙屏陵令，到縣未旬，易在家遘疾，黔婁忽心驚，舉身流汗，即日棄官歸家。家人悉驚

其忽至。時易疾始二日，醫云欲知差劇，但嘗糞甜苦。易泄利，黔婁輒取嘗之，味轉甜滑，

心愈憂苦。至夕，每稽顙北辰，求以身代。俄聞空中有聲曰：「徵君壽命盡，不復可延。汝

誠禱既至，政得至月末。」及晦而易亡。黔婁居喪過禮，廬于冢側。

梁臺建，黔婁自西臺尚書儀曹郎為益州刺史鄧元起表為府長史、巴西梓潼二郡太守。

及成都平，城中珍寶山積，元起悉分與僚佐，唯黔婁一無所取。元起惡其異衆，厲聲曰：「長

史何獨為高？」黔婁示不違之，請書數篋。尋除蜀郡太守，在職清素，百姓便之。元起死于

蜀郡,部曲皆散,黜妻身營殯斂,攜持喪柩歸鄉里。

東宮建,以中軍記室參軍侍皇太子讀,甚見知重。詔與太子中庶子殷鈞、中舍人到洽、國子博士明山賓遞日為太子講五經義。遷散騎侍郎,卒。弟於陵。

於陵字子介,七歲能言玄理。及長,清警博學,有才思。齊隨王子隆為荊州,召為主簿,使與謝朓、宗夬抄撰羣書。子隆代還,又以為送故主簿。子隆為明帝所害,僚吏畏避莫至,唯於陵與夬獨留經理喪事。永元末,除東陽遂安令,為人吏所稱。

梁天監初,為建康獄平,遷尚書功論郎,待詔文德殿。後兼中書通事舍人,拜太子洗馬。舊東宮官屬通為清選,洗馬掌文翰,尤其清者。近代用人,皆取甲族有才望者,時於陵與周捨並擢充此職。武帝曰:「官以人清,豈限甲族。」時論以為美。累遷中書黃門侍郎,舍人如故。後終於鴻臚卿。弟肩吾。

肩吾字慎之[二五],八歲能賦詩,為兄於陵所友愛。初為晉安王國常侍,王每徙鎮,肩吾常隨府。在雍州被命與劉孝威、江伯搖、孔敬通、申子悅、徐防、徐摛、王囿、孔鑠、鮑至等十人抄撰衆籍,豐其果饌,號高齋學士。王為皇太子,兼東宮通事舍人。後為安西湘東王錄

事、諮議參軍，〔二六〕太子率更令、中庶子。

簡文開文德省置學士，肩吾子信、徐摛子陵、吳郡張長公、北地傅弘、東海鮑至等充其選。齊永明中，王融、謝朓、沈約文章始用四聲，以為新變，至是轉拘聲韻，彌為麗靡，復踰往時。

簡文與湘東王書論之曰：

比見京師文體，懦鈍殊常，〔二七〕競學浮疏，爭事闡緩，既殊比興，正背風騷。若夫六典三禮，所施則有地，吉凶嘉賓，用之則有所，未聞吟詠情性，反擬內則之篇，操筆寫志，更模酒誥之作。遲遲春日，翻學歸藏，湛湛江水，遂同大傳。

吾既拙於為文，不敢輕有措擬，但以當世之作，歷方古之才人，〔二八〕遠則楊、馬、曹、王，近則潘、陸、顏、謝，觀其遣辭用心，了不相似。若以今文為是，則昔賢為非；若以昔賢可稱，則今體宜棄。俱為盍各，則未之敢許。又時有效謝康樂、裴鴻臚文者，亦頗有惑焉。何者？謝客吐言天拔，出於自然，時有不拘，是其糟粕。裴氏乃是良史之才，了無篇什之美。是為學謝則不屆其精華，但得其冗長；師裴則蔑絕其所長，唯得其所短。謝故巧不可階，裴亦質不宜慕。故胸馳臆斷之侶，好名忘實之類，決羽謝生，豈三千之可及，伏膺裴氏，懼兩唐之不傳。故玉徽金銑，反為拙目所嗤，巴人下俚，更合鄭中之聽。陽春高而不和，妙聲絕而不尋。竟不精討錙銖，覆量文質，有異巧心，終愧妍手。是以

握瑜懷玉之士，瞻鄭邦而知退，章甫翠履之人，望閩鄉而歎息。詩既若此，筆又如之。

徒以煙墨不言，受其驅染，紙札無情，任其搖襞。甚矣哉，文章橫流，一至於此。

至如近世謝朓、沈約之詩，任昉、陸倕之筆，斯文章之冠冕，述作之楷模。張士簡

之賦，周升逸之辯，亦成佳手，難可復遇。文章未墜，必有英絕，領袖之者，非弟而誰。

每欲論之，無可與語，思吾子建，一共商榷。辨茲清濁，使如涇、渭，論茲月旦，類彼汝

南。朱白既定，雌黃有別，使夫懷鼠知慚，濫竽自恥。相思不見，我勞如何！

及簡文卽位，以肩吾爲度支尚書。時上流蕃鎮，並據州拒侯景，景矯詔遣肩吾使江州

喻當陽公大心。大心乃降賊，肩吾因逃入東。後賊宋子仙破會稽，購得肩吾欲殺之，先謂

曰：「吾聞汝能作詩，今可卽作，若能，將貸汝命。」肩吾操筆便成，辭采甚美，子仙乃釋以爲

建昌令。仍間道奔江陵，歷江州刺史，領義陽太守，封武康縣侯。卒，贈散騎常侍、中書令。

子信。

劉虬字靈預，一字德明，南陽涅陽人，晉豫州刺史喬七世孫也。徙居江陵。

虬少而抗節好學，須得祿便隱。宋泰始中，仕至晉平王驃騎記室、當陽令。罷官歸家

靜處，常服鹿皮裌，斷穀，餌朮及胡麻。齊建元初，豫章王嶷為荊州，教辟虯為別駕，與同郡宗測、新野庾易並遺書禮請之。虯等各修牋答而不應命。

永明三年，刺史廬陵王子卿表虯及同郡宗測、宗尚之、庾易、劉昭五人，請加蒲輪束帛之命。詔徵為通直郎，不就。

竟陵王致書通意，虯答曰：「虯四節臥疾病，三時營灌植，暢餘陰於山澤，託暮情於魚鳥，寧非唐、虞重恩，周、邵宏施。」

虯精信釋氏，衣粗布，禮佛長齋，注《法華經》，自講佛義。以江陵西沙洲去人遠，乃徙居之。

建武二年，詔徵國子博士，不就。其冬虯病，正晝有白雲徘徊簷戶之內，又有香氣及磬聲。其日卒，年五十八。虯子之遴。

之遴字思貞，八歲能屬文。虯曰：「此兒必以文興吾宗。」常謂諸子曰：「若比之顏氏，則之遴得吾之文。」由是州里稱之。

時有沙門僧惠有異識，每詣虯必呼之遴小字曰：「僧伽福德兒。」握手而進之。

年十五，舉茂才，明經對策，沈約、任昉見而異之。吏部尚書王瞻嘗候任昉，遇之遴在坐，昉謂瞻曰：「此南陽劉之遴，學優未仕，水鏡所宜甄擢。」即辟為太學博士。[九]昉曰：「為

之美談，不如面試。」時張稷新除尚書僕射，託昉為讓表，昉令之遴代作，操筆立成。昉曰：

「荊南秀氣，果有異才，後仕必當過僕。」御史中丞樂藹卽之遴之舅，憲臺奏彈，皆令之遴草焉。後為荊州中從事，梁簡文臨荊州，仍遷宣惠記室。之遴篤學明審，博覽羣籍，時劉顯、韋稜並稱強記，之遴每與討論，咸不過也。

累遷中書侍郎，後除南郡太守。武帝謂曰：「卿母年德並高，故令卿衣錦還鄉，盡榮養之理。」轉西中郎湘東王繹長史，太守如故。初，之遴在荊府，常寄居南郡，忽夢前太守袁彖謂曰：「卿後當為折臂太守，卽居此中。」之遴後牛奔墮車折臂，右手偏直，不復得屈伸，書則以手就筆，歎曰：「豈黔而王乎？」周捨嘗戲之曰：「雖復並坐可橫，政恐陋巷無枕。」後連相兩王，再為此郡，歷祕書監。

出為郢州行事，之遴意不願出，固辭曰：「去歲命絕離巽，不敢東下，今年所忌又在西方。」武帝手敕曰：「朕聞妻子具，孝羨於親，爵祿具，忠羨於君。卿既內足，理忘奉公之節。」遂為有司奏免。後為都官尚書、太常卿。

之遴好古愛奇，在荊州聚古器數十百種，有一器似甌可容一斛，上有金錯字，時人無能知者。又獻古器四種於東宮。其第一種，鏤銅鴟夷榼二枚，兩耳有銀鏤，銘云：「建平二年造。」其第二種，金銀錯鏤古鐏二枚，有篆銘云：「秦容成侯適楚之歲造。」其第三種，外國澡灌一口，有銘云：「元封二年，龜茲國獻。」其第四種，古製澡盤一枚，銘云：「初平二年造。」

時鄱陽嗣王範得班固所撰漢書眞本獻東宮，皇太子令之遴與張纘、到溉、陸襄等參校

異同，之遴錄其異狀數十事，其大略云：「案古本漢書稱永平十六年五月二十一日己酉，郎

班固上，而今本無上書年月日子。又案古本敍傳號爲中篇，今本稱爲敍傳，又今本敍傳載

班彪事行，而古本云「彪自有傳」。又今本紀及表志列傳不相合爲次，而古本相合爲次，總成

三十八卷。又今本外戚在西域後，古本外戚次帝紀下。又今本高五子、文三王、景十三王、

孝武六子，宣元六王雜在諸傳帙中，〔二〕古本諸王悉次外戚下，在陳項傳上。又今本韓彭英

盧吳述云：「信惟餓隸，布實黥徒，越亦狗盜，芮尹江湖。雲起龍驤，化爲侯王。」古本述云：

「淮陰毅毅，仗劍周章，〔三〕邦之傑子，實惟彭、英。化爲侯王，雲起龍驤。」又古本第三十七

卷解音釋義，以助雅詁，而今本無此卷也。」

之遴好屬文，多學古體，與河東裴子野、沛國劉顯恒共討論古籍，因爲交好。時周易、

尚書、禮記、毛詩並有武帝義疏，唯左氏傳尚闕，之遴乃著春秋大意十科，左氏十科，三傳同

異十科。合三十事上之。帝大悅，詔答曰：「省所撰春秋義，比事論書，辭微旨遠，編年之

教，言闡義繁。丘明傳洙、泗之風，公羊宗西河之學，鐸椒之解不追，瑕丘之說無取。繼踵胡

母，仲舒云盛，因循穀梁，千秋最篤。張蒼之傳左氏，賈誼之襲荀卿，源本分鑣，指歸殊致，

詳略紛然，其來舊矣。昔在弱年，久經研味，一從遺置，迄將五紀。兼晚秋暑促，機事罕暇，

夜分求衣，未遑披括。須待夏景，試欲推尋，若溫故可求，別酬所問也。」

始武帝於齊代爲荊府諮議，時之遴父虬隱在百里洲，早相知聞。帝偶匱乏，遣就虬換穀百斛。之遴時在父側，曰：「蕭諮議躓士，云何能得春，顧與其米。」虬從之。及帝卽位常懷之。侯景初以蕭正德爲帝，之遴時落景所，將使授璽紱。之遴預知，仍剃髮披法服乃免。

先是，平昌伏挺出家，之遴爲詩嘲之曰：「傳聞伏不鬪，化爲支道林。」及之遴遇亂，遂披染服，時人笑之。

尋避難還鄉，湘東王繹嘗嫉其才學，聞其西上至夏口，乃密送藥殺之。不欲使人知，乃自製誌銘，厚其賻贈。前後文集五十卷。

子三達字三善，數歲能清言及屬文。州將湘東王繹聞之，盛集賓客，召而試之。說義屬詩，皆有理致。年十二，聽江陵令賀革講禮還，仍覆述，不遺一句。年十八卒。之遴深懷悼恨，乃題墓曰「梁妙士」以旌之。之遴弟之亨。

之亨字嘉會，年四歲，出後叔父嵩。及長好學，美風姿，善占對。武帝之臨荊州，唯與虬談。虬見之遴之亨，帝曰：「之遴必以文章顯，之亨當以功名著。」後州舉秀才，除太學博士，仍代兄之遴爲中書通事舍人。累遷步兵校尉，湘東王繹諮議參軍，敕賜金策幷賜詩焉。

大通六年，出師南鄭，詔湘東王節度諸軍。之亭以司農卿爲行臺承制，途出本州北界，總督衆軍，杖節而西，樓船戈甲甚盛。老小緣岸觀曰：「是前舉秀才者。」鄉部偉之。是行也，大致剋復，軍士有功皆錄，唯之亭爲蘭欽所訟，執政因而陷之，故封賞不行，但復本位而已。久之，帝讀陳湯傳，恨其立功絕域而爲文吏所抵。宦者張僧胤曰：「外聞論者，竊謂劉之亭似之。」帝感悟，乃封爲臨江子。固辭不拜。

之亭美績嘉聲，在朱异之右，既不協，懼爲所害，故美出之，以代之遴爲安西湘東王繹長史、南郡太守。上問朱异曰：「之亭代兄喜不？兄弟因循，豈直大馮、小馮而已。」又謂尙書令何敬容曰：「荆州長史、南郡太守，皆是僕射出入。今者之亭便是九轉。」在郡有異績，吏人稱之。卒，荆土懷之，不復稱名，號爲大南郡小南郡。

子廣德，亦好學，負才任氣。承聖中，位湘東太守。魏平荆州，依于王琳。琳平，陳太建中，歷河東太守，卒官。〔三〕

之亭弟之遲，位荆州中從事史。子仲威，少有志氣，頗涉文史。梁承聖中，爲中書侍郎。蕭莊稱尊號，以爲御史中丞，隨莊終鄴中。

坦字德度，虬從弟也。仕齊歷屛陵令，南中郎錄事參軍，所居以幹濟稱。

梁武帝起兵，時輔國將軍楊公則為湘州刺史，帥師赴夏口。西朝議行州事者，坦求行，

乃除輔國長史、長沙太守，行湘州刺史。坦嘗在湘州，多舊恩，道迎者甚眾。齊東昏遣安成

太守劉希祖破西臺所選太守范僧簡於平都，希祖移檄湘部，於是始與內史王僧粲應之，湘

部諸郡，悉皆蜂起。州人咸欲汎舟逃走，坦悉聚船焚之。前湘州鎮軍鍾玄紹潛應僧粲，[一三]

坦聞其謀，偽為不知，因理訟至夜，城門遂不閉以疑之。玄紹未及發，明旦詣坦問其故。久

留與語，密遣親兵收其家。玄紹在坐未起，而收兵已報具得其文書本末。玄紹即首伏，於

坐斬之，焚其文書，餘黨悉無所問。

梁天監初，論功封荔浦子。三年，遷西中郎長史、蜀郡太守，行益州事。未至蜀，道卒。

論曰：劉瓛弟兄，僧紹父子，並業盛專門，飾以儒行，持身之節，異夫苟得患失者焉。庾

易、劉虯取高一代，其所以行己，事兼隱德，諸子學業之美，各著家聲。顯及之邅見嫉時主，

或以非罪而斥，或以非疾而亡，異夫自古哲王屈己下賢之道，有以知武皇之不弘，元后之多

忌。梁祚之不永也，不亦宜哉。

〔一〕 比歲賢子充秀州閭可謂得人 「比歲」各本作「此歲」,據南監本、殿本南齊書改,參李慈銘南史札記說。

〔二〕 又上下年尊益不願居官次廢晨昏也 梁書同。通志郭世通傳作「尊上」,無「下」字。然考本書孝義郭世通傳附子平原傳,載建安郡丞許瑤之以縣一斤遺平原,並云「以此奉尊上下耳」。據此則六朝時似稱人之母為「尊上下」,而自稱其母為「上下」。

〔三〕 之詣於人 南齊書作「遊詣故人」。

〔四〕 室美豈為人哉 南齊書作「室美為人災」,疑「豈」字衍。「哉」當作「災」,下「猶恐見害也」可證。

〔五〕 及革選尚書五都 梁書作「及革尚書五都選」。按尚書五都令史本用寒人,革選改用士流。

〔六〕 魏剋淮北乃度江 「淮北」各本作「淮南」,據通志改。按南齊書云:「淮北沒虜,乃南渡江。」

〔七〕 五山崩而漢亡 「五山」疑當作「三山」。按漢書五行志:「成帝河平三年,犍為柏江山崩、捐江山崩,皆壅江水;元延三年,蜀郡岷山崩,壅江,江水逆流。劉向以為周時岐山崩,三川竭而幽王亡。岐山者,周所興也。漢家本起於蜀,漢今所起之地,山崩川竭,殆必亡矣。其後三世無嗣,王莽纂位。」僧紹之言本此。三山者,柏江山、捐江山與岷山。

〔八〕 其後帝與崔祖思書至帝又曰 「崔祖思」各本作「崔思祖」。按崔祖思傳見南齊書,今乙正。「帝

〔九〕 又曰 各本作「僧紹又曰」，據南齊書改。

〔一〇〕 七歲能言名理 「名理」北監本、汲古閣本、殿本、局本作「玄理」，與梁書合。大德本、南監本作「名理」。

〔一一〕 擁旄推轂 「擁旄」梁書作「擁旄」。

〔一二〕 夷吾昔擅美 「夷吾」各本作「夷齊」。孫志祖讀書脞錄：「山賓非樓隱者，何爲遠擬夷、齊邪。」據梁書改。

〔一三〕 終其解毛之衣 「毛之」各本作「之毛」，據南齊書乙正。

〔一四〕 詔徵爲司空主簿 「司空主簿」南齊書作「司徒主簿」。

〔一五〕 子黔妻 「黔妻」下各本衍「嗣」字，今删。

〔一六〕 肩吾字慎之 「慎之」梁書作「子慎」，按肩吾兄於陵字子介，似作「字子慎」爲是。

〔一六〕 後爲安西湘東王錄事諮議參軍 「錄事」各本作「中錄事」。按南齊書百官志諸曹無「中錄事」，據梁書删。

〔一七〕 儒鈍殊常 「儒」各本作「儒」，據梁書改。

〔一八〕 歷方古之才人 「方」各本作「萬」，據梁書改。按「方」比也。李慈銘南史札記：「此緣誤方作万，逐爲萬耳。」

〔一九〕即辟爲太學博士　「辟」各本作「調」，據梁書、册府元龜六三七改。

〔二〇〕又今本高五子文三王景十三王孝武六子宣元六王雜在諸傳帙中　「帙」各本作「表」，據梁書改。

〔二一〕淮陰毅毅仗劍周章　「仗」各本作「伏」，據梁書改。

〔二二〕依于王琳琳平陳太建中歷河東太守卒官　「王琳琳」各本作「王綝綝」，據陳書劉廣德傳改。按傳云廣德光大中爲河東太守，大建元年卒於郡，與此異。

〔二三〕前湘州鎮軍鍾玄紹潛應僧粲　「湘州鎮軍」各本及梁書、通鑑同。胡三省注：「按當時州府官屬無鎮軍之稱。」

南史卷五十一

列傳第四十一

梁宗室上

吳平侯景　子勱　勱動勃　弟昌　昂　昱

長沙宣武王懿　子業　孫孝儼　業弟藻　猷　猷子韶　駿　猷弟朗　明

永陽昭王敷　衡陽宣王暢　桂陽簡王融　子象　象子慥

臨川靖惠王宏　宏子正仁　正義　正德　正德子見理　正德弟正則

正則弟正立　正立子賁　正立弟正表　正信

吳平侯景字子昭，[一]梁武帝從父弟也。祖道賜以禮讓稱，居鄉有爭訟，專賴平之，又周其疾急，鄉里號曰「墟王」。[二]皆竊言曰「其後必大」。仕宋終于書侍御史，[三]齊末追贈左

光祿大夫。三子：長曰尚之，次曰文帝，次曰崇之。尚之敦厚有器業，為司徒建安王中兵參軍，一府稱為長者。遷步兵校尉，卒官。梁天監初，追諡曰文宣侯。子騫嗣。崇之仕齊官至東陽太守，以幹能顯，政尚嚴厲。永明中，錢唐唐寓之反，〔四〕別衆破東陽，崇之遇害。天監初，追諡忠簡侯。

景，崇之子也。八歲，隨父在郡，居喪以毀聞。及長好學，才辯有識斷。仕齊為永寧令，政為百城最。永嘉太守范述曾居郡，號稱廉平，雅服景為政，乃牓郡門曰：「諸縣有疑滯者，可就永寧令決。」以疾去官。永嘉人胡仲宣等千人詣闕表請景為郡，不許。永元二年，以長沙宣武王懿勳，除步兵校尉。是冬懿遇害，景亦逃難。

武帝起兵，以景行南兗州事。時天下未定，泗北儋楚，各據塢壁。〔五〕景示以威信，渠帥相率面縛請罪，旬日境內皆平。武帝踐阼，封吳平縣侯，南兗州刺史，加都督。詔景母毛氏為國太夫人，禮如王國太妃，假金章紫綬。景居州清恪，有威裁，明解吏職，文案無壅，下不敢欺，吏人畏敬如神。會年荒，計口振恤，又為饘粥於路以賦之，死者給棺具，人甚賴焉。

天監七年，為左驍騎將軍，兼領軍將軍。領軍管天下兵要，宋孝建以來，制局用事，與領軍分權，典事以上皆得呈奏，領軍垂拱而已。及景在職峻切，官曹肅然，制局監皆近倖，

頗不堪命，以是不得久留中。

尋出爲寧蠻校尉、雍州刺史，加都督。八年，魏荊州刺史元志攻潺溝，驅迫羣蠻，羣蠻悉度漢水來降。議者以爲蠻累爲邊患，可因此除之。景曰：「窮來歸我，誅之不祥，且魏人來侵，每爲矛楯，若悉誅蠻，則魏軍無礙，非長策也。」乃開樊城受降，因命司馬朱思遠、寧蠻長史曹義宗、中兵參軍孟惠儁擊志於潺溝，大破之。景初到州，省除參迎羽儀器服，不得煩擾吏人。修葺城壘，申警邊備，理辭訟，勸農桑。郡縣皆改節自勵，州內清靜，抄盜絕迹。

十三年，復爲領軍將軍，直殿省，知十州損益事，月加祿五萬。景爲人雅有風力，長於辭令。其在朝廷，爲衆所瞻仰。於武帝雖屬爲從弟，而禮寄甚隆，軍國大事皆與議決。

十五年，加侍中。及太尉、揚州刺史臨川王宏坐法免，詔景以安右將軍監揚州，置佐史，卽宅爲府。景越親居揚州，固讓至于涕泣，帝弗許。在州尤稱明斷，符教嚴整。有田舍老姥訴得符，還至縣，縣吏未卽發，姥語曰：「蕭監州符如火，汝手何敢留之」！其爲人所畏敬如此。

遷都督、郢州刺史。將發，帝幸建興苑餞別，爲之流涕。在州復有能名。齊安、竟陵郡接魏界，多盜賊，景移書告示，魏卽焚塢戍保境，不復侵略。卒于州，贈開府儀同三司，諡曰思。子勘。[六]

勘字文約，弱不好弄，喜慍不形於色。位太子洗馬，母憂去職，殆不勝喪。每一思至，

必徒步之墓。或遇風雨，仆臥中路，坐地號慟，起而復前，家人不能禁。景特所鍾愛，曰：「吾

百年後，其無此子乎。」使左右節哭。服闋，除太子中舍人。景薨于郢鎮，或以路遠，祕其凶

問，以疾漸爲辭。勘乃奔波，屆于江夏，不進水漿者七日。盧于墓所，親友隔絕。會叔父曇

下詔獄，勘乃率昆弟羣從同詣大理，雖門生故吏，莫能識之。後襲封吳平侯，對揚王人，悲

慟嗚咽，傍人亦爲隕涕。

除淮南太守，以善政稱。遷宣城內史，郡多猛獸，常爲人患，及勘在任，獸暴爲息。又

遷豫章內史，道不拾遺，男女異路。徙廣州刺史，去郡之日，吏人悲泣，數百里中，舟乘塡

塞，各齎酒肴以送勘。勘人爲納受，隨以錢帛與之。至新淦縣析山村，有一老姥以樊擊鱐

魚，自送舟側奉上之，童兒數十人入水扳舟，或歌或泣。

廣州邊海，舊饒，外國舶至，多爲刺史所侵，每年舶至不過三數。及勘至，纖豪不犯，歲

十餘至。俚人不賓，多爲海暴，勘征討所獲生口寶物，軍國所須，悉送還臺。前後刺史皆營

私蓄，方物之貢，少登天府。自勘在州，歲中數獻，軍國所須，相繼不絕。武帝歎曰：「朝廷

便是更有廣州。」有詔以本號還朝，而西江俚帥陳文徹出寇高要，〔七〕又詔勘重申蕃任。未

幾，文徹降附。勱以南江危險，宜立重鎮，乃表臺於高涼郡立州。敕仍以為高州，以西江督護孫固為刺史。[八]徵為太子左衛率。

勱性率儉，而器度寬裕，左右嘗將羹至胸前翻之，顏色不異，徐呼更衣。聚書至三萬卷，披翫不倦，尤好東觀漢記，略皆誦憶。劉顯執卷策勱，酬應如流，乃至卷次行數亦不差失。少交結，唯與河東裴子野、范陽張纘善。卒於道，贈侍中，諡曰光侯。勱弟勷。

勱弟勷。

謀誅侯景，事發遇害。

勱字文肅，少以清靜自立，封西鄉侯，位南康內史，太舟卿。大寶元年，與南康王會理

勱字文祗，封東鄉侯，位太子洗馬，及勱同見害。

勱弟勃位定州刺史，封曲江鄉侯。大寶初，廣州刺史元景仲將謀應侯景，西江督護陳霸先攻景仲，迎勃為刺史。時湘東王繹在荊州，雖承制授職，力不能制，遂從之。勃乃鎮嶺南，為廣州刺史。後江表定，以王琳代為廣州，以勃為晉州刺史。魏剋江陵，勃復據廣州。

敬帝承制，加司徒。紹泰中，爲太尉，尋進爲太保。及陳武禪代之際，舉兵不從，尋敗，遇害。

昌字子建，景弟也。位衡州刺史。性好酒，在州每醉，徑出入人家，[九]或獨詣草野，刑戮頗無期度，醉時所殺，醒或求焉，亦無悔也。累遷兼宗正卿，屢爲有司所劾。[一〇]久留都，忽忽不樂，遂縱酒虛悸。在石頭東齋，引刀自刺而卒。弟昂。

昂字子明，位輕車將軍，監南兗州。初，兄景再爲兗州，德惠在人，及昂來代，時人方之馮氏。徵爲琅邪、彭城二郡太守。時有女年二十許，散髮黃衣，在武窟山石室中，[一一]無所修行，唯不甚食。或出人間，時飲少酒，鵝卵一兩枚，人呼爲聖姑。就求子往往有效，造者充滿山谷。昂呼問無所對，以爲祅惑，鞭之二十。創卽差，失所在。中大通元年，爲領軍將軍。久之，封湘陰侯，出爲江州刺史。卒，諡曰恭侯。

昂弟昱字子眞，少而狂狷，不拘禮度，異服危冠，交遊冗雜。尤善屠牛，業以爲常。於宅內酤酒。好騎射。歷位中書侍郎。每求試邊州，武帝以其輕脫無威望，抑而不許。遷給

事黃門侍郎，上表請自解，帝手詔責之，坐免官。因此杜門絕朝覲。

普通五年，坐於宅內鑄錢，爲有司所奏，下廷尉，得免死，徙臨海郡。行至上虞，有敕追還，令受菩薩戒。既至，恂恂盡禮，改意蹈道，持戒又精潔。帝甚嘉之。

以爲晉陵太守，[三]下車勵名迹，除煩苛，明法憲，嚴於姦吏，旬日之間，郡中大安。俄而暴卒，百姓行號巷哭，市里爲之誼沸，設祭奠於郡庭者四百餘人。田舍有婦女夏氏年百餘歲，扶曾孫出郡，悲泣不自勝。其惠化所感如此。百姓相率爲立廟建碑，以紀其德，又詣都表求贈謚。詔贈湘州刺史，謚曰恭子。

文帝十男：張皇后生長沙宣武王懿、永陽昭王敷、武帝、衡陽宣王暢。李太妃生桂陽簡王融。融爲東昏所害，敷、暢齊建武中卒，武帝踐阼，並追封郡王。陳太妃生臨川靖惠王宏、南平元襄王偉。吳太妃生安成康王秀、始興忠武王憺。費太妃生鄱陽忠烈王恢。

長沙宣武王懿字元達，文帝長子也。少有令譽，解褐齊安南邵陵王行參軍，襲爵臨湘

縣侯。歷位晉陵太守，以善政稱。

永明末，爲梁、南秦二州刺史，加督。是歲，魏軍入漢中，遂圍南鄭。懿隨機拒擊，乃解圍遁去。又遣氐帥楊元秀攻取魏歷城等六戍。魏人震懼，邊境遂寧。

永元二年，裴叔業據豫州反，懿以豫州刺史領歷陽、南譙二郡太守討之，叔業懼，遂降魏。武帝時在雍州，遣典籤趙景悅說懿與晉陽之甲，誅君側之罪。懿不答。既而平西將軍崔慧景入寇，奉江夏王寶玄圍臺城，齊室大亂，馳信召懿。懿時方食，投箸而起，率銳卒三千人入援。武帝遣虞安福下都說懿曰：「誅賊之後，則有不賞之功，當明君賢主，尚或難立，況於亂朝，何以自免。若賊滅之後，仍勒兵入宮，行伊、霍故事，此萬世一時。若不欲爾，便放表還歷陽，託以外拒爲事，則威振內外，誰敢不從。一朝放兵，受其厚爵，高而無人，必生後悔。」長史徐曜甫亦苦勸，並不從。慧景遣其子覺來拒，懿擊大破之，乘勝而進，慧景衆潰，追斬之。授尚書令、都督征討水陸諸軍事。[二]

時東昏肆虐，茹法珍、王咺之等執政，宿臣舊將，並見誅夷。懿既勳高，獨居朝右，深爲法珍等所憚，乃說東昏，將加酷害。徐曜甫知之，密具舟江渚，勸令西奔。懿不從，曰：「古皆有死，豈有叛走尚書令邪？」尋見留省賜藥，與弟融俱殞。謂使者曰：「家弟在雍，深爲朝廷憂之。」中興元年，贈司徒。宣德太后臨朝，改贈太傅。天監元年，追崇丞相，封長沙郡王，

諡曰宣武。給九旒鑾輅、黃屋左纛，葬禮依晉安平王故事。

懿名望功業素重，武帝本所崇敬。帝以天監元年四月丙寅即位，是日即見襃崇。戊辰，乃始贈第二兄敷、第四弟暢、第五弟融。帝不親奉，命臨川王宏侍從。七月，帝臨軒，遣兼太尉、散騎常侍王份奉策上太祖文皇帝、獻皇后及德皇后尊號。既先卑後尊，又臨軒命策，識者頗致譏議焉。

懿子業字靜曠，〔一四〕幼而明敏，仕齊為太子舍人。宣武之難，與二弟藻、象俱逃匿於王嚴秀家。東昏知之，收嚴秀付建康獄，考掠備極，乃以鉗拔手爪，至死不言，竟以免禍。

天監二年，襲封長沙王，歷位祕書監，侍中，都督南兗州刺史。運私邸米，僦人作壁以砌城，武帝善之。徙湘州，尤著善政。零陵舊有二猛獸為暴，無故相枕而死。郡人唐睿見猛獸傍一人曰：「刺史德感神明，所以兩猛獸自斃。」言訖不見，衆並異之。普通四年，為侍中、金紫光祿大夫。薨，諡曰元王。文集行於世。

子孝儼嗣。

孝儼字希莊，射策甲科，除祕書郎、太子舍人。從幸華林園，於坐獻相風烏、華光殿、

景陽山等頌，其文甚美，帝深賞異之。薨，諡曰章。子睿嗣。業弟藻。

藻字靖藝，仕齊位著作佐郎。天監元年，封西昌縣侯，爲益州刺史。時鄧元起在蜀，自以有剋劉季連功，恃宿將，輕少藻，藻怒乃殺之。既天下草創，邊徼未安，州人焦僧護聚衆數萬，據郫、繁作亂。藻年未弱冠，集僚佐議，欲自擊之。或陳不可，藻大怒，斬之階側。乃乘平肩輿，巡行賊壘。賊聚弓亂射，矢下如雨，從者舉楯禦箭，又命除之，由此人心大安，賊乃夜遁。藻命騎追擊，平之。

九年，徵爲太子中庶子。初，鄧元起之在蜀也，崇於聚斂，財貨山積。金玉珍帛爲一室，名爲內藏；綺縠錦罽爲一室，號曰外府。藻以外府賜將帥，內藏歸王府，不有私焉。及是還朝，輕裝就路。再遷侍中。

藻性謙退，不求聞達，善屬文，尤好古體。自非公宴，未嘗妄有所爲，縱有小文，成輒棄本。歷雍、兗二州刺史。頻莅州鎮，人吏咸稱之。推善下人，常如弗及。普通六年，爲軍師將軍，與西豐侯正德北侵渦陽，輒班師，爲有司奏，免官削爵土。八年，復封爵。中大通三年，爲中軍將軍，太子詹事，出爲丹陽尹。帝每稱其小字，歎曰：「子弟並如迦葉，吾復何憂。」入爲尚書左僕射，加侍中，固辭，不許。大同五年，遷中衞將軍、開府儀同三司、中書令，

侍中如故。

藻性恬靜，獨處一室，牀有膝痕，宗室衣冠莫不楷則。常以爵祿太過，每思屏退，門庭閑寂，賓客罕通。簡文尤敬愛之。自遭家禍，恒布衣蒲席，不食鮮禽，非公庭不聽音樂，武帝每以此稱之。

出爲南徐州刺史。侯景亂，藻遣世子彧率兵入援。及城開，加散騎常侍。侯景遣其儀同蕭邕代之據京口，藻因感氣疾。或勸奔江北，藻曰：「吾國之台鉉，任寄特隆，既不能誅翦逆賊，正當同死朝廷耳。」因不食而薨。

藻弟猷，封臨汝侯，爲吳興郡守。性偶儻，與楚王廟神交，飲至一斛。每醉祀，盡歡極醉，神影亦有酒色，所禱必從。

後爲益州刺史，侍中，中護軍。時江陽人齊苟兒反，衆十萬攻州城，猷兵糧俱盡，人有異心。乃遙禱請救。是日有田老逢一騎浴鐵從東方來，問去城幾里，曰「百四十」。時日已晡，騎舉稍曰：「後人來，可令之疾馬，欲及日破賊。」俄有數百騎如風，一騎過請飲，田老問爲誰，曰「吳興楚王來救臨汝侯。」當此時，廟中請祈無驗。十餘日，乃見侍衞土偶皆泥濕如汗者。是日，猷大破苟兒。[六]猷在州頗倨濫，客筵內逐有香橙，不置連榻。[七]武帝末知

之,以此為恚。還都,以憂愧成疾,卒,諡曰靈,以與神交也。

獻子韶字德茂,初封上甲縣都鄉侯。太清初為舍人,城陷奉詔西奔。及至江陵,人士多往尋覓,令韶說城內事,韶不能人人為說,乃疏為一卷,客問者便示之。湘東王聞而取看,謂曰:「昔王韶之為隆安紀十卷,說晉末之亂離。今之蕭韶亦可為太清紀十卷矣。」韶乃更為太清紀。其諸議論,多謝吳為之。韶既承旨撰著,多非實錄,湘東王德之,改超繼宣武王,封長沙王,遂至郢州刺史。

韶昔為幼童,庾信愛之,有斷袖之歡,衣食所資,皆信所給。遇客,韶亦為信傳酒。後為郢州,信西上江陵,途經江夏,韶接信甚薄,坐青油幕下,引信入宴,坐信別榻,有自矜色。信稍不堪,因酒酣,乃徑上韶牀,踐蹋肴饌,直視韶面,謂曰:「官今日形容大異近日。」時賓客滿坐,韶甚慚恥。

韶弟駿字德款,善草隸,工文章,晚更習武,膂力絕人,與永安侯確相類。位尚書殿中郎、超武將軍,封南安侯。[一八]城陷,為賊任約所禮。謀召鄱陽嗣王範襲約,反為所害。

猷弟朗字徹，天監五年，例以王子封侯。歷太子洗馬，桂州刺史，加都督。性倨而

虐，羣下患之。記室庾丹以忠諫見害，帝聞之，使於嶺表以功自效。丹父景休位御史中丞

丹少有儁才，與伏挺、何子朗俱爲周捨所狎。初景休罷巴東郡頗有資產，丹負錢數百萬，責

者塡門。景休怒，不爲之償。既而朝賢之丹不之景休，景休悅，乃悉爲還之。爲建康正，坐

事流廣州。

朗弟明字靖通，少被武帝親愛，封貞陽侯。〔一九〕太清元年，爲豫州刺史，百姓詣闕拜表，

言其德政，樹碑于州門內。及碑匠探石出自肥陵，明乃廣營厨帳，多召人物，躬自率領至

州。識者笑之，曰：「王自立碑，非州人也。」

武帝既納侯景，大舉北侵，使南康王會理總兵，明乃拜表求行。固請，乃許之。會理已

至宿預，詔改以明代爲都督水陸諸軍趣彭城，大圖進取。敕曰：「侯景志清鄴、洛，以雪讎

恥。其先率大軍，隨機撫定。汝等衆軍可止於寒山築堰，引清水以灌彭城。大水一汎，孤

城自殄，愼勿妄動。」明師次呂梁十八里，作寒山堰以灌彭城，水及于堞，不沒者三板。魏遣

將慕容紹宗赴救，明謀略不出，號令莫行。諸將每諮事，輒怒曰：「吾自臨機制變，勿多言。」

衆乃各掠居人，明亦不能制，唯禁其一軍無所侵掠。

紹宗至，決堰水，明命將救之，莫肯出。魏軍轉逼，人情大駭。胡貴孫謂趙伯超曰：「不

戰何待？」伯超懼不能對。貴孫乃入陳苦戰，伯超擁衆弗敢救，曰：「與戰必敗，不如全軍早

歸。」乃使具良馬，載其愛妾自隨。貴孫遂沒。伯超子威方將赴戰，伯超懼其出，使人召之，

遂相與南還。

明醉不能與，衆軍大敗，明見俘執。北人懷其不侵掠，謂之義王。及至魏，魏帝引見明

及諸將帥，釋其禁，送晉陽。勃海王高澄禮明甚重，謂曰：「先王與梁主和好十有餘年，聞彼

禮佛文，常云奉爲魏主并及先王，此甚是梁主厚意。不謂一朝失信，致此紛擾。」因欲與梁

通和，使人以明書告武帝，方致書以慰高澄。

東魏除明散騎常侍。及聞社稷淪蕩，哀泣不捨晝夜。魏平江陵，齊文宣使送明至梁，

并前所獲梁將湛海珍等皆聽從明歸。令上黨王渙率衆送之。是時太尉王僧辯、司空陳霸

先在建康，推晉安王方智爲太宰、都督中外諸軍事，承制置百官。渙軍漸進，明與僧辯書求

迎，僧辯不從。及渙破東關，斬裴之橫，僧辯懼，乃納明。於是梁與東度，齊師北反。

明至，望朱雀門便長慟，迄至所止，道俗參問，皆以哭對之。及稱尊號，改承聖四年爲

天成元年，大赦境內。以方智爲太子，授王僧辯大司馬，遣其子章馳到齊拜謝。齊遇明及

僧辯使人，在館供給宴會豐厚，一同武帝時使。及陳霸先襲殺僧辯，復奉晉安王，是爲敬

帝，而以明為太傅、建安王。報齊云：「僧辯陰謀篡逆，故誅之。」仍請稱臣于齊，永為蕃國。

齊遣行臺司馬恭及梁人盟於歷陽。明年，齊人徵明，霸先猶稱蕃，將遣使送明，疽發背死。

時王琳與霸先相抗，齊文宣遣兵納永嘉王莊主梁祀，追諡明曰閔皇帝。

永陽昭王敷字仲達，文帝第二子也。少有學業，仕齊為隨郡內史。招懷遠近，士庶安

之，以為前後之政莫及。明帝謂徐孝嗣曰：「學士舊聞例不解理官，聞蕭隨郡唯置酒清言，

而路不拾遺，行何風化以至於此？」答曰：「古者修文德以來遠人，況止郡境而已。」帝稱善。

徵為廬陵王諮議參軍，卒。武帝即位，贈司空，封永陽郡王，諡曰昭。天監二年，子伯游嗣。

伯游字士仁，位會稽太守，薨，諡曰恭。

衡陽宣王暢，文帝第四子也。有美名，仕齊位太常，封江陵縣侯，卒。天監元年，追贈開

府儀同三司，封衡陽郡王，諡曰宣。

三年，子元簡位郢州刺史，卒於官，諡曰孝。葬將引，柩有聲，議者欲開視。王妃柳氏

曰：「晉文已有前例，不聞開棺。無益亡者之生，徒增生者之痛。」遂止。少子獻嗣。

桂陽簡王融，文帝第五子也。仕齊位太子洗馬，與宣武王懿俱遇害。天監元年，贈撫軍大將軍，封桂陽郡王，諡曰簡。無子，詔以長沙宣武王第九子象嗣。

象字世翼，容止閑雅，簡於交游，事所生母以孝聞。位丹陽尹。象生長深宮，始親庶政，舉無失德，朝廷稱之。再遷湘州刺史，加都督。湘州舊多猛獸爲暴，及象任州日，四猛獸死于郭外，自此靜息，故老咸稱德政所感。歷位太常卿，加侍中，遷祕書監。薨，諡曰敦。子愷嗣。

愷字元貞，位信州刺史，有威惠。太清二年，赴援臺城，遇敕還蕃。尋爲張纘所構，書報湘東王曰：「河東、桂陽二蕃，掎角欲襲江陵。」湘東乃水步兼行至荊鎮。愷尚軍江津，不以爲意，湘東至，乃召愷，深加慰喻，愷心乃安。後留止省內，愷心知禍及，遂肆醜言。湘東大怒，付獄殺之。

臨川靖惠王宏字宣達，[三〇]文帝第六子也。長八尺，美鬚眉，容止可觀。仕齊為北中郎桂陽王功曹史。宣武之難，兄弟皆被收。道人釋惠思藏宏。及武帝師下，宏至新林奉迎。建康平，為中護軍，領石頭戍事。

天監元年，封臨川郡王，位揚州刺史，加都督。宏以帝之介弟，所領皆器械精新，軍容甚盛，北人以為百數十年所未之有。軍次洛口，前軍剋梁城。宏部分乖方，多違朝制，諸將欲乘勝深入，宏聞魏援近，畏懦不敢進，召諸將欲議旋師。呂僧珍曰：「知難而退，不亦善乎。」宏曰：「我亦以為然。」柳惔曰：「自我大衆所臨，何城不服，何謂難乎？」裴邃曰：「是行也，固敵是求，何難之避？」馬仙琕曰：「王安得亡國之言。天子掃境內以屬王，有前死一尺，無却生一寸。」昌義之怒鬚盡磔，曰：「呂僧珍可斬也。豈有百萬之師，輕言可退，何面目得見聖主乎！」朱僧勇、胡辛生拔劍而起曰：「欲退自退，下官當前向取死！」議者已罷，僧珍謝諸將曰：「殿下昨來風動，意不在軍，深恐大致沮喪，欲使全師而反。」又私裴邃曰：「王非止全無經略，庸怯過甚。吾與言軍事，都不相入。觀此形勢，豈能成功，停軍不前。」魏人知其不武，遺以巾幗。北軍歌曰：「不畏蕭娘與呂姥，但畏合肥有韋武。」武謂韋叡也。[三一]僧珍歎曰：

「使始興、吳平爲元帥，我相毗輔，中原不足平。今遂敵人見欺如此。」乃欲遣裴邃分軍取壽

陽，大衆停洛口。宏固執不聽，乃令軍中曰：「人馬有前行者斬。」自是軍政不和，人懷憤怒。

魏奚康生馳遣楊大眼謂元英曰：「梁人自剗梁城已後，久不進軍，其勢可見，當是懼我。

王若進據洛水，彼自奔敗。」元英曰：「蕭臨川雖懦，其下有好將韋、裴之屬，亦未可當。望氣

者言九月賊退，今且觀形勢，未可便與交鋒。」

張惠紹次下邳，號令嚴明，所至獨剋，下邳人多有欲來降。惠紹曰：「我若得城，諸卿皆

是國人，若不能破賊，徒令公等失鄉，非朝廷弔人本意也。今且安堵復業，勿妄自辛苦。」降

人咸悅。

九月，洛口軍潰，宏棄衆走。其夜暴風雨，軍驚，宏與數騎逃亡。諸將求宏不得，衆散

而歸。棄甲投戈，填滿水陸，捐棄病者，強壯僅得脫身。宏乘小船濟江，夜至白石壘，款城

門求入。臨汝侯登城謂曰：「百萬之師，一朝奔潰，國之存亡，未可知也。恐姦人乘間爲變，

城門不可夜開。」宏無辭以對，乃縋食饋之。惠紹聞洛口敗，亦退軍。

六年，遷司徒，領太子太傅。八年，爲司空、揚州刺史。十一年正月，爲太尉。其年冬，

以公事左遷驃騎大將軍、開府同三司之儀，未拜，遷揚州刺史。十二年，加司空。十五年，

所生母陳太妃薨，去職。尋起爲中書監，驃騎大將軍、揚州刺史如故。

宏妾弟吳法壽性粗狡，恃宏無所畏忌，輒殺人。死家訴，有敕嚴討。法壽在宏府內，無如之何。武帝制宏出之，即日償辜。南司奏免宏司徒、驃騎、揚州刺史。武帝注曰：「愛宏者兄弟私親，免宏者王者正法，所奏可。」

宏自洛口之敗，常懷愧憤，都下每有竊發，輒以宏為名，屢為有司所奏，帝每貫之。十七年，帝將幸光宅寺，有士伏於驃騎航待帝夜出。帝將行心動，乃於朱雀航過。事發，稱為宏所使。帝泣謂宏曰：「我人才勝汝百倍，當此猶恐顛墜，汝何為者。我非不能為周公、漢文，念汝愚故。」宏頓首曰：「無是，無是。」於是以罪免。而縱恣不悛，奢侈過度，修第擬於帝宮，後庭數百千人，其他珍膳盈溢，後房食之不盡，棄諸道路。江本吳氏女也，世有國色，好食鱭魚頭，常日進三百，皆極天下之選。所幸江無畏服玩侔於齊東昏潘妃，寶屨直千萬。好食親從子女徧游王侯後宮，男免兄弟九人，因權勢橫於都下。

宏未幾復為司徒。

普通元年，遷太尉、揚州刺史，侍中如故。七年四月薨，自疾至薨，輿駕七出臨視。及薨，詔贈侍中、大將軍、揚州牧，假黃鉞，并給羽葆、鼓吹一部，增班劍為六十人，諡曰靖惠。

宏以介弟之貴，無佗量能，恣意聚斂。庫室垂有百間，在內堂之後，關籥甚嚴。有疑是鎧仗者，密以聞。武帝於友于甚厚，殊不悅。宏愛妾江氏寢膳不能暫離，上佗日送盛饌與

江曰：「當來就汝歡宴。」唯攜布衣之舊射聲校尉丘佗卿往，與宏及江大飲，半醉後謂曰：「我今欲履行汝後房。」便呼後閤輿徑往屋所。宏恐上見其賄貨，顏色怖懼。上意彌信是仗，[三]屋屋檢視。宏性愛錢，百萬一聚，黃牓標之，千萬一庫，懸一紫標，如此三十餘間。帝與佗卿屈指計見錢三億餘萬，餘屋貯布絹絲綿漆蜜紵蠟朱沙黃屑雜貨，但見滿庫，不知多少。帝始知非仗，大悅，謂曰：「阿六，汝生活大可。」方更劇飲，至夜舉燭而還。兄弟情方更敦睦。

宏都下有數十邸出懸錢立券，每以田宅邸店懸上文券，期訖便驅券主，奪其宅。都下東土百姓，失業非一。帝後知，制懸券不得復驅奪，自此後貧庶不復失居業。晉時有錢神論，豫章王綜以宏貪吝，遂爲錢愚論，其文甚切。帝知以激宏，宣旨與綜：「天下文章何限，那忽作此？」雖令急毀，而流布已遠，宏深病之，聚斂稍改。

宏又與帝女永興主私通，因是遂謀弒逆，許事捷以爲皇后。帝嘗爲三日齋，諸主並豫，永興乃使二僮衣以婢服。僮踰閾失屨，閤帥疑之，密言於丁貴嬪，欲上言懼或不信，乃使宮帥圖之。帥令內輿人八人，纏以純綿，立於幕下。齋坐散，主果請間，帝許之。主升階，而僮先趣帝後。八人抱而擒之，帝驚墜於展。搜僮得刀，辭爲宏所使。帝祕之，殺二僮於內，以漆車載主出。主恚死，帝竟不臨之。帝諸女臨安、安吉、長城三主並有文才，而安吉最得令稱。

宏性好內樂酒，沈湎聲色，侍女千人，皆極綺麗。慎衞寡方，故屢致降免。

宏子十人許，可知者七人，長子正仁字公業，位祕書丞，早卒，諡哀世子。正仁弟正義嗣。

正義字公威，初以王子封平樂侯，位太常卿，南徐州刺史。屬武帝幸朱方，正義修解宇以待輿駕。初，京城之西有別嶺入江，高數十丈，三面臨水，號曰北固。蔡謨起樓其上，以置軍實。是後崩壞，頂猶有小亭，登降甚狹。及上升之，下輦步進。正義乃廣其路，傍施欄楯。翌日上幸，遂通小輿。上悅，登望久之，敕曰：「此嶺不足須固守，然京口實乃壯觀。」乃改曰北顧。賜正義束帛。後為東揚州刺史，薨。正義弟正德。

正德字公和，少而凶慝，招聚亡命，破家屠牛，兼好弋獵。齊建武中，武帝胤嗣未立，養以為子。及平建康，生昭明太子，正德還本。天監初，封西豐縣侯，累遷吳郡太守。正德自謂應居儲嫡，心常怏怏，每形於言。普通三年，以黃門侍郎為輕車將軍，置佐史。頃之奔魏。初去之始，為詩一絕，內火籠中，卽詠竹火籠，曰：「槁榦屈曲盡，蘭麝氛氳銷，欲知懷炭日，正是履冰朝。」至魏稱是被廢太子。時齊蕭寶寅先在魏，乃上表魏帝曰：「豈有伯為天

子，父作揚州，棄彼密親，遠投佗國。不若殺之。」魏既不禮之，正德乃殺一小兒稱為己子，

遠營葬地，魏人不疑，又自魏逃歸。見於文德殿，至庭叩頭。武帝泣而誨之，特復本封。

正德行無悛，常公行剝掠。時東府有正德及樂山侯正則，潮溝有董當門子遷，世謂

之董世子者也，南岸有夏侯夔世子洪。此四凶者，為百姓巨蠹，多聚亡命，黃昏多殺人於

道，謂之「打稽」。時勳豪子弟多縱恣，以淫盜屠殺為業，父祖不能制，尉邏莫能禦。車服牛

馬，號西豐駱馬，樂山烏牛。董遷金帖織成戰襖，直七百萬。後正則為劫，殺沙門，徙嶺南

死。洪為其父夔奏繫東冶，死於徒。遷坐與永陽王妃王氏亂，誅。三人既除，百姓少安。正

德淫虐不革，尋除給事黃門侍郎。

六年為輕車將軍，隨豫章王北侵。正德輒棄軍委走，為有司所奏下獄。帝復詔曰：「汝

以猶子，情兼常愛，故越先汝兄，剖符連郡。往年在蜀，昵近小人，猶謂少年情志未定。更

於吳郡殺戮無辜，劫盜財物，雅然無畏。及還京師，專為逋逃，乃至江乘要道，湖頭斷路，逐

使京邑士女，早閉晏開。又奪人妻妾，略人子女，徐敕非直失其配匹，乃橫屍道路，王伯敖

列卿之女，誘為妾媵。我每加掩抑，冀汝自新，了無悛革，怨讟逾甚。遂匹馬奔亡，志懷反

噬。遣信慰問，冀汝能還，果能來歸，遂我夙志。謂汝不好文史，志在武功，令汝杖節，董戎

前驅。豈謂汝狠心不改，包藏禍胎，志欲覆敗國計，以快汝心。今當宥汝以遠，無令房累自

隨。敕所在給汝稟餼。王新婦、見理等當停太尉間，汝餘房累悉許同行。」於是免官削爵土，徙臨海郡。未至徙所，道追赦之。八年，復封爵。

正德北還，求交朱异。帝既封昭明諸子，异言正德失職。中大通四年，特封臨賀郡王。〔三〕後爲丹陽尹，坐所部多劫盜，復爲有司所奏，去職。出爲南兗州，在任苛刻，人不堪命。廣陵沃壤，遂爲之荒，至人相食噉。既累試無能，從是黜廢，轉增憤恨，乃陰養死士，常思國釁。聚蓄米粟，宅內五十間室，並以爲倉。自征虜亭至于方山，悉略爲墅。蓄奴僮數百，皆黥其面。

太清二年秋，侯景反，知其有姦心。景黨徐思玉在北經與正德相知，至是景遣思玉至建鄴，具以事告。又與正德書曰：「今天子年尊，姦臣亂國，以景觀之，計日必敗。大王屬當儲貳，中被廢辱，天下義士，竊所忿慨。大王豈得顧此私情，棄茲億兆。景雖不武，實思自奮。」正德得書大喜，曰：「侯景之意，暗與人同，天贊我也。」遂許之。及景至，正德潛運空舫，詐稱迎獲，以濟景焉。朝廷未知其謀，以正德爲平北將軍，屯朱雀航。景至，正德乃北向望闕三拜跪辭，歔欷流涕，引賊入宣陽門。與景交揖馬上，退據左衞府。先是，其軍並著絳袍，袍裏皆碧，至是悉反之。賊以正德爲天子，號曰正平元年。初童謠有之，故以應也；又世人相恨，必稱正平耳。

正德乃以長子見理為太子，以女妻景。景為丞相，與約曰：「平城之日，不得全二宮。」

又令畿內王侯三日不出者，誅之。及臺城開，正德率眾揮刀欲入，賊先使其徒守門，故正德不果。乃復太清之號，降正德為侍中、大司馬。正德入問訊，拜且泣。賊遮得書，乃矯詔何嗟及矣。」正德知為賊所賣，深自咎悔，密書與鄱陽嗣王契，以兵入。武帝曰：「愍其泣矣，殺之。

先是，正德妹長樂主適陳郡謝禧，正德姦之，燒主第，縛一婢，加玉釧於手，以金寶附身，聲云主被燒死，檢取婢屍并金玉葬之。仍與主通，呼為柳夫人，生二子焉。日月稍久，風聲漸露。後黃門郎張準有一雉媒，正德見而奪之。尋會重雲殿為淨供，皇儲以下莫不集。準於眾中吒罵曰：「張準雉媒非長樂主，何可略奪！」皇太子恐帝聞之，令武陵王和止之乃休，及出，送雉媒還之。其後梁室傾覆既由正德，百姓至聞臨賀郡名亦不欲道。童謠云：「寧逢五虎入市，不欲見臨賀父子。」其惡之如是。

見理字孟節，性甚凶粗，長劍短衣，出入閭里，不為宗室所齒。及肆逆，甚得志焉。招聚羣盜，每夜輒掠劫，於大航為流矢所中死。正德弟正則。

正則字公衡，天監初，以王子封樂山侯。累遷太子洗馬、舍人。恒於第內私械百姓令養馬，又盜鑄錢。大通二年，坐匿劫盜，削爵徙鬱林。帝敕廣州日給酒肉，南中官司猶處以侯禮。

正則滋怨諸父，與西江督護靳山顧通室，招誘亡命，將襲番禺。未及期而事發，逐鳴鼓會將攻州城。刺史元景仲命長史元孝深討之。正則敗，逃于廁，村人縛送之，詔斬於南海。有司請絕屬籍，收妻子。詔聽絕屬籍，妻子特原。正則弟正立。

正立字公山，初封羅平侯。母江有寵。初，正仁之亡，宏溺情曲制，以正立為世子。正立微有學，宏薨後，知非朝議，表求讓兄，帝甚嘉焉。諸侯例封五百戶，正立改封實土建安縣侯，食邑一千戶。後位丹陽尹，薨，諡曰敏。子賁嗣。

賁字世文，性躁薄。正德為侯景所立，賁出投之，專監造攻具，以攻臺城，常為賊耳目。南康嗣王會理謀襲景，賁與中宿世子子邕告之，賊矯封賁竟陵王，子邕隨郡王，並改姓侯氏。賁為宗正卿，子邕都官尚書，專權陵蔑朝政，〔二四〕居嘗晝臥，見柳敬禮、蕭勸入室毆之，賁驚起乞恩。俄而賊惡其翻覆，殺之。

正立弟正表，封封山侯，後奔樂山。正表弟正信。〔三〕

正信字公理，封武化侯。與正立同生，亦被宏鍾愛。然幼不慧，常執白團扇，湘東王取題八字銘玩之。正信不知哂之，終常搖握。位給事中，卒。

校勘記

〔一〕吳平侯景字子昭　「景」本字「昞」，即魏書世宗紀之蕭昞，此避唐諱改。「子昭」各本作「子照」，據梁書改。按文館詞林四五七有蕭子昭碑銘。

〔二〕鄉里號曰壚王　「壚王」通志作「壚主」。

〔三〕仕宋終于書侍御史　「書侍御史」梁書作「治書侍御史」，此避唐諱省「治」字。

〔四〕錢唐唐寓之反　「寓之」各本作「瑀之」，據梁書改。

〔五〕沔北傖楚各據塢壁　「沔北」梁書作「江北」，張森楷梁書校勘記：「景爲南兗州，與江近，與沔遠，不當及沔，南史非也。」

〔六〕子勘　「勘」各本作「勵」，王懋竑讀書記疑謂當作「勘」，今改正。

〔七〕西江俚帥陳文徹出寇高要　「西江」各本作「江西」。按高要屬廣州南海郡。廣州有西江、南

江，各設督護，南齊書所謂「西南二江，川源深遠，別置都護，專征討之」。今乙正。

〔八〕以西江督護孫固爲刺史　按陳書杜僧明傳有高州刺史孫固，或即一人。

〔九〕每醉徑出入人家　「入」字各本並脫，據梁書補。

〔一〇〕屢爲有司所劾　「屢」梁書作「屬」。

〔一一〕在武窟山石室中　「武窟山」通志作「虎窟山」，此避唐諱改。

〔一二〕以爲晉陵太守　「以」字各本並脫，據梁書及冊府元龜二七四補。

〔一三〕授尚書令都督征討水陸諸軍事　「尚書令」各本作「中書令」，據梁書改。按冊府元龜二七六、二

九〇及安成康王秀傳並作「尚書令」，南齊書東昏紀同。下巡改。

〔一四〕懿子業字靜曠　王鳴盛十七史商榷六三：「長沙王懿六子，業、藻、猷、朗、明、象，疑皆冠以『淵』

字，南史、梁書皆避諱去上一字。惟淵藻、淵明於他傳中可考而知；而又或改淵爲深。」按王說

是。「業」梁書武帝紀作「深業」，後不出。

〔一五〕業性敦篤所在留惠　「惠」各本作「意」，據梁書、冊府元龜二九三改。

〔一六〕是日猷大破茍兒　「是日」各本作「是月」，據太平御覽八二二引及通志改。

〔一七〕客筵內遂有香橙不置連栭　按「橙」爲「凳」之或體字。太平御覽七〇六引，注「橙」音「都稜切」，

則非柑屬之香橙。

〔一八〕位尚書殿中郎超武將軍封南安侯　「超武」各本譌「起武」，據册府元龜七八六及梁書侯景傳改。按梁官制有超武將軍。

〔一九〕封貞陽侯　「貞陽」册府元龜四四二作「湞陽」。按南齊書州郡志湘州始興郡領湞陽。

〔二○〕臨川靖惠王宏字宣達　「靖」各本作「靜」。王鳴盛十七史商榷六三:「標題云『靜惠』，文中作『靖惠』，標題傳寫誤。張敦頤六朝事迹類編卷下填陵、碑刻二門皆作『靖惠』，是。」按靜、靖古字通用，册府元龜所引各條多作「靖」，今改從一律。

〔二一〕但畏合肥有韋武武謂韋叡也　「武」通志作「虎」，此避唐諱改。

〔二二〕上意彌信是仗　「信」各本作「言」，據通志改。

〔二三〕中大通四年特封臨賀郡王　「中大通」各本作「大通」。按大通無四年，武帝紀，立正德爲臨賀郡王在中大通四年，今據補。

〔二四〕專權陵蔑朝政　「朝政」通志作「朝士」。

〔二五〕後奔樂山正表弟正信　錢大昕廿二史考異:「樂山二字誤，當云後奔東魏。」又「正表」各本脫「正」字，據通志補。

南史卷五十二

列傳第四十二

梁宗室下

安成康王秀 子機 機弟推

　　恭弟祗 鄱陽忠烈王恢 子範 範子嗣 範弟諮 諮弟脩 脩弟泰

始興忠武王憺 子亮 亮弟暎 暎弟曄

　　安成康王秀字彥達，文帝第七子也。年十三，吳太妃亡，[一]秀母弟始興王憺時年九歲，與秀並以孝聞。居喪累日不進飲，文帝親取粥授之。哀其早孤，命側室陳氏幷母二子。陳亦無子，[二]有母德，視二子如己生。秀美風儀，性方靜，雖左右近侍，非正衣冠弗之見，由是親友及家人咸敬焉。仕齊爲太子舍人。

長沙王懿平崔慧景後，為尚書令，居端右。衡陽王暢為衞尉，掌管籥。東昏日夕逸游，衆頗勸懿廢之，懿弗聽。東昏左右惡懿勳高，又慮廢立，並間懿。懿亦危之，自是諸親咸為之備。及難作，臨川王宏以下諸弟姪俱隱人間，罕有發泄，唯桂陽王融及禍。武帝兵至新林，秀及諸親並自拔赴軍。建康平，為南徐州刺史。天監元年，封安成郡王。京口自崔慧景亂後，累被兵革，人戶流散，秀招懷撫納，惠愛大行。仍屬饑年，以私財贍百姓，所濟甚多。

六年，為江州刺史。將發，主者求堅船以為齋舫。秀曰：「吾豈愛財而不愛士。」乃教以牢者給參佐，下者載齋物。既而遭風，齋舫遂破。及至州，聞前刺史取徵士陶潛曾孫為里司，歎曰：「陶潛之德，豈可不及後胤。」即日辟為西曹。時夏水泛長，津梁斷絕，外司請依舊僦度，收其價。秀教曰：「刺史不德，水潦為患，可利之乎。」給船而已。

七年，遭慈母陳太妃憂，詔起視事。尋遷荊州刺史，加都督。立學校，招隱逸。辟處士河東韓懷明、南平韓望、南郡庾承先、河東郭麻等。是歲，魏縣瓠城人反，殺豫州刺史司馬悅，〔三〕引司州刺史馬仙琕，仙琕籤荊州求應赴。衆咸謂宜待臺報，秀曰：「彼待我為援，援之宜速，待敕非應急也。」即遣兵赴之。及沮水暴長，頗敗人田，秀以穀二萬斛贍之。使長史蕭琛簡州貧老單丁吏，一日散遣百餘人，百姓甚悅。荊州嘗苦旱，咸欲徙市開渠，秀乃責

躬，親祈楚望。俄而甘雨卽降，遂獲有年。又武寧太守爲弟所殺，乃僞云土反，[四]秀照其

姦慝，望風首款，咸謂之神。於荊州起天居寺，以武帝游梁館也。及去任，行次大雷，風波

暴起，船艫淪溺，秀所問唯恐傷人。

　十三年，爲郢州刺史，加都督。郢州地居衝要，賦斂殷煩，人力不堪，至以婦人供作。秀

務存約己，省去游費，百姓安堵，境內晏然。夏口常爲戰地，多暴露骸骨，秀於黃鶴樓下祭

而埋之。一夜夢數百人拜謝而去。每冬月，常作襦袴以賜凍者。時司州叛蠻田魯生、魯

賢，超秀據蒙籠來降，武帝以魯生爲北司州刺史，魯賢北豫州刺史，超秀定州刺史，爲北境

捍蔽。而魯生、超秀互相讒毀，有去就心。秀撫喻懷納，各得其用，當時賴之。

　遷雍州刺史，在路薨。武帝聞之，甚痛悼焉。遣南康王績緣道迎候。初，秀之西也，郢

州人相送出境，聞其疾，百姓商賈咸爲請命。及薨，四州人裂裳爲白帽哀哭以迎送之。雍

州蠻迎秀，聞薨，祭哭而去。喪至都，贈司空，諡曰康。

　秀美容儀，每在朝，百僚屬目。性仁恕，喜慍不形於色。左右嘗以石擲殺所養鵠，齋帥

請按其罪。秀曰：「吾豈以鳥傷人。」在都旦臨公事，厨人進食，誤覆之，去而登車，竟朝不

飯，亦弗之誚也。時諸王並下士，建安、安成二王尤好人物，世以二安重士，方之「四豪」。

　秀精意學術，搜集經記，招學士平原劉孝標使撰類苑，書未及畢，而已行於世。秀於武

帝布衣昆弟,及爲君臣,小心畏敬,過於疎賤者,帝益以此賢之。少偏孤,於始興王憺尤篤。佐史憺久爲荆州刺史,常以所得奉中分秀,秀稱心受之,不辭多也。昆弟之睦,時議歸之。

夏侯亶等表立墓碑誌,詔許焉。當世高才遊王門者,東海王僧孺、吳郡陸倕、彭城劉孝綽、河東裴子野,各製其文,欲擇用之,而咸稱實錄,遂四碑並建。世子機嗣。

機字智通,位湘州刺史,薨於州。機美姿容,善吐納,家既多書,博學強記。然而好弄尚力,遠士子,邇小人。爲州專意聚斂,無政績,頻被案劾。將葬,有司請謚,詔曰:「王好內怠政,宜謚曰煬。」所著詩賦數千言。元帝集而序之。子操嗣。

機弟推字智進,少清敏,好屬文,深爲簡文所親賞。普通六年,以王子封南浦侯,歷淮南、晉陵、吳郡太守。所臨必赤地大旱,吳人號「旱母」焉。侯景之亂,守東府,城陷,推握節死之。

南平元襄王偉字文達,文帝第八子也。幼清警好學,仕齊爲晉安王驃騎外兵參軍。武

帝為雍州，慮天下將亂，求迎偉及始興王憺。俄聞已入沔，帝欣然謂佐史曰：「阿八、十一行至，吾無憂矣。」及起兵，留行雍州州府事。及帝剋郢、魯，下尋陽，圍建鄴，而巴東太守蕭惠訓子璝及巴西太守魯休烈起兵逼荊州，蕭穎胄憂憤暴卒，西朝兇懼，徵兵於偉。偉乃割州府將吏配始興王憺往赴之。憺至，璝等皆降。齊和帝詔以偉為都督、雍州刺史。

天監元年，封建安王。初，武帝軍東下，用度不足，偉取襄陽寺銅佛，毀以為錢。富僧藏鏹，多加毒害，後遂惡疾。十三年，累遷為左光祿大夫，加親信四十人，歲給米萬斛，藥直二百四十萬，廚供月二十萬，并二衛兩營雜役二百人，倍先置防閤、白直左右職局一百人。以疾甚，故不復出蕃而加奉秩。

十五年，所生母陳太妃薨，毀頓過禮，水漿不入口累日。帝每臨幸抑譬之。偉雖奉詔，而殆不勝喪，惡疾轉增，因求改封。十七年，改封南平郡，位侍中、左光祿大夫、開府儀同三司。中大通四年，[三]為中書令、大司馬。薨，贈侍中、太宰，諡曰元襄。

偉性端雅，持軌度。少好學，篤誠通恕。趨賢重士，常如弗及，由是四方游士，當時知名者莫不畢至。疾亟喪明，便不復出。齊世青溪宮改為芳林苑，天監初，賜偉為第。又加穿築，果木珍奇，窮極彫靡，有侔造化。立游客省，寒暑得宜，冬有籠爐，夏設飲扇，每與賓客游其中，命從事中郎蕭子範為之記。梁蕃邸之盛無過焉。而性多恩惠，尤愍窮乏。常遣

腹心左右歷訪閭里，人士有貧困吉凶不舉者，卽遣贍卹之。平原王曼穎卒，[六] 家貧無以

殯，友人江革往哭之。其妻兒對革號訴，革曰：「建安王當知，必爲營理。」言未訖，而偉使
至，給其喪事，得周濟焉。每祁寒積雪，則遣人載樵米，隨乏絕者賦給之。晚年崇信佛理，
尤精玄學，著二旨義，[七] 製性情、幾神等論。其義僧寵及周捨、[八] 殷鈞、陸倕並名精解而
不能屈。朝廷得失，時有匡正。子姪邪僻，義方訓誘。斯人斯疾，而不得助主興化，梁政漸
替，自公薨焉。世子恪嗣。

世子恪字敬則，弘雅有風則，姿容端麗。位雍州刺史。年少未閑庶務，委之羣下，百姓
每通一辭，數處輸錢，方得聞徹。賓客有江仲舉、蔡薳、王臺卿、庾仲容四人，[九] 俱被接遇，
並有蓄積。故人間歌曰：「江千萬，蔡五百，王新車，庾大宅。」遂達武帝。帝接之曰：「主人
慣慣不如客。」尋以廬陵王代爲刺史。恪還奉見，武帝以人間語問之，恪大慚，不敢一言。後
折節學問，所歷以善政稱。

太清中，爲郢州刺史。及亂，邵陵王至郢，恪郊迎之，讓位焉，邵陵不受。及王僧辯至
郢，恪歸荊州。元帝以爲尙書令、司空。賊平，爲揚州刺史。時帝未遷都，以恪宗室令譽，
故先使歸鎮社稷。大寶三年，薨于長沙，未之鎮也。贈太尉，諡曰靖節王。恪弟恭。

恭字敬範，天監八年，封衡山縣侯。初，樂山侯正則有罪，敕讓諸王，獨謂元襄王曰：「汝

兒非直無過，並有義方。」

歷位監南徐州事。時衡州刺史武會超在州，子姪縱暴，州人朱朗聚黨反，武帝以恭為

刺史。時朗已圍始興，恭至緩服徇賊，示以恩信。羣賊伏其勇，是夜退三舍以避。軍吏請

追，恭曰：「賊以政苛致叛，非有陳、吳之心。緩之則自潰，急之則併力，諸君置之。」明日，朗

遣使請降，恭杖節受之，一無所問。即日收始興太守張寶生及會超弟之子子仁斬之軍門，

以其賄而虐也。有司奏恭縱罪人，專戮二千石，有詔宥之。

遷湘州刺史，善解吏事，所在見稱。而性尚華侈，廣營第宅，重齋步閣，模寫宮殿。尤

好賓友，酣宴終辰，坐客滿筵，言談不倦。時元帝居藩，頗事聲譽，勤心著述，厄酒未嘗妄

進。恭每從容謂曰：「下官歷觀時人，多有不好歡興，乃仰眠牀上，看屋梁而著書，千秋萬

歲，誰傳此者。勞神苦思，竟不成名。豈如臨清風，對朗月，登山泛水，肆意酣歌也。」

尋除寧蠻校尉、雍州刺史，便道之鎮。簡文少與恭游，特被賞狎，至是手令勗以政事。

恭至州，政績有聲，百姓請於城南立碑頌德，詔許焉，名為政德碑。是夜聞數百人大叫碑

石下，[10]明旦視之，碑涌起一尺。恭命以大柱置于碑上，使力士數十人抑之不下，又以酒

脯祭之,使人守視,俄而自復,視者竟不見之。恭聞而惡焉。

先是,武帝以雍爲邊鎮,運數州粟以實儲倉。恭乃多取官米,還贍私宅;又典籤陳保印侵剋百姓,爲荆州刺史廬陵王所啓,被詔徵還。在都朝謁,白服隨列。[二]帝曰:「白衣者爲誰?」對曰:「前衡山侯恭。」帝厲色曰:「不還我陳保印,吾當白汝未已。」而保印實投湘東王,王改其姓名曰袁逢。恭竟不敍用。

侯景亂,卒於城中,詔特復本封。元帝追諡曰僖侯。

子靜字安仁,少有美名,號爲宗室後進。有文才,而篤志好學。既內足於財,多聚經史,散書滿席,手自讎校。何敬容欲以女妻之,靜忌其太盛,拒而不納,時論服焉。然好戲笑,輕論人物,時以此少之。位給事黃門侍郎,深爲簡文所愛賞。太清三年卒,贈侍中。

恭弟祗字敬謨,美風儀,幼有令譽。天監中,封定襄縣侯。後歷位北兗州刺史。侯景亂,與從弟湘潭侯退謀起兵內援,會州人反城應景,祗遂奔東魏。

鄱陽忠烈王恢字弘達,文帝第十子也。[三]幼聰穎,七歲能通孝經、論語義,發摘無遺。

及長，美風儀，涉獵史籍。仕齊位北中郎外兵參軍，前軍主簿。宣武王之難，逃在都下。武

帝起兵，恢藏伏得免。大軍至新林，乃奉迎。

天監元年，封鄱陽郡王。除郢州刺史，加都督。初，郢城內疾疫死者甚多，不及藏殯。

恢下車遽命埋瘞，又遣四使巡行州部，境內大寧。時有筒中布者，恢以奇貨異服，即命焚

之，於是百姓仰德。累遷都督、益州刺史。成都去新城五百里，陸路往來，悉訂私馬，百姓

患焉，累政不能改。恢乃市馬千匹以付所訂之家，須則以次發之，百姓賴焉。再遷開府儀

同三司、都督、荊州刺史。普通七年，薨於州。詔贈侍中、司徒，諡曰忠烈。

恢美容質，善談笑，愛文酒，有士大夫風則。所在雖無皎察，亦不傷物。有孝性，初鎮

蜀，所生費太妃猶停都。後於都不豫，恢未之知，一夜忽夢還侍疾。及覺，憂惶廢寢食。俄

而信至，太妃已瘳。後有目疾，久廢視瞻。有道人慧龍得療眼術，恢請之。及至，空中忽

見聖僧。及慧龍下針，豁然開朗，咸謂精誠所致。

恢性通恕，輕財好施，凡歷四州，所得奉祿，隨而散之。在荊州，嘗從容問賓僚曰：「中

山好酒，趙王好吏，二者孰愈？」眾未有對者。顧謂長史蕭琛曰：「漢時王侯，蕃屏而已，視事

親人，自有其職。中山聽樂，可得任性；[二三]彭祖代吏，近於侵官。今之王侯，不守蕃國，當

佐天子臨人，清白其優乎。」坐者咸服。有男女百人，男封侯者三十九人，女主三十八人。世

子範嗣。

範字世儀，溫和有器識。爲衞尉卿，每夜自巡警，武帝嘉其勞苦。出爲益州刺史。行至荊州而忠烈王薨，因停自解。武帝不許，詔權監荊州。及湘東王至，範依舊述職，遣弟湘潭侯退隨喪而下。大同元年，以開通劍道，剋復華陽增封。尋徵爲領軍將軍、侍中。嘗得舊琵琶，題云「齊竟陵世子」。範嗟人往物存，攬筆爲詠，以示湘東王，王吟詠其辭，作琵琶賦和之。

範雖無學術，而以籌略自命。愛奇翫古，招集文才，率意題章，亦時有奇致。

後爲都督、雍州刺史。範作牧荒人，甚得時譽，撫循將士，盡獲歡心。於是養士馬，修城郭，聚軍糧於私邸。時廬陵王爲荊州，既是都督府，又素不相能，乃啓稱範謀亂。範亦馳啓自理，武帝恕焉。時論者猶謂範欲爲賊。又童謠云：「莫忽忽，且寬公，誰當作天子，草覆車邊已。」時武帝年高，諸王莫肯相服。簡文雖居儲貳，亦不自安，而與司空邵陵王綸特相疑阻。綸時爲丹陽尹，威震都下。簡文乃選精兵以衞宮內。兄弟相貳，聲聞四方。範以名應謠言而求爲公，未幾，加開府儀同三司。範心密喜，以爲謠驗，武帝若崩，諸王必亂，範既得衆，又有重名，謂可因機以定天下。乃更收士衆，希望非常。

太清元年，大舉北侵。初謀元帥，帝欲用範。時朱异取急外還，聞之遽入曰：「嗣王雄豪蓋世，得人死力，然所至殘暴非常，非弔人之材。昔陛下登北顧亭以望，謂江右有反氣，骨肉爲戎首。今日之事，尤宜詳擇。」帝默然曰：「會理何如？」對曰：「陛下得之，臣無恨矣。」會理懦而無謀，所乘轝輿施版屋，冠以牛皮。帝聞不悅，行至宿預，貞陽侯明請行，又以明代之，而以範爲征北大將軍，總督漢北征討諸軍事，尋還南豫州刺史。

侯景敗於渦陽，退保壽陽，乃改範爲合州刺史，鎮合肥。時景不臣迹迹露，範屢啟言之，朱异每抑而不奏。及景圍都，範遣世子嗣與裴之高等入援。遷開府儀同三司。臺城不守，範乃棄合肥，出守東關，請兵于魏，遣二子爲質。魏人據合肥，竟不助範。範進退無計，乃泝流西上，軍於樅陽。[四]遣信告尋陽王大心。大心要還九江，欲共兵西上。範得書大喜，乃引軍至盆城，以晉熙爲晉州。遣子嗣爲刺史，江州郡縣，輒更改易。於是尋陽政令所行，唯存一郡，又疑畏範，市糴不通。範乃復遣其弟觀寧侯永將兵通南川，助莊鐵。時二鎮相猜，無復圖賊之志。範數萬之衆，皆無復食，人多餓死。範竟發背而薨。衆祕不發喪，奉弟南安侯恬爲主，有衆數千。範將侯瑱襲莊鐵於豫章，殺之，盡併其軍。乃迎喪往郡，於松門遇風，柩沈于水，鈎求得之。及于慶之逼豫章，侯瑱以範子十六人降賊，賊盡於石頭坑殺之。

世子嗣字長胤，容貌豐偉，腰帶十圍。性驍果，有膽略，倜儻不護細行，而復傾身養士，皆得死力。範之薨也，嗣猶據晉熙，城中食盡，士皆乏絕。侯景遣任約攻嗣。時賊方盛，咸勸且止。嗣按劍叱之曰：「今日之戰，蕭嗣効命死節之秋也。」及戰，遇流矢中頸，不許拔，帶箭手殺數人，賊退方命拔之，應時氣絕。妻子爲任約所禽。初，範旣與尋陽王大心相持，及嗣之死，猶未敢發範喪。

範弟諮字世恭，位衞尉卿，封武林侯。簡文卽位之後，景周衞轉嚴，外人莫得見，唯諮及王克、殷不害並以文弱得出入臥內，晨昏左右，天子與之講論六藝，不輟於時。及南康王會理事敗，克、不害懼禍乃自疏，諮不忍離帝，朝覲無絕。賊惡之，令其仇人刁戌刺殺諮於廣莫門外。

諮弟脩字世和，[一三]封宜豐侯。局力貞固，風儀嚴整。九歲通論語，十一能屬文。鴻臚卿裴子野見而賞之。性至孝，年十二，丁所生徐氏艱，自荊州反葬，中江遇風，前後部伍多致沈溺，脩抱柩長號，血淚俱下，隨波搖蕩，終得無佗。葬訖，因廬墓次。先時山中多猛獸，

至是絕迹。野鳥馴狎，棲宿簷宇。武帝嘉之，以班告宗室。

為兼衛尉卿。美姿貌，每屯兵周衛，武帝視之，移輦。初，嗣王範為衛尉，夜中行城，常因風便鞭箠宿衛，欲令帝知其勤。及脩在職，夜必再巡，而不欲人知。或問其故，曰「夜中警遽，實有其勞，主上慈愛，聞之容或賜止。違詔則不可，奉詔則廢事。且胡質之清，尚畏人知，此職司之常，何足自顯」。聞者歎服。

時王子侯多為近畿小郡，歷試有績，乃得出為邊州。帝以脩識量宏達，自衛尉出鎮鍾離，徙為梁、秦二州刺史。在漢中七年，移風改俗，人號慈父。長史范洪冑有田一頃，將秋遇蝗，脩躬至田所，深自咎責。功曹史琅邪王廉勸脩捕之，脩曰「此由刺史無德所致，捕之何補。」言卒，忽有飛鳥千羣蔽日而至，瞬息之間，食蟲逐盡而去，莫知何鳥。適有臺使見之，〔二六〕具言於帝，璽書勞問，手詔曰「犬牙不入，無以過也。」州人表請立碑頌德。嗣王範在益城，頗有異論，武陵王大生疑防，流言讙嗒。脩深自分釋，求送質子，并請助防。武陵王乃遣從事中郎蕭固諮以當世之事，具觀脩意。脩泣涕為言忠臣孝子之節，王敬納之。故終脩之時，不為不義。一夕，忽有狗據脩所臥牀而臥。脩曰「此其戎乎。」因大修城壘。

承聖元年，魏將達奚武來攻，脩遣記室參軍劉璠至益州，求救於武陵王紀，遣將楊乾運援之，拜脩隨郡王。璠還至幡冢，乃降于魏，乾運班師。璠至城下，說城中降魏。脩數之

曰：「卿不能死節，反爲說客邪！」命射之。間信遣至荆州，元帝遣與相聞。

脩中直兵參軍陳晷甚勇有口，[二七]求爲覘候，見獲，以辭烈被害。乃遣諮議虞馨致武牛酒。

武謂曰：「梁已爲侯景所敗，王何爲守此孤城？」脩答守之以死，誓爲斷頭將軍。魏相安定公宇文泰遣書喩之，力屈乃降。安定公禮之甚厚，未幾令還江陵，厚遣之，以文武千家爲綱紀之僕。元帝慮其爲變，中使覘伺，不絕於道。至之夕，命劫竊之。及旦，脩表輸馬仗而後帝安。脩入覲，望闕悲不自勝，元帝亦慚。

尋拜湘州刺史。長沙頻遇兵荒，人戶凋弊。脩勸稽務分，未朞，流人至者三千餘家。元帝多忌，動加誅翦。脩靜恭自守，埋聲晦迹。元帝亦以宗室長年，深相敬禮。及江陵被圍問至，即日登舟赴救。至巴陵西，而江陵覆滅。敬帝立，遙授脩太尉，遷太保。時王室浸微，脩雖圖義舉，力弱不能自振，遂發背歐血而薨，年五十二。

脩弟泰字世怡，封豐城侯。歷位中書舍人，傾竭財產，以事時要，超爲譙州刺史。江北人情獷强，前後刺史並加綏撫之。泰至州，便偏發人丁，使擔腰輿扇繖等物，不限士庶。恥爲之者，重加杖責，多輸財者，即放免之，於是人皆思亂。及侯景至，人無戰心，乃先覆敗。

始興忠武王憺字僧達，文帝第十一子也。仕齊爲西中郎外兵參軍。武帝起兵，憺爲相

國從事中郎，與南平王偉留守。齊和帝卽位，以憺爲給事黃門侍郎。時巴東太守蕭惠訓子

瓛等兵逼荊州，蕭穎冑暴卒，尚書僕射夏侯詳議迎憺行荊州事。憺率雍州將吏赴之，以書

喩瓛等皆降。是冬，武帝平建鄴。明年，和帝詔以憺爲都督、荊州刺史。

天監元年，加安西將軍，封始興郡王。時軍旅之後，公私匱乏，憺厲精爲政，廣闢屯田，

減省力役，存問兵死之家，供其窮困，人甚安之。是歲嘉禾生，一莖六穗，甘露降于黃閣。

四年，荊州大旱，憺使祠于天井，有巨蛇長二丈出遶祠壇，俄而注雨，歲大豐。憺自以少年

始居重任，開導物情，辭訟者皆立待符教，決於俄頃，曹無留事，下無滯獄。

六年，州大水，江溢堤壞，憺親率吏，冒雨賦丈尺築之，而雨甚水壯，衆皆恐，或請避

焉。憺曰：「王尊尚欲身塞河堤，我獨何心以免。」乃登堤歎息，終日輟膳，刑白馬祭江神。酹

酒於流，以身爲百姓請命，言終而水退堤立。邧洲在南岸，數百家見水長驚走，登屋緣樹。

憺募人救之，一口賞一萬。估客數十人應募，洲人皆以免，吏人歎服，咸稱神勇。又分遣諸

郡遭水死者給棺槨，失田者與糧種。是歲嘉禾生于州界，吏人歸美焉。

七年，慈母陳太妃薨，水漿不入口六日，居喪過禮，武帝優詔勉之，使攝州任。是冬，詔

徵以本號還朝。人歌曰：「始興王，人之爹，徒我反赴人急，如水火，何時復來哺乳我。」荊土方

言謂父爲爹，故云。後爲中衞將軍、中書令，領衞尉卿。憺性好謙，降意接士，常與賓客連

榻坐，時論稱之。

九年，拜都督、益州刺史。舊守宰丞尉歲時乞丐，躬歷村里，百姓苦之，憺以爲常。

至州，停斷嚴切，百姓以蘇。又興學校，祭漢蜀郡太守文翁，由是人多向方者。

十四年，遷都督、荊州刺史。同母兄安成王秀將之雍州，薨于道。憺聞喪自投于地，席

藁哭泣，不飲不食者數日，傾財產賙送，部伍大小皆取足焉，天下稱其悌。憺

十八年，徵爲侍中、中撫軍將軍、開府儀同三司、領軍將軍，即開府黃閤。〔二八〕薨，二宮悲

惜，輿駕臨幸者七焉。贈司徒，謚曰忠武。憺未薨前，夢改封中山王，策授如他日，意頗惡

之，數旬而卒。憺有惠西土，荊州人聞薨，皆哭於巷，嫁娶有吉日，移以避哀。子亮嗣。

亮弟暎字文明，年十二，爲國子生。天監十七年，詔諸生答策，宗室則否。〔二九〕帝知暎聰

解，特令問策，又口對，並見奇。謂祭酒袁昂曰：「吾家千里駒也。」

起家淮南太守，諸兄未有除命，乃抗表讓焉。暎美容儀。普通二年，封廣信縣侯。丁

父憂，隆冬席地，哭不絕聲，不嘗穀粒，唯飲冷水，因患癥結。除太子洗馬。詔以憺艱難王

業，追增國封。嗣王陳讓，既不獲許，乃乞頒邑諸弟。帝許之，改封新渝縣侯。後居太妃憂，泣血，三年服闋，爲吳興太守。郡累不稔，中大通三年，野穀生武康，凡二十二處，自此豐穰。暎製嘉穀頌以聞，中詔稱美。

後爲北徐州刺史，在任弘恕，人吏懷之。常載粟帛遊於境內，遇有貧者，即以振焉。勝境名山，多所尋履。及徵將還，鍾離人顧思遠挺叉行部伍中。暎見甚老，使人問，對曰：「年一百一十二歲。」暎大異之，召賜之食，食兼於人。是以行役。」暎大異之，召賜之食，食兼於人。今唯小者，年已六十，又無孫息，家闕養乏，子。與之言往事，多異所傳，擢爲散騎侍郎，賜以奉宅，朝夕進見，年百二十卒。又普通中北侵，攻穰城，城內有人年二百四十歲，不復能食穀，唯飲曾孫婦乳。簡文帝命勞之，賜以束帛。荆州上津鄉人張元始年一百一十六歲，膂力過人，進食不異，至年九十七方生兒，兒遂無影。將亡，人人告別，乃至山林樹木處處履行，少日而終，時人以爲知命。湘東王愛奇重異，遂留其枕。

暎後歷給事黃門侍郎，衛尉卿，廣州刺史，卒官，諡曰寬侯。[二〇]

暎弟曄字通明，美姿容，善談吐。初封安陸侯。憺特所鍾愛，常目送之曰：「吾所深憂。」

左右問其故,答曰:「其過俊發,恐必無年。」及憺不豫,侍疾衣不釋帶,言與淚并。憺薨,扶而後起。服闋,改封上黃侯,位兼宗正卿。

出為晉陵太守。美才仗氣,言多激揚。簡文入居監撫,曄獻儲德頌,遷給事黃門侍郎。

內,為宗室推重,特被簡文友愛。與新渝、建安、南浦並預密宴,號東宮四友。簡文曰有五常乘折角牛,轂木履,被服必於儒者。名盛海六使來往。曄初至郡,屬旱,躬自祈禱,果獲甘潤。郡崔林村舊多猛獸為害,曄在政六年,此暴遂息。卒于郡。初,曄寢疾歷年,官曹雍滯,有司案謚法「言行相違曰替」乃謚替侯。

論曰:自昔王者創業,莫不廣植親親,割裂州國,封建子弟。是以大㳂少帛,崇於魯、衛,盤石犬牙,寄深梁、楚。梁武遠邊前軌,蕃屏懿親,至於戚枝,咸被任遇。若蕭景才辯,固亦梁之令望者乎。臨川不才,頻叨重寄,古者睦親之道,粲而不殊,加之重名,則有之矣。而宏厚犢彝典,一撓師徒,[三]梁之不綱,於斯為甚。正德穢行早顯,逆心凤構,比齊襄而述可四,似吳濞而勢不侔,徒為賊景之階梯,竟取國敗而身滅,哀哉!安成、南平、鄱陽、始興俱以名迹著美,蓋亦有梁之間,平也。

〔一〕 年十三吳太妃亡 「年十三」梁書作「年十一」。

〔二〕 命側室陳氏幷母二子陳亦無子 張森楷南史校勘記:「按上卷傳序言臨川王宏、南平王偉並陳太妃所生,則陳非無子也。此或別一陳氏之妾,與宏、偉母別一人歟? 然『亦』字誼可不有,容誤衍文。」

〔三〕 殺豫州刺史司馬悅 「司馬悅」各本作「司馬懷悅」。按梁書、魏書、通鑑及册府元龜四一四並無「懷」字,今據刪。

〔四〕 又武寧太守爲弟所殺乃僞云土反 「土」各本作「士」,據册府元龜六九〇改。

〔五〕 中大通四年 「中大通」各本皆作「大通」。按大通僅三年,此據梁書補「中」字。

〔六〕 平原王曼穎卒 「平原」梁書作「太原」。

〔七〕 著二旨義 「二旨」各本作「二暗」,據梁書及册府元龜二九三改。

〔八〕 其義僧寵及周捨 「其」字據梁書補。

〔九〕 賓客有江仲舉蔡薳王臺卿庚仲容四人 「庚仲容」汲古閣本、金陵局本作「庚仲雍」;他本作「庚仲容」,册府元龜二七四同。按庚仲容傳,仲容不與恪相關涉,此或別爲一人,然「仲容」、「仲雍」亦未詳孰是。

〔一○〕是夜聞數百人大叫碑石下　「下」字各本並脫，據通志補。

〔一一〕白服隨列　「列」各本作「例」，據通志改。

〔一二〕文帝第十子也　「十」梁書作「九」。按冊府元龜二六四、二七○、二七六、二八○並作「九」。

〔一三〕中山聽樂可得任性　「任性」各本作「任悅」，據梁書、冊府元龜二七三改。「性」「悅」蓋涉形近而誤。

〔一四〕軍於樅陽　「樅陽」各本作「嶷陽」，據梁書、通鑑改。

〔一五〕諮弟脩字世和　「脩」北史周文帝紀同。梁書元帝紀、敬帝紀，周書文帝紀、劉璠傳並作「循」。

〔一六〕適有臺使見之　「適」各本作「逈」，據冊府元龜六八一改。

〔一七〕脩中直兵參軍陳晷甚勇有口　「口」通志作「力」，疑是。

〔一八〕徵爲侍中中撫軍將軍開府儀同三司領軍將軍即開府黃閣　張森楷南史校勘記：「梁書無『撫』下『軍』。『開府』即開黃閣，此文重複，疑有脫衍。」

〔一九〕詔諸生答策宗室則否　「答策」、「則否」各本作「口策」、「可否」，據冊府元龜二七○改。

〔二○〕諡曰寬侯　張森楷南史校勘記：「隋書經籍志有新渝惠侯蕭映賦集五十卷，當即其人，而『寬』、『惠』各異。」

〔二一〕一撓師徒　王鳴盛十七史商榷六三：「『一』當作『大』，大撓，大刱也。」